高等学校应急技术与管理系列教材

应急技术与管理导论

蒋军成　钱剑安　王静虹　主编

化学工业出版社

·北京·

内容简介

《应急技术与管理导论》在理论联系实际的基础上，系统阐述了应急技术与管理的基本概念及方法措施等知识。本教材共分 7 章，第 1 章介绍应急技术与管理的基本概念，第 2 章阐述突发事件三角形理论模型，第 3 章介绍我国应急管理组织体系及应急管理法治体系，第 4 章介绍突发事件预防与应急准备，第 5 章介绍突发事件信息系统和突发事件分级预警，第 6 章讲述突发事件应急处置与救援，第 7 章讲述事后恢复与重建。本书附录针对不同类型的突发事件给出案例并详细分析。

本教材可作为应急技术与管理、安全工程、消防工程及相关专业高等院校的教学用书，也可作为政府应急行政主管部门监管人员业务能力提升培训用书，还可作为企业的应急技术、应急管理培训教材。

图书在版编目（CIP）数据

应急技术与管理导论 / 蒋军成，钱剑安，王静虹主编. -- 北京 ：化学工业出版社，2025. 7. --（高等学校应急技术与管理系列教材）. -- ISBN 978-7-122-48105-4

Ⅰ. C934

中国国家版本馆 CIP 数据核字第 2025N4T302 号

责任编辑：高　震　杜进祥　　文字编辑：徐　秀　师明远
责任校对：宋　玮　　装帧设计：韩　飞

出版发行：化学工业出版社
（北京市东城区青年湖南街 13 号　邮政编码 100011）
印　　装：大厂回族自治县聚鑫印刷有限责任公司
710mm×1000mm　1/16　印张 14¼　字数 250 千字
2026 年 2 月北京第 1 版第 1 次印刷

购书咨询：010-64518888　　售后服务：010-64518899
网　　址：http://www.cip.com.cn
凡购买本书，如有缺损质量问题，本社销售中心负责调换。

定　　价：**48.00 元**

前言

应急管理是国家治理体系的重要组成部分，应急管理水平和应急保障能力直接反映了国家的综合实力。为了提升应急管理能力，需要从顶层设计出发，构建科学的机制、规范和预案。同时，必须建立一个完整、高效的运作体系，以应对各种突发事件。此外，先进的科学技术和产业支持，以及全民的应急意识、安全意识和救援技能，也是不可或缺的。各级政府还须不断加强应急设施、装备和队伍的建设，以预防为主。

党的二十届三中全会明确提出要完善公共安全治理机制，具体要求包括：健全重大突发公共事件的处置保障体系，完善大安全大应急框架下的应急指挥机制，加强基层的应急基础设施建设和力量，以及提升防灾减灾救灾的能力。这些措施旨在提高应急管理的效率和效果，确保在面对突发事件时能够迅速、有序、有效地进行响应和处置。

在应急管理的实践中，应急技术和管理方法的应用至关重要。它们不仅关系到应急管理的执行效率，也影响到应急管理的成效。因此，深入探讨和研究应急技术和管理方法，不仅是现实的需要，也是推动应急管理理论创新和发展的关键。通过不断探索和实践，我们可以构建更加坚实的应急管理体系，守护国家安宁和人民的生命财产安全。

本书在坚持基本理论方法与应用实践技能相结合的原则基础上，以标准与规范为依据，结合国家最新的形势和政策，基于国内相关学者在应急管理与技术方面的科研成果，在参阅国外的有关应急管理理论和应急救援技术的基础上编写完成，侧重应用性、实用性和发展性。

本书共分 7 章，各章主要内容简介如下：

第 1 章是绪论。阐述了学习应急技术与管理的目的和意义，介绍了应急管理基本概念及国内外应急管理历史、现状及发展趋势，讲述了应急管理的生命周期、原则与基本任务。

第 2 章介绍了突发事件三角形理论模型，详细阐述了突发事件的分类分级、承灾载体的定义和分类、突发事件链式效应及应急管理。

第 3 章在介绍我国应急管理体制机制历史沿革的基础上，分别阐述了我国应急管理组织体系、应急管理运行机制及应急管理法治体系，并对应急管理体系现代化新形势与改革做了分析。

第 4 章介绍了突发事件预防与应急准备，主要包括突发事件风险管理、灾害保险、应急预案、应急资源等内容。

第 5 章在对突发事件监测与预警概述的基础上详细介绍了突发事件信息系统和突发事件的分级预警，并且对常见的突发事件监测与检测技术和预警技术做了相应的描述。

第 6 章主要讲述了突发事件应急处置与救援，在详细介绍突发事件先期处置原则与方法的基础上阐述了应急救援工作开展的重要性、指导思想、原则、任务及行动，同时介绍了典型突发事件自救及急救的相关措施。

第 7 章在介绍事后恢复与重建基本概念的基础上详细阐述了恢复与重建的内容和恢复重建过程中的关键问题。

附录针对应急管理过程中典型突发事件案例展开分析，不仅描述了典型突发事件发生的经过及后果，更是详细分析了每一起突发事件给应急管理带来的经验与启示。

本书系统完整、具体实用、可操作性强，既可作为本科、高职高专等院校安全、消防、应急类有关专业的教材，又可作为政府及有关部门、社会救援机构、生产经营单位应急管理和事故应急救援培训的教材。

本书由蒋军成拟定编写大纲并负责定稿，钱剑安、王静虹负责全书统稿。各章节编写分工如下：第 1 章由蒋军成编写；第 2 章、第 5 章由钱剑安编写；第 3 章由王静虹编写；第 4 章由王妍编写；第 6 章由赵坤编写；第 7 章和附录由王华编写。

在本书的编写过程中，编者参阅了相关的参考文献，在此对所有参考文献的作者表示衷心的感谢。

由于编者水平有限，书中不妥之处，敬请广大读者批评指正。

蒋军成

2024 年 10 月 27 日

目录

第1章

绪　论

1.1　学习应急技术与管理的目的和意义

随着工业化和城市化的快速发展，各类突发事件如自然灾害、事故灾难、公共卫生事件和社会安全事件时有发生，严重影响了社会秩序和人民生活。应急管理是国家公共管理职能的重要组成部分，是衡量一个国家现代化水平的重要指标之一。应急管理是指政府及其他公共机构在突发事件的事前预防、事发应对、事中处置和善后恢复过程中，通过建立必要的应对机制，采取一系列必要措施，应用科学、技术、规划与管理等手段，保障公众生命、健康和财产安全，促进社会和谐健康发展的有关活动。应急管理主要包括应急准备、应急响应、应急保障和善后恢复等环节。因此，学习应急技术与管理对于提高应对突发事件的能力、保护人民生命财产安全、促进社会稳定和可持续发展具有重要意义。

1.1.1　学习本课程的目的

① 掌握专业知识和技能。系统学习应急技术和管理，使个人和组织能够掌握预防、准备、响应和恢复等各个阶段的专业应急管理知识与技能，为有效应对各类突发事件打下坚实的基础。

② 增强风险评估与管理能力。通过对应急技术的深入理解和管理方法的学习，增强对潜在风险的识别、评估和管理能力，从而在风险发生之前采取有效措施，降低突发事件发生的可能性和影响。

③ 构建应急管理体系。学习应急技术和管理有助于构建和完善应急管理

体系，包括制定预案、建立组织机构、配备必要的资源和设施以及提高协调和指挥能力。

④ 培养应急专业人才。系统化的学习可以培养出具备专业应急知识和技能的人才，满足社会对应急管理人才的需求。

1.1.2 学习本课程的意义

① 保护生命安全和身体健康。通过有效的应急管理，可以最大程度保护人民生命安全和身体健康。

② 减少财产损失和降低社会影响。学习并应用应急技术和管理，有助于在突发事件发生时迅速响应，减少财产损失和降低社会影响。

③ 维护社会稳定和秩序。有效的应急管理能够及时控制突发事件的蔓延，维护社会稳定和秩序。

④ 促进经济可持续发展。通过降低突发事件对经济活动的破坏，有助于保持经济的稳定和快速恢复。

⑤ 提高公众的安全意识。普及应急技术和管理知识，可以提高公众的安全意识和自救互救能力，构建全社会参与的应急管理网络。

⑥ 适应全球化挑战。在全球化背景下，许多突发事件的影响可能波及全球，学习国际先进的应急技术和管理对于应对这些挑战至关重要。

1.2 应急管理基本概念

应急技术与管理涉及的基本概念很多，重点概念如下。

① 突发事件　指突然发生，造成或者可能造成严重社会危害，需要采取应急处置措施予以应对的自然灾害、事故灾难、公共卫生事件和社会安全事件。

② 事故　指在人们生产、生活活动过程中突然发生的、违反人们意志的、迫使活动暂时或永久停止，可能造成人员伤害、财产损失或环境污染的意外事件。

③ 应急救援　指在应急响应过程中，为消除、减少事故危害，防止事故扩大或恶化，最大限度地降低事故造成的损失或危害而采取的救援措施或行动。

④ 应急预案　指针对可能发生的事故，为迅速、有效、有序地开展应急行动，而预先制定的方案。用以明确事前、事发、事中、事后的各个进程中，

谁来做、怎样做、何时做及相应的资源和策略等。

⑤ 一案三制　指为应对事故应急救援而制定的应急预案和建立的应急体制、应急机制、相关法律制度的简称。

⑥ 预警　指根据监测结果，判断事故可能或即将发生时，依据有关法律法规或应急预案的相关规定，公开或在一定范围内发布相应级别的警报，并提出相关应急建议的行动。

⑦ 预警分级　指根据事故发生的可能性、严重性、紧急程度划定的警报等级。发布时一般用红色（Ⅰ级）、橙色（Ⅱ级）、黄色（Ⅲ级）和蓝色（Ⅳ级）表示。

⑧ 应急响应　指发生事故后，明确分级响应的原则、主体和程序。重点要明确政府、有关部门指挥协调、紧急处置的程序和内容；明确应急指挥机构的响应程序和内容以及有关组织应急救援的责任；明确协调指挥和紧急处置的原则以及信息发布的责任部门。

⑨ 应急响应分级　指根据突发公共事件的等级、影响的范围、严重程度和事发地的应急能力所划定的应急响应等级。

⑩ 应急保障　指为保障应急处置的顺利进行而采取的各种保障措施。一般按功能分为人力、财力、物资、交通运输、医疗卫生、治安维护、人员防护、通信与信息、公共设施、社会沟通、技术支撑及其他保障。

⑪ 应急处置　指一旦发生事故，按照应急处理程序和方法，能快速反应处理事故或将事故消除在萌芽状态的初期阶段，使可能发生的事故控制在局部，防止事故的扩大和蔓延。

⑫ 应急恢复　指事故发生的影响得到初步控制以后，政府、社会组织和公民，为了使生产、工作、生活、社会秩序和生态环境尽快恢复到正常状态而采取的措施或行动。

1.3　应急管理生命周期、基本原则与基本任务

1.3.1　应急管理生命周期

应急管理的生命周期包括预防、预备、响应和恢复四个阶段，这四个阶段是一个动态的过程。虽然这四个阶段常常是重叠在一起的，但它们中的每个阶段都有各自的目标，并且成为下一阶段内容的一部分，如图 1.1 所示。

① 预防　通过安全管理和安全技术等手段，尽可能防止事故的发生；在假定事故必然发生的前提下，通过预先采取的预防措施，降低事故的影响或减

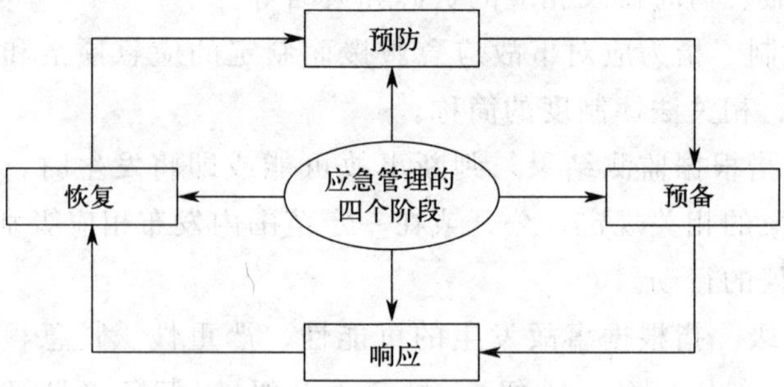

图 1.1　应急管理的四个阶段

小后果严重程度。

② 预备　针对可能发生的事故，为迅速有效地开展应急行动而采取的各种准备，包括应急机构的设立和职责的落实、预案的编制、应急队伍的建设、应急设备（施）与物资的准备和维护、预案的演练、与外部应急力量的衔接等，目的是应对事故发生、提高应急行动能力及推动响应工作。

③ 响应　事故发生前及发生期间和发生后立即采取救援行动，包括事故的报警与通报、人员的紧急疏散、急救与医疗、消防和工程抢险措施、信息收集与应急决策和外部救援等，目标是尽可能抢救受害人员、保护可能受威胁的人群，尽可能控制并消除事故。

④ 恢复　事故发生后立即进行恢复工作，使事故影响的区域恢复到相对安全的状态，然后逐步恢复到正常状态。立即进行的恢复工作包括事故损失评估、原因调查、清理废墟等；短期恢复中应注意避免出现新的紧急状况；长期恢复包括厂区重建和受影响区域的重新规划和发展。

应急管理必须强调以下两点。

① 应急管理不仅仅是在事故发生后要采取行动，而是应该将重点落在预防上面，尽可能地预防事故发生。由于事故发生具有偶然性和必然性，在事故不可避免地发生后，要采取科学有效的措施降低人员伤亡、财产损失和环境破坏。

② 应急管理不仅仅是从事事故应急救援专业人员的事情，它与所有从业人员密切相关，也与所有社会大众紧密相关。事故发生后现场人员不能只会报警，不能完全依赖于应急救援专业人士，更应该懂得自救与避险知识，懂得现场急救知识，懂得现场急救设备的存放位置和使用方法，懂得选择正确的逃生路线，懂得现场处置基本措施，这样才能更好地减少事故发生后可能造成的人员伤亡和财产损失。每个人都要扮演好自己在应急管理中的角色，熟悉自己的职责和任务，这样应急管理工作才能有条不紊地开展。

应急管理各阶段主要工作内容见表 1.1。

表 1.1　应急管理各阶段主要工作内容

阶段	工作内容
预防阶段	风险辨识、评价与控制，安全规划，危险源监测监控，事故灾害保险等
预备阶段	制定应急救援方针与原则、应急救援工作机制，编制应急救援预案，应急救援物资、装备筹备，应急救援培训、演练，签订应急互助协议，应急救援信息库等
响应阶段	启动应急行动，报告有关政府机构，实施现场指挥和救援，控制事故扩大并消除，人员疏散和避难，环境保护和监测，现场搜寻和营救等
恢复阶段	救援评估，理赔，现场清理，灾后重建，应急预案修订等

1.3.2　应急管理基本原则

应急管理工作应在预防为主的前提下，贯彻统一指挥、分级负责、区域为主、单位自救和社会救援相结合的原则。

预防工作是应急管理工作的基础，除平时做好事故的预防工作、避免或减少事故的发生外，落实好救援工作的各项准备措施，做到预防有准备，一旦发生事故就能及时实施救援。重大事故具有发生突然、扩散迅速、危害范围广的特点，这也决定了救援行动必须达到迅速、准确和有效，因此，救援工作只能实行统一指挥下的分级负责制，以区域为主，并根据事故发展情况，采取单位自救和社会救援相结合的形式，充分发挥事故单位及地区的优势和作用。应急管理是一项涉及面广、专业性强的工作，靠某一个部门是很难完成的，必须把各方面的力量组织起来，形成统一的救援指挥部，在指挥部的统一指挥下，安全、救护、公安、消防、环保、卫生、质检等部门密切配合，协同作战，迅速、有效地组织和实施应急救援，尽可能地避免和减少损失。

1.3.3　应急管理基本任务

应急管理的基本任务包括现场处置任务和宏观管理任务。

(1) 现场处置任务

① 立即组织营救受害人员，组织撤离或者采取其他措施保护危害区域内的其他人员。抢救受害人员是应急救援的首要任务，在应急救援行动中，快速、有序、有效地实施现场急救与安全转送伤员是降低伤亡率、减少事故损失的关键。由于重大事故发生突然、扩散迅速、涉及面广、危害大，应及时指导和组织群众采取各种措施进行自身防护，并迅速撤离危险区或可能受到危害的

区域。在撤离过程中，应积极组织群众开展自救和互救工作。

② 迅速控制危险源，并对事故造成的危害进行检验、检测，测定事故的危害区域、危害性质及危害程度。及时控制造成事故的危险源是应急救援工作的重要任务，只有及时控制危险源，防止事故的继续扩展，才能及时有效地进行救援。特别对发生在城市或人口稠密地区的化学事故，应尽快组织工程抢险队，与事故单位技术人员一起控制事故，避免继续扩展。

③ 做好现场清洁，消除危害后果。针对事故对人体、动植物、土壤、水源、空气造成的现实危害和可能的危害，迅速采取封闭、隔离、洗消等措施。对事故外溢的有毒、有害物质和可能对人和环境继续造成危害的物质应及时组织人员予以清除，消除危害后果，防止对人的继续危害和对环境的污染。对危险化学品事故造成的危害进行检测、处置，直至符合国家环境保护标准。

④ 查清事故原因，评估危害程度。事故发生后应及时调查事故的发生原因和事故性质，评估出事故的危害范围和危险程度，查明人员伤亡情况，做好事故调查。

（2）宏观管理任务

① 完善事故应急预案体系　各级应急管理部门和其他负有安全监管职责的部门要在政府统一领导下，根据《国家突发事件总体应急预案》和相关法律法规，结合本地区、本部门实际，修订完善应急预案。各生产经营单位应按照《生产经营单位生产安全事故应急预案编制导则》（GB/T 29639—2020）制定应急预案，建立健全覆盖集团公司、子公司、基层单位及关键岗位的应急救援体系，并与政府及相关部门应急预案有效衔接。

各级应急管理部门要将应急预案的备案、审查、演练作为安全生产监督监察的重要内容，通过备案审查和演练，提高应急预案的科学性、针对性、时效性和可操作性。依据法律法规、国家标准、行业标准的调整以及生产经营单位生产条件的变化，及时修订应急预案。同时，依托“智慧应急”战略，推进应急预案的数字化备案和动态更新，利用大数据分析演练中的问题，实时优化预案内容。

② 健全和完善应急管理体制和机制　落实应急管理体系建设重点工程，明确各级应急管理部门的应急管理职责，完成省、市两级应急管理指挥机构建设，应急救援任务重、重大危险源较多的县（区）也应根据需要建立应急管理指挥机构，做到事故应急管理指挥工作机构、职责、编制、人员、经费五落实。

理顺各级应急管理机构与事故应急救援指挥机构、各专业应急救援指挥机构的工作关系，加强协调联动，推进资源整合和信息共享。

发挥各级政府安全生产委员会及其办公室在事故应急管理中的协调作用，建立应急管理工作协调机制。同时，推动公共安全治理模式向事前预防转型，强化智能监测预警，提升应急管理的科学化、智能化水平。

③ 加强事故应急救援队伍和能力建设　各级应急管理部门要发挥牵头抓总和统筹协调作用，协助政府做好整体规划设计，持续推动各项政策措施落实落地，要鼓励基层紧密联系实际，探索创造新鲜经验，以点带面推动基层应急管理能力建设全面上水平。各地区、各部门要编制应急管理体系建设规划，并纳入本地区、本部门的经济和社会发展规划。

要整体谋划、积极推进消防救援工作现代化建设，加快建设应急救援主力军和国家队，整合组建消防救援机动队伍，提升队伍全灾种救援能力。统筹强化各类专业应急救援队伍规范化建设，进一步提升国家安全生产应急救援队伍能力、优化队伍结构和布局，健全国家应急救援力量体系。大力推进国家综合性消防救援队伍与各专业队伍、志愿者队伍等共训共练，持续构建各司其职、互为补充、协同作战、共同发展的多元化应急救援力量体系。

各类生产经营单位应按照安全生产法律法规要求，建立应急管理组织，配备必要的应急救援器材、设备和物资，并进行经常性维护保养。同时，统筹规划建设具备风险分析、监测监控、预测预警等功能的安全生产应急信息系统，实现各级应急指挥机构与相关专业应急救援指挥机构的信息共享。

④ 建立健全应急管理法律、法规及标准规范体系　加快推进应急管理重点法律法规制修订，持续加大关键核心标准供给力度，不断扩大强制性标准占比，以标准提升引领本质安全水平提升。坚持严格规范执法和热情服务相结合，积极运用大数据、人工智能等先进技术赋能精准执法，建立健全多层级协调联动执法检查机制，防止逐利检查、任性检查等，避免多头重复执法检查。

⑤ 加强安全生产应急管理培训和宣传教育工作　将安全生产应急管理和应急救援培训纳入安全生产教育培训体系，增加应急管理内容。生产经营单位要加强对从业人员的应急管理知识培训，特别是重点岗位人员的应急管理知识培训。同时，充分利用社区、学校、企业等各类组织及多种媒体渠道，普及安全生产事故预防、避险、自救、互救知识，提升社会公众的应急意识和自救能力。

⑥ 加强应急管理支撑保障体系的建设　要深化实施“智慧应急”战略，着力运用科技信息化手段改变应急管理战斗力生成模式，推动科技赋能向基层下沉，以提高应对突发事件的效率和效果。建立政府、企业、社会相结合的多方投入机制，各级应急管理部门要积极争取将应急管理经费纳入财政预算。同

时，鼓励企业加大安全生产应急管理投入，建立长效投入保障机制。

⑦ 加强与有关国家、地区及国际组织在安全生产应急管理领域的交流与合作　密切跟踪研究国际安全生产应急管理发展的动态和趋势，向国际学习先进的应急管理经验和技术，开展重大项目研究与合作，组织国际交流和学习培训，促进应急管理的规范化、科学化和国际化，提升我国在全球应急管理领域的地位。

1.4　国内外应急技术与管理发展现状

应急技术与管理是现代社会管理的重要组成部分，其发展水平和应对能力直接关系到社会稳定和人民福祉。本节将概述国内外在应急技术与管理方面的发展现状。

1.4.1　国内应急技术与管理发展现状

我国在应急技术与管理方面的发展经历了从无到有、从弱到强的过程。近年来，随着国家对应急管理工作的重视，我国在该领域取得了显著成就。

（1）法律法规建设

我国制定了《中华人民共和国突发事件应对法》等法律法规，为应急管理提供了法治保障。这些法律法规涵盖了突发事件的预防、监测、预警、应急处置与救援、事后恢复与重建等多个方面，确立了应急管理的法律地位和基本框架。

（2）应急管理体系

建立了以应急管理部为核心的国家级应急管理体系，实现了从中央到地方的应急管理全覆盖。这一体系在 2008 年汶川地震的应对中发挥了重要作用，展现了中国应急管理体系的高效性和协调性。

（3）应急预案管理

各级政府和相关部门制定了详尽的应急预案，涵盖了各种可能发生的突发事件。这些预案在实践中不断得到检验和完善，提高了应对突发事件的针对性和操作性。

（4）现代技术应用

在信息技术、通信技术、大数据和人工智能等领域取得了显著进步，并广泛应用于应急管理实践中。例如我国建立了国家突发事件预警信息发布系统，实现了对各类突发事件的实时监测和预警。

（5）公众参与

提高了公众的应急意识和自救互救能力，形成了政府主导、社会参与的应急管理格局。通过开展应急演练、教育培训等活动，提升了公众的应急响应能力。

（6）国际合作

积极参与国际应急救援合作，与多个国家和地区在应急技术、经验交流、联合演练等方面建立了合作关系。我国还加入了国际应急管理协会（IAEM），与世界各国共享应急管理的经验和资源。

在我国的应急管理实践中，体现了中国特色社会主义制度的优势。在应急管理体系的构建中，坚持党的领导，确保了应急管理工作沿着正确的方向前进。在突发事件的应对中，能够迅速集中资源和力量，有效应对和处置，这体现了中国特色社会主义制度集中力量办大事的优势。同时，我国在应急管理中注重发挥传统文化的作用，如集体主义、团结互助等价值观，这些都为应急管理工作提供了强大的精神动力和文化支撑。

1.4.2 国外应急技术与管理发展现状

西方国家在应急技术与管理方面的发展较早，形成了较为成熟的体系和模式。

（1）系统化管理

许多国家建立了全国性的应急管理体系，如美国联邦紧急事务管理署（FEMA），它负责协调联邦政府在应对自然灾害、恐怖袭击和其他紧急情况的行动。

（2）专业化救援队伍

发达国家普遍拥有训练有素的专业救援队伍，如美国的消防部门和紧急救援医疗服务（EMS），他们在各种紧急情况下提供快速有效的救援服务。

（3）现代科技支持

广泛应用现代科技，如卫星监测、无人机侦察、智能分析等，提高了应急管理的效率和效果。例如美国国家海洋和大气管理局（NOAA）使用卫星和气象站网络来监测天气变化，提前发布飓风、洪水等自然灾害的预警。

（4）法规和政策保障

制定了一系列应急管理相关的法规和政策，确保应急管理工作的规范化和制度化。例如欧盟通过了一系列指令，要求成员国建立统一的应急管理标准和程序。

（5）公众教育

重视公众的应急管理教育和培训，提高公众的自我保护能力和参与度。例如日本的防灾教育从儿童时期就开始，通过学校教育和社区活动普及防灾知识。

（6）非政府组织参与

非政府组织在应急管理中发挥着重要作用，如红十字会在灾害救援中提供医疗救助和物资支持。

通过比较国内外的应急技术与管理发展现状，可以看出，虽然在具体的做法和侧重点上存在差异，但都致力于提高社会的应急能力，保护人民的生命财产安全。我国在借鉴国际经验的基础上，结合自身国情，走出了一条具有中国特色的应急管理之路。

本章思考题

① 描述应急管理在国家治理体系中的作用及其重要性。

② 讨论应急管理生命周期的各个阶段及其相互关联性。

③ 分析当前我国应急管理面临的主要挑战和应对策略。

④ 比较不同国家应急管理体制的异同，并提出我国可借鉴之处。

⑤ 讨论如何提高公众的应急意识和自救互救能力。

⑥ 描述应急管理基本原则在实践中的应用及其对减少灾害影响的贡献。

⑦ 分析我国应急管理发展趋势对相关专业人才培养的需求。

⑧ 讨论如何通过科技创新提升应急管理的效率和效果。

第 2 章

突发事件三角形理论

2.1 突发事件三角形理论模型

突发事件三角形理论模型是由清华大学公共安全中心研究团队最先提出的。公共安全中心研究团队最初把重点放在了突发事件上，随着研究的不断深入，他们逐渐认识到突发事件的致灾程度与承灾载体、应急管理是分不开的，从而提出了突发事件三角形理论模型，并提出在把握三边（即突发事件、承灾载体和应急管理）关系的基础上建立完整的应急平台体系，如图 2.1 所示。突发事件、承灾载体以及应急管理三维体系构成了公共安全科学的整体。通过对突发事件和承灾载体的研究，确定应急管理的关键目标，加强防护，从而实现有效的预防和科技减灾。

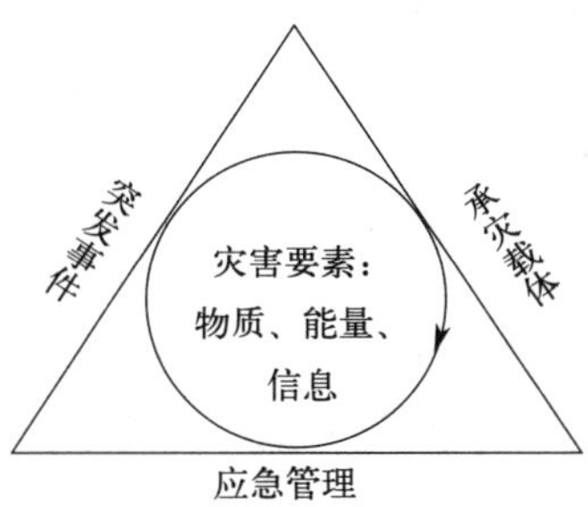

图 2.1 突发事件三角形理论模型

在安全科学中，物质、能量、信息被称作灾害要素。灾害要素蕴含在三角形理论模型中。

不论突发事件的强度、类型、时空特点如何，归根到底，还是物质、能量、信息在起作用。如危险化学品泄漏的灾害要素为物质，地震、火灾的灾害要素为能量和物质，大规模谣言和社会恐慌的灾害要素是信息。

承灾载体本质上也同样是由物质、能量、信息三者组合而成的，在形式上表现为丰富的客观世界。

应急管理的对象也正是来自突发事件和承灾载体的各种物质、能量或信息。

下面对突发事件三角形理论模型的三边，即突发事件、承灾载体以及应急管理分别展开介绍。

2.2 突发事件

2.2.1 定义

《中华人民共和国突发事件应对法》规定，突发事件是指突然发生，造成或者可能造成严重社会危害，需要采取应急处置措施予以应对的自然灾害、事故灾难、公共卫生事件和社会安全事件。

突发事件是三角形理论模型的一个边，研究突发事件从孕育、发生、发展到突变成灾的演化规律及其产生的风险作用，即突发事件携带或产生哪些作用，而这些作用又如何随着时间或地域的空间发生变化。突发事件包括自然灾害、事故灾难、公共卫生事件和社会安全事件，并有其自身规律。

突发事件产生的作用有 3 种类型，包括物质、能量与信息。物质作用，例如病毒、细菌，这些都属于物质，可能造成伤害。能量的作用，例如火灾，火灾通过燃烧释放热能，原则上是热能的作用，因此可能发生各种各样的破坏。另外就是信息，有时人群中出现一些传言、谣言，由此可能引发一部分社会人员的恐慌与群体事件的产生并造成伤害。

2.2.2 突发事件的分类

（1）自然灾害

主要包括水旱灾害，山体崩塌、滑坡、泥石流等地质灾害，暴雨（雪）、雷电、冰雹、大雾等气象灾害，地震灾害，森林火灾和生物灾害等。

【案例】 沙特阿拉伯沙漠最强沙尘暴

2009 年 3 月 10 日，起源于沙特阿拉伯沙漠的一场巨大的沙尘暴席卷了沙特阿拉伯首都利雅得的大部分地区。滚滚黄尘铺天盖地而来，笼罩了利雅得近郊住宅区，由粗、细沙粒构成的巨大“天幕”挡住了居民的去路。

利雅得位于沙特阿拉伯沙漠中心区域，这里经常会发生沙尘暴，但是2009年3月10日的沙尘暴被认为是几十年难得一见的“灾难”。沙特阿拉伯气象部门称，这次沙尘暴的强度达到了20年来的顶峰。这场沙尘暴的到来，由于能见度低，道路交通几乎瘫痪。利雅得400万市民被困。由于机场指挥塔台和主跑道之间的能见度非常低，利雅得机场被迫停止飞行。一位民用航空公司发言人说：“沙尘暴逼近利雅得时，场面令人感到惊恐。从利雅得飞往国外的航班全部延迟，所有飞往利雅得的国际航班则被分流至该国的其他机场。”

沙尘暴给人们的生产、生活带来了严重的危害。沙尘暴的频繁出现显然与天气异常有关，分析表明，前期干旱少雨和外地沙源输入是导致沙特阿拉伯发生此次强沙尘暴的主要原因，但更深层次的原因则是由于人类过去陶醉于对自然的“征服”，导致生态环境恶化，因而受到大自然的“惩罚”，逐步形成“沙进人退”的严重局面。

（2）事故灾难

主要包括工矿商贸等企业的各类生产安全事故，公路、水路等交通运输事故，公共设施设备事故，环境污染和生态破坏事件等。

【案例】 吉化“11·13”特大爆炸事故及松花江特别重大水污染事件

2005年11月13日，中国石油天然气股份有限公司吉林石化分公司双苯厂 硝基苯精制岗位外操人员违反操作规程，在停止粗硝基苯进料后，未关闭预热 器蒸气阀门，导致预热器内物料气化；恢复硝基苯精制单元生产时，再次违反 操作规程，先打开了预热器蒸汽阀门加热，后启动粗硝基苯进料泵进料，引起进入预热器的物料突沸并发生剧烈振动，使预热器及管线的法兰松动、密封失效，空气吸入系统，由于摩擦、静电等原因，导致硝基苯粗馏塔（T-101塔）发生爆炸，并引发包括硝基苯精馏塔（T-102塔）在内的其他装置、设施连续爆炸。造成人员伤亡及重大经济损失。此外，事故产生的主要污染物为苯、苯胺和硝基苯等有机物。

双苯厂没有事故状态下防止受污染的“清净下水”流入松花江的措施，在爆炸事故发生后，未能及时采取有效措施防止泄漏出来的部分物料和循环水及抢救事故现场消防水与残余物料的混合物流入松花江，导致松花江特别重大污染。

该事件由多方面因素引发，包括企业安全生产管理松懈、应急预案不完善，以及各级环保部门对水污染问题估计不足、重视不够，导致未能及时采取有效防控措施。

（3）公共卫生事件

主要包括传染病疫情、群体性不明原因疾病、食品药品安全和职业危害、动物疫情以及其他严重影响公众健康和生命安全的事件。

【案例】 西非埃博拉病毒疫情

2014 年，西非国家利比里亚、塞拉利昂和几内亚暴发了一场规模巨大的埃博拉疫情，随后该疫情波及了其他国家，其中包括美国。这场疫情被认为是自 1976 年发现埃博拉病毒以来最严重的一次暴发。

美国政府对埃博拉疫情采取了一系列措施，包括加强与国际组织的合作、提升国内医疗设施和医疗人员的应对能力、强化边境检测等。在国际社会范围内，埃博拉疫情的暴发引起了广泛的关注和恐慌。国际组织和各国纷纷向受灾国家提供援助，并共同开展了救援行动。在各方的共同努力下，埃博拉疫情得到了有效控制。具体我们在附录典型突发事件案例分析中作为一个综合性案例，就其发生的经过、应急响应、善后等不同环节的内容进行分析讲解，并进一步剖析其事发原因及各方责任，进而得出整改的内容。

（4）社会安全事件

主要包括恐怖袭击事件、重大刑事案件、群体性事件、大规模水电油气供应中断突发公共事件、金融突发公共事件、涉外突发公共事件、民族宗教事件、网络与信息安全事件、舆情突发公共事件等。

【案例】 上海外滩“12·31”踩踏事件

上海外滩踩踏事件，发生在 2014 年 12 月 31 日晚上 11 点 35 分，很多游客市民在上海外滩进行跨年夜活动以迎接新年的到来，黄浦江观景平台和陈毅广场东南角连接处的人行通道阶梯处底部有人失衡跌倒，从而引起人群摔倒、叠压，导致拥挤踩踏事故的发生，造成 36 人死亡、49 人受伤。

这是一起对群众性活动预防准备不足、现场管理不力、应对处置不当而引发的拥挤踩踏并造成重大伤亡和严重后果的公共安全责任事件。

2.2.3　突发事件特征

从以上案例，我们可以看出，突发事件具有突发性、复杂性、破坏性、持续性、紧迫性的特点。

① 突发性　突发事件是事物内在矛盾由量变到质变的飞跃过程，对于是否发生，何时、何地、以什么方式暴发，影响程度等都难以完全准确把握。

② 复杂性　突发事件是各种矛盾激化的结果，具有多变性，处置不当很可能就会加大损失，扩大范围，转变为政治事件。突发事件防治组织系统也较复杂，至少包括中央、省市及有关职能部门、社区三个层次。

③ 破坏性　突发事件主要表现为人员伤亡、财产损失，包括直接的损害和间接的损害，还体现在对个人心理造成的恐慌和对社会心理造成的冲击，进而渗透到社会生活各个层面。

④ 持续性　突发事件一旦暴发，都会持续一个过程，表现为潜伏期、暴发期、高潮期、缓解期、消退期。持续性表现为蔓延性和传导性，一个突发事件经常导致另一个突发事件的发生。

⑤ 紧迫性　一般情况下突发事件的发展非常迅速，需要非程序化的决策、非常态的紧急措施应对，需要在最短时间内调动一切资源，及时、有效地应对，以将危害减少到最小的程度。

2.3　承灾载体

2.3.1　定义

承灾载体是指突发事件作用下的人、物和经济社会运行系统。

“三角形”的第二条边是承灾载体。在突发事件的作用下产生破坏，其实是对承灾载体的损害。

承灾载体在突发事件的作用下，可能产生本体的破坏，也可能产生功能的缺失。而在同样的突发事件作用下，产生破坏的大小也不尽相同。事件链的发生或者说突发事件的“多米诺效应”的次生灾害，实际上是由于承灾载体在突发事件作用下发生损坏之后带来的，承灾载体是中间媒介，次生灾害与承灾载体自身损毁的程度是密切相关的。

2.3.2 承灾载体的类型

（1）人——最重要和最脆弱的承灾载体

突发事件中的风险认知偏差决定了突发事件到来时人不同的感知、决策和行为。在此，我们依次介绍什么是风险认知、什么是风险认知偏差，以及风险认知偏差的类型。

风险认知是指人们对风险的主观评定和判断以及由此引发的态度和决策倾向。它涵盖了人们对风险的感知、理解、记忆、评价、反应的整个认知过程。

风险认知偏差是个体在认识和判断风险时所发生的某种偏离或偏离倾向。

风险认知偏差的类型：

①“归因偏差”“归因偏差”是指受众个体对风险事件的归因偏离了正常逻辑。例如当人们作为观察者评价别人行为的时候，人们更多强调人的主观和内因作用；而当自己是行为者时，由于比较清楚影响自身行为的各种制约因素，对外因的关注会多于对自身的省思。

②“直觉偏差”“直觉偏差”的产生是由于时间紧急和信息有限，人们往往依据自己的直觉或常识来简化处理问题，包括如下三点：

一是“代表性直觉偏差”，在不确定情况下，对一个事件的具体、生动表述会使人们相信其发生的概率更大。这就是为什么在突发事件中政府公布的信息不足或者不具体，民众就更容易相信流言。因为流言不像政府的信息那样严肃谨慎，它往往更具体、更生动。

二是“易得性直觉偏差”，表明人们更倾向于依据容易想起来的事例来判断某种风险发生的概率。民众常会因此高估自己常见的风险事件的概率而低估自己不熟悉的风险。

三是“锚定偏差”，是指由于处理信息的能力不足，人们常会对问题进行一个初步估计。锚定效应会使人们产生“心理账户”的认知偏差，如在相同条件下收到政府相同补偿款的民众对处理结果的满意度却不相同，这与其个人原有的预期密切相关。

③“信息处理偏差”“信息处理偏差”是从认知心理学的原理出发，关注人脑对信息进行处理的四个阶段——获取、加工、输出、反馈过程中出现的认知偏差。

在获取信息时，人们往往会对容易唤起记忆的、容易获得的信息更加关注。同时，最先进入大脑的信息往往会占有更加优势的地位，这是首因效应。而最近获取的信息也较容易被记起，这是近因效应。

在对信息的加工过程中，人们按照他们可以做到的信息加工方式来减少信息处理的复杂性。

在信息输出阶段，人们往往会过于相信自己判断的准确性，表现出过度自信的特征。

在信息反馈阶段，人们根据风险的结果对自己事前的认知进行评估，进而影响到自己的自信心和认知能力。

④“主观概率估计中的认知偏差”　一是“保守主义倾向”偏差，即以前的观念或思想容易使人产生依赖，不愿意轻易改变，人们无法对新信息给予足够的重视，或者即便获得了新的信息，也无法有效地将其与原有信息进行整合；二是“复合事件偏差”，是指人们倾向于认为单个事件是“简单的”，因此会高估复合事件的发生概率，而低估单个事件的发生概率。例如在突发性事件中，人们会关注一些原本发生概率并不高但容易产生连锁反应的风险。

（2）物的世界——人类社会的基本载体

① 建筑物　城市建筑物主要承受的灾害有洪灾、火灾等。

a. 影响建筑物洪灾损失率的因素：

● 一是洪水的水深、流速、历时等。

● 二是建筑物承灾体对灾情的作用，体现于两个方面：价值总量和承灾能力。价值总量反映受灾数值；承灾能力（建筑结构、材料、年限、室内地面高度等）影响其损失率的大小。承灾能力与承灾体自身的质量和建筑标准有关，建筑质量越好、标准越高，其承灾能力就越强。

● 三是防灾措施。

b. 火灾中，影响建筑物损失率的因素：

● 一是火灾负荷。火灾负荷是指建筑物所有的可燃物质燃烧时所产生的总热量值。

● 二是结构构件的耐火特性。结构构件的耐火特性对保证建筑物的整体稳定性和阻止火势蔓延具有重要作用。随着温度的升高，结构构件的力学强度下降。

● 三是消防设施的作用。

● 四是内部空间的结构分割。实验研究表明，建筑物的室内形状、通风状态、可燃物的分布都影响火灾的灾情。

② 桥梁　城市桥梁通常指城区范围内建造的跨河、跨江、跨海桥梁，立

交桥梁及人行天桥等。

a. 桥梁受地震的破坏形式。在地震中，桥梁受地震破坏现象比较常见，例如汶川地震波及重庆。2008 年 5 月 12 日下午 6 时，重庆市公路局召开紧急会议，要求全局干部职工高度重视、冷静对待地震影响。一方面，立即启动应急预案，成立六个信息联络小组，通知各区县（自治县）交通局，对地方公路桥梁、隧道的受灾情况进行拉网式排查。另一方面，积极组织联系专家，对因地震造成重大影响的国省干线公路桥梁、隧道进行专家会诊。同时，局机关和直属单位坚持 24 小时值班制度和信息报送制度，对造成重大安全隐患的公路桥梁、隧道，必须安排专人加强值守。12 日晚，公路管理部门连夜对全市 38 个区县（自治县）的 1452 座公路桥梁、隧道的受灾情况进行拉网式排查，发现 108 座桥梁、1 座隧道受到不同程度损害。

桥梁受地震破坏通常有两类形式：一类是地表破坏，另一类是桥梁受震破坏。

ⅰ. 地表破坏有地裂、滑坡、塌方、岸坡滑移和砂土液化等现象。

- 地裂会造成桥梁跨度的缩短、伸长或墩台下沉。
- 在陡峻山区或砂性土和软黏土河岸处，强烈地震引起的塌方、岸坡滑动以及山石滚落，可使桥梁破坏。
- 在浅层的饱和及疏松砂土处，地震作用易引起砂土液化，致使桥梁突然下沉或不均匀下沉，甚至使桥梁倾倒。
- 在坡边土岸或古河道处，地震则往往引起岸坡滑移、开裂和崩塌等现象，造成桥梁破坏。

ⅱ. 桥梁受震破坏是由于地震使桥梁产生水平和竖直振动，造成桥梁构件的损坏，甚至桥梁倒塌。有些桥梁虽然在强度上能够承受地震的振动力，但由于桥梁上部、下部结构联结不牢，整体性差，产生过大的相对位移，从而导致桥梁被破坏。

b. 风对桥梁的破坏。风对桥梁的力学作用，很早就有研究。1759 年 Smeaton 等就提出构造物设计时要考虑风压问题，从此开始有了风荷载的概念，但当时对风压的认识是不够的，也没有引起充分重视。直至 1879 年，英国的 Tay 桥受到暴风雨的袭击，85 跨桁架中的 13 跨连同正行驶于其上的列车一起坠入河中的特大事故发生之后，风载荷所产生的作用才引起人们的高度重视。以这一事故为契机，开展了关于风压的研究，并将其反映到桥梁设计中。1887 年重建 Tay 桥时，由 Baker 等经现场实验，确定了风压。这一时期，巴黎为迎接 1889 年万国博览会，计划兴建埃菲尔（Eiffel）铁塔。为了确定作用在塔上的风压的大小，由著名工程师埃菲尔着手进行风洞实验，并在 1909 年成立了风力研究所。研究所中设立的埃菲尔型风洞，至今仍被广泛使用。这样，设计桥梁或建筑物时，就可以利用风洞试验定量地评价风荷载的大小。此后相当长时间内，人们把风对结构的作用仍只看成是由风压产生的静力作用。直至 1940 年，又发生了一次风毁桥梁的特大事故，才使人们看到了风对结构物的另一种作用——风致振动。

桥梁，特别是悬索桥，由于风而受到损害，在 1818～1940 年间至少有 11 座悬索桥毁于暴风。从目击者所描述的风毁景象中可以明显感到事故的原因是由风引起的强烈振动。只是人们对这种风致振动机理还不能做出科学的解释，对其危害性认识还不够。

1940 年，美国西海岸华盛顿州建成了中央跨径为 853m、居当时世界第三位的塔科马悬索桥（Tacoma Narrows Bridge），其设计风速为 60m/s。然而四个月后，却在 19m/s 风速的袭击下，产生强烈振动而遭破坏（图 2.2）。这次事故再次震惊了桥梁工程界，经过广泛深入研究，提出了桥梁的风致振动问题。可以说塔科马大桥的风毁开辟了土木工程界考虑空气动力问题的新时期。半个多世纪以来，在气象、结构力学、空气动力学、风洞实验等诸多领域专家学者的不懈努力下，虽然尚有不明之处，但已基本弄清了桥梁发生各种风致振动的机理，并逐渐形成了一门新兴的学科——结构风工程学。

图 2.2　塔科马悬索桥灾后情景

- 风静力对桥梁结构的影响——当结构刚度较大因而几乎不振动，或结构虽有轻微振动但不显著影响气流经过桥梁的绕流形态，此时风对桥梁的作用可以近似看作为一种静力荷载。

如现行桥梁规程中所规定的那样，主要考虑桥梁在侧向风荷载作用下的应力和变形，另外对于升力较大的情况也需要考虑竖向升力对结构的作用。对于柔性较大的特大跨度桥梁，则还需要考虑侧向风荷载作用下主梁整体的横向屈曲，其发生机制类似于桥梁的侧向整体失稳问题以及在静力扭转力矩作用下主梁扭转引起的附加转角所产生的气动力矩增量超过结构抗力矩时出现的扭转失稳现象。

• 风动力对桥梁结构的影响——颤振和抖振是桥梁最主要的两种动稳定性问题。

颤振是桥梁结构在气动力、弹性力和惯性力的耦合作用下产生的一种发散振动，是在一定的临界风速下结构振动振幅急剧增加而导致结构毁坏的一种发散振动（发散振动是一种空气动力失衡现象，它主要是因为结构的运动影响了气流经过桥梁时的绕流状态，因而影响了气动力，从而产生自激力，结构在自激力作用下振幅越来越大，最后导致动力失稳。这种振动一经发生就会导致结构的整体破坏）。桥梁颤振与主梁截面的气动外形有着密切关系，通常来讲，主梁截面的流线性越好，气动稳定性越好。因此，在大跨度桥梁的初步设计阶段，有必要对主梁截面进行比选或通过风洞试验对基本截面进行优化，以保证结构的抗风安全性。

抖振主要由大气中的紊流成分（即脉动风）激起，是一种随机强迫振动。风是一种自然现象，是由于太阳对地球大气的加热不均匀而引起的。由于地球表面的地形起伏和各种障碍物的影响，使靠近地面的风流动发生紊乱，造成风在速度、方向及其空间分布上都是非定常的（即随时间变化的）和随机的。虽然是一种限幅振动，但由于发生抖振的风速低、频率大，会导致结构局部疲劳，影响行人和车辆行驶的安全性，因此桥梁抗风设计时也要进行抖振相应分析。研究表明：随着桥梁跨度的增大，结构的柔性增加，抖振也会相应增大；且随着风速的增大，抖振相应成倍增大。因此，对于设计风速较高或跨度较大的各式桥梁，尤其对大跨度斜拉桥和悬索桥，不能轻视抖振的破坏作用。

c. 撞击对桥梁的破坏。2007 年 6 月 15 日，广东九江大桥被运沙船撞击了大桥 23 号墩，三个桥墩坍塌，大桥桥面 200m 倒入江中。九江大桥全长 1675.2m，是 1988 年建成通车的，其主航道为 2×160m 的独塔双索面斜拉桥。鉴定后认为，其非通航孔桥墩按横桥向撞击力 40t 进行船撞击的设防是合适的，受撞击的桥墩设计撞击能力仅为 40t，而西江水道上很多船只都是一两千吨，设计者应充分考虑这一点。从此撞击事故中人们亦应反思：对已建成的且防撞击标准不满足新设防标准的桥梁，必须采取相应的技术、工程和管理上的防护措施，以应对突发事件造成的不良后果。

③ 城市管网　城市管网是城市承灾载体中的重要一类，主要包括电力、热力、燃气、雨水排水、污水排水等。

电力、通信等管网可以在地面以上和在地面以下敷设。热力局部地上、燃气局部地上，其余主干管均在地下，排水管道全在地下。

一般情况下，这些主干管网均在城市道路下面敷设，之间有距离要求，埋深都是经过计算的，管网的分叉、汇合、交点都有严格的尺寸、标高要求，防止管线打架碰撞。尤其一些管道，一旦设计好之后，想要再调整是非常困难的，除非整体全部改造，但这个费用是惊人的，比如靠重力流排出的排水管道。

城市管网复杂，情况不一，一般这些管网都是分布在各个行业的范围内，由各个相关行业负责完成设计，再由相关市政单位负责施工、验收等。一座城市在规划阶段就已经规划好了管网，后期只不过是一段一段实施和细化而已。

城市管网突发事故频繁发生的主要原因有以下几点：

a. 规划。城市整体规划不够科学，没有长远科学的预期判断。

b. 设计。城市排水管网的标准一样。

c. 城市基础设施长期投入不足，历史欠账多。

例如城市管网的设计覆盖面方面，2008 年某市排水管网覆盖率约为 60%，其中内环以内 98%，内外环间 61%，外环以外仅有 36%。其他城市则更不容乐观。

例如城市供水管网运营管理方面，有 37%的主干管存在严重老化问题。一些城市的供水管网铺设时间大多在 50 年以上，管材质量差，长期超限运行，造成爆管及各种形式的明漏、暗漏。

d. 维护改造。没有定期检测、监测和评估的机制；改造的目的性、科学依据不足。

e. 治理。“头痛医头，脚痛医脚”，缺少针对性、系统性。

2.3.3　突发事件链式效应

前文述及，承灾载体被破坏有可能导致其自身蕴含的灾害要素被意外释放，从而导致突发事件的次生衍生。进一步深入分析，我们可以发现，承灾载体破坏导致其蕴含的灾害要素的释放是产生次生事件的必要条件，也是形成事件链的基本原理。

哈尔滨水污染事件是典型的事件链的例子，我们就以该事件做进一步分析。

2005年11月13日中石油吉林石化公司双苯厂硝基苯精馏塔（T-102塔）塔釜蒸发量不足、循环不畅，因操作人员违规操作致使硝基苯粗馏塔（T-101塔）和硝基苯精馏塔（T-102塔）相继发生爆炸，约100t苯类污染物流入松花江水体。受污染的松花江水流过的江面总长度超过了1000km，导致松花江受影响区域周边地区大范围停水，严重影响正常生产生活。

(1) 原生事件：爆炸

本案例的原生事件是爆炸，事件的灾害要素是生产装置中的化学物质，事件的触发因素是设备堵塞，事件的承灾载体是生产设备，承灾载体蕴含的灾害要素是设备内部的苯类物质。在原生事件中，承灾载体蕴含的灾害要素和导致突发事件的灾害要素是同一主体，这是突发事件的一种类型，即由于承灾载体自身蕴含的灾害要素导致的突发事件。这里突发事件的发生直接导致其蕴含的灾害要素的意外释放。另一种类型是导致突发事件的灾害要素来自承灾载体以外，如台风和地震。

(2) 次生事件：松花江水域污染

在原生事件中被意外释放的灾害要素——苯类物质在事件的处置过程中被用水洗消，如果这些洗消水被排放入某个临时储水设施等待处理，那么吉化事件就可能被终止在一次普通的生产事故。然而遗憾的是，这些洗消后的污染水被直接排入城市的地下排水系统，从而进入了松花江水域，造成了大规模的水域污染事件。在次生事件中，导致突发事件的灾害要素正是原生事件（爆炸）中由于承灾载体被破坏所意外释放的苯类物质。次生事件的灾害要素来自原生事件承灾载体的破坏，次生事件的承灾载体是松花江水域，而松花江是其流经地区的主要生产生活用水来源，次生事件导致了承灾载体的功能被破坏，松花江不能为其流经地区提供生产生活用水，这一信息直接成为哈尔滨市社会恐慌事件的灾害要素。

(3) 衍生事件：哈尔滨市社会恐慌

2005年11月13日，中石油吉林石化分公司双苯厂爆炸引发松花江重大水污染，污染带蔓延至哈尔滨及周边十余县市。事件发生后，有“地震预警”“饮用水含剧毒”等谣言扩散，导致市民大规模抢购饮用水、恐慌性远离松花江沿岸区域，社会秩序一度陷入混乱。

在衍生事件中，灾害要素仍然来自于上一级事件的承灾载体破坏，衍生事件的触发因素是政府信息发布的不透明和不真实，其承灾载体是社会公众，这些不实信息使公众产生恐慌、焦虑等心理，进而形成了社会性恐慌。

从上述分析我们可以发现阻断事件链的几个关键节点如下：

① 加强承灾载体防护。实现生产设备运行的实时监测，早期发现事故征兆，妥善处理，避免事故发生。

② 加强承灾载体防护。保护作为水源的松花江水体，适当处理洗消污染水。

③ 阻断触发因素。政府如实公布信息和应对措施，避免公众恐慌。

2.4　应急管理

“三角形”的第三条边是应急管理。突发事件三角形理论模型的三条边之间以及与灾害要素之间都具有密切的联系，突发事件是灾害要素的状态发展演化到超出临界区造成破坏性作用的过程，承灾载体是承受突发事件破坏性作用的载体，同时承灾载体本身蕴含的灾害要素也可能在突发事件的作用下被意外释放进而造成次生灾害。应急管理的对象既包括突发事件也包括承灾载体，也可以理解为应急管理的对象是灾害要素，既包括造成突发事件的灾害要素，也包括承灾载体蕴含的灾害要素。应急管理的目的：认识在突发事件的孕育、发生、发展到突变成灾的过程中灾害要素的发展演化规律及其产生的作用；认识承灾载体在突发事件产生的物质、能量和信息等作用下的状态及其变化，可能产生的本体和/或功能破坏及其可能发生的次生、衍生事件，进而掌握在上述过程中如何施加人为干预，从而预防或减少突发事件的发生，弱化其作用；增强承灾载体的抵御能力，阻断次生事件的链式反应，减少损失。

2.4.1　突发事件的时间序列分析

(1) 突发事件的预防准备

通过分析识别灾害要素的早期形态、特征与规模，采用恰当手段防止灾害要素被触发或达到临界值。

(2) 突发事件的监测监控

一方面对灾害要素的临界值和可能的触发要素进行监测监控，另一方面对突发事件的类型、强度、时空特征进行监测监控，涵盖日常监测、应急监测。

(3) 突发事件的预测预警

① 基于对灾害要素引发突发事件的机制与规律，结合监测信息，对事件

发生的大致时间、地点、范围、程度进行预测预报；

② 在事件发生后对事件发生的大致时间、地点、范围、程度进行预测预报。

（4）突发事件的救援处置

采取恰当的手段，阻止或减弱突发事件的作用，阻断或减少次生事件衍生。

（5）突发事件的恢复重建

采用技术手段对突发事件的过程再现，从而可以进一步分析事件的机制，加深对事件的认识，寻求更有效的应对方法。

2.4.2 承灾载体的时间序列分析

（1）承灾载体的预防准备

① 采取恰当的技术手段降低承灾载体的脆弱性，增强承灾载体的抗灾能力；

② 在承灾载体的受损初期阻止或减弱损伤发展趋势的临时应变措施。

（2）承灾载体的监测监控

① 一方面对承灾载体在突发事件作用下的破坏方式和程度进行监测监控；

② 另一方面对承灾载体蕴含的灾害要素被释放的可能性和释放强度进行监测监控。

（3）承灾载体的预测预警

① 基于承灾载体在突发事件作用下的响应特征和规律的认识，结合监测信息，预测承灾载体可能发生的失效或破坏的规模与程度，并进行预警；

② 对承灾载体蕴含的灾害要素被释放的可能性及其影响程度和范围进行预测预警。

（4）承灾载体的救援处置

基于承灾载体在突发事件作用下的破坏形式与规模，针对关键薄弱环节施加高强度的救援措施，从而阻止或减弱承灾载体的被破坏程度。

（5）承灾载体的恢复重建

通过评估承灾载体的破坏程度，采用科学方法重建，力图在最短的时间内以最经济的方式恢复环境和秩序。

2.4.3　应急管理的时间序列分析

应急管理是指政府及其他公共机构在突发事件的事前预防、事发应对、事中处置和善后恢复过程中，通过建立必要的应对机制，采取一系列必要措施，应用科学、技术、规划与管理等手段，保障公众生命、健康和财产安全，促进社会和谐健康发展的有关活动。

按照突发事件的发生、发展规律，完整的应急管理过程应包括预防、响应、处置与恢复重建 4 个阶段，即应急管理的环节序列分别发生在突发事件的事前、事发、事中和事后，形成一个闭合的循环过程。其中，每一个阶段都要求采取有力的应急管理措施，尽可能地减少突发事件的发生，控制突发事件的升级和扩大。

① 所谓“预防”是指减少影响人类生命、财产的自然或人为风险，提高应对各种突发事件的能力，如实施建筑标准、推行灾害保险、颁布安全法规、制定应急预案、建立预警系统、成立应急中心、进行救援培训、开展应急演练等。

② 所谓“响应”是指突发事件发生时所采取的行动，如研判信息、发布预警、启动应急预案等。

③ 所谓“处置”是指采取措施以挽救生命、减少财产损失，如调动资源控制突发事件的扩大、升级，提供医疗援助、组织疏散与搜救等。

④ 所谓“恢复”既指按照最低运行标准将重要生产生活支持系统复原的短期行为，也指推动社会生活恢复常态的长期活动，如清理废墟、控制污染、恢复生产、提供灾害失业救助、提供临时住房等。

本章思考题

① 解释突发事件三角形理论模型的构成及其在应急管理中的应用。

② 讨论突发事件分类分级的标准及其对应急响应的指导意义。

③ 分析承灾载体的定义和分类以及它们在突发事件中的作用。

④ 讨论突发事件链式效应对应急管理策略制定的影响。

⑤ 简述突发事件时间序列分析的重要性及其在风险评估中的应用。

⑥ 讨论如何通过突发事件三角形理论提高应急管理的预防和响应能力。

⑦ 分析突发事件特征对应急资源配置和应急准备的影响。

⑧ 讨论如何在实践中应用突发事件三角形理论优化应急管理流程。

第3章

应急管理基本体系

3.1 应急管理组织体系

3.1.1 新时代我国应急管理组织体系

应急管理组织体系是应急管理机构的构成，由领导机构、办事机构、工作机构、地方机构和专家组构成。2018 年 3 月，应急管理部成立，全国各省、自治区、直辖市和新疆生产建设兵团相继设立应急管理厅局，市、区、县、旗设立应急管理局，履行应急管理职责。

① 领导机构　国务院是突发公共事件应急管理工作的最高行政领导机构。在国务院总理领导下，通过国务院常务会议、国家相关突发公共事件应急指挥机构及应急管理部负责突发公共事件的应急管理工作。

② 办事机构　应急管理部成立后，部下设的司（级）、处级、科级等具体办事机构，履行值守应急、信息汇总和综合协调职责，发挥运转枢纽作用。

③ 工作机构　应急管理部依据有关法律、行政法规和相关职责，负责相关类别突发公共事件的应急管理工作。具体负责相关类别的突发公共事件专项和部门应急预案的起草与实施，贯彻落实国务院有关决定事项。

④ 地方机构　地方各级人民政府及相应设立的应急管理机构，负责本行政区域各类突发公共事件的应对工作。

⑤ 专家组　国务院、应急管理部及相关机构建立各类专业人才库，可以根据实际需要聘请有关专家组成专家组，为应急管理提供决策建议，必要时参加突发公共事件的应急处置工作。

3.1.2　常态应急管理组织

常态应急管理组织作为应对各类突发事件的应急管理组织机制与组织形式，主要有国务院应急管理部、专项议事协调委员会、跨区域应急协调机制，以及临时性的风险隐患治理督查组、应急准备工作检查组等形式。这些组织主要在平时的预防与应急准备中发挥作用，其中许多组织在突发事件来临时也会转换角色，发挥一定的协调或指挥作用。

（1）应急管理部

① 主要职责。应急管理部的主要职责为：组织编制国家应急总体预案和规划，指导各地区各部门应对突发事件工作，推动应急预案体系建设和预案演练。建立灾情报告系统并统一发布灾情，统筹应急力量建设和物资储备并在救灾时统一调度，组织灾害救助体系建设，指导安全生产类、自然灾害类应急救援，承担国家应对特别重大灾害指挥部工作；指导火灾、水旱灾害、地质灾害等防治；负责安全生产综合监督管理和工矿商贸行业安全生产监督管理等。由原公安消防部队、武警森林部队转制后的国家综合性消防救援队伍，与安全生产等应急救援队伍一并作为综合性常备应急骨干力量，由应急管理部管理，实行专门管理和政策保障，采取符合其自身特点的职务职级序列和管理办法，提高职业荣誉感，保持有生力量和战斗力。应急管理部要处理好防灾和救灾的关系，明确与相关部门和地方各自职责分工，建立协调配合机制。

② 内设组织机构。应急管理部设 22 个内设机构，包括：办公厅（党委办公室）、应急指挥中心（国家消防救援局指挥中心）、人事司（党委组织部）、队伍建设局、综合减灾和改革协调司、救援协调和预案管理局、风险监测和火灾综合防治司、防汛抗旱司、地震和地质灾害救援司、危险化学品安全监督管理一 司、危险化学品安全监督管理二司（海洋石油安全生产监督管理办公室）、安全生产执法和工贸安全监督管理局、安全生产综合协调司、救灾和物资保障司、政策法规司、国际合作和救援司（港澳台办公室）、规划财务司、调查评估和统计司、新闻宣传司（党委宣传部）、科技和信息化司、机关党委（党委巡视工作领导小组办公室）、离退休干部局。

（2）专项议事协调委员会

专项议事协调委员会是指专门针对某类突发事件应对成立的跨部门委员会。其中官方的专项议事协调委员会还可能被授权具有某种行政权力。

我国在国家层面目前设有国家减灾委员会、国务院安全生产委员会、国务院食品安全委员会，此外还有国家防汛抗旱总指挥部、国家森林草原防灭火指挥部、国家抗震救灾指挥部等。各机构职责均有所不同，例如国家减灾委员会负责研究制定国家减灾工作的方针、政策和规划，协调开展重大减灾活动，指导地方开展减灾工作，推进减灾国际交流合作等。国家防汛抗旱总指挥部则是在国务院领导下，负责领导组织全国的防汛抗旱工作。在县以上各级地方政府，往往也设有相应的委员会。这些机构在常态下主要负责预防与应急准备工作；在非常态下则往往转化为应急指挥协调机构。

为了落实好各自职责，各委员会依托有关部门设立办事机构。例如国家减灾委办公室（简称减灾办）设在应急管理部，是国家减灾委员会的办事机构(图 3.1)。主要任务是贯彻落实国家减灾委员会各项工作方针、政策和规划；承担减灾的综合协作；收集、汇总、评估、报告灾害信息、灾情需求和抗灾救灾工作情况；召开会商会议，分析、评估灾区形势，提出对策；协调有关部门组成赴灾区工作组，协助、指导地方抗灾救灾工作；协调各成员单位和地方开展重大减灾活动；负责国家减灾委员会专家委员会各项具体工作；承办国家减灾委员会各项对外联络、协调工作等事宜。减灾办实行主负责制，减灾办常务副主任负责处理日常工作。

图 3.1　国家减灾委员会组织机构

（3）跨区域应急协调与联动

多数突发事件具有明显的跨区域特征，需要有关区域政府共同应对，建立跨区域的应急协调与联动机制有必要也有可行性。跨区域应急协调与联动机制往往具有如下特征。

① 签订应急合作协议。各级各类应急管理运行机制普遍签署应急管理合作协议，提出合作的总体框架、基本要求和工作思路，明确合作原则、合作内容、联动方式和各方责任。

② 建立联席会议制度。大多数合作机制建立了联席会议制度，定期召开会议，研究决定合作事项并推动落实。例如泛珠三角区域内地 9 省（区）应急管理合作机制成立以来，先后以加强基层、救灾重建、应急平台建设、创建示范、区域联动为主题，由合作方轮流主办会议，开展工作交流。

③ 编制联动应急预案和开展联合演练。各级各类应急管理合作机制普遍以编制联动应急预案为抓手，明确突发事件应对过程中信息通报、指挥协调、队伍和装备调用等各个环节的具体要求和各有关方面的具体职责，将联动内容细化、联动方式规范化。例如黑龙江省与俄罗斯边境城市跨境应急管理合作机制建立以来，先后举办了联合水上搜救、森林与城市火灾扑救、环境应急监测等多次综合演练，理顺了指挥关系，为黑龙江省应对各种灾害发挥了重要作用。

④ 加强应急信息通报。机制成员之间往往会建立信息通报制度，将可能波及毗邻地区的突发事件预警信息及时通报相关地区，提醒做好应急准备，共同防范应对。

⑤ 推动实现资源共享。在联动机制合作协议或应急预案中，普遍对合作各方共享应急资源做出明确规定，要求一旦发生突发事件，要根据事发地的需求，在应急救援人员、装备、物资、信息等方面给予全力支援。

目前我国各级各类跨区域间应急管理合作机制较为齐全。省级跨省综合应急管理合作机制，省级跨省专业领域应急管理合作机制，市县政府及其部门跨省应急管理合作机制，市县政府及其部门本省跨市县应急管理合作机制，都在不断建设完善中。这些跨区域应急管理合作机制按照“自愿参与、平等透明、优势互补、共建共赢”的原则，广泛深入开展合作，取得了一定成效。

（4）社会应急准备组织网络

参与突发事件应对的社会组织众多。这些组织在常态下组成网络化组织，就成为了社会性应急准备组织网络。当然，这些组织在突发事件发生后，就有可能转化为应急救援组织网络。这种社会性应急准备组织网络有两种形态。

① 政府主导的社会性应急准备组织网络。这是由政府提供制度架构、部分经费和人员，成员主要由志愿者构成的组织网络。例如德国的联邦技术救援署（THW）就是一个由德国联邦政府主导的社会性应急准备组织网络。THW 是由联邦内政部管理的机构，是德国应急救援队伍体系中主要的专业力量，在全国拥有多个跨州协会、数百个地方技术救援协会，共分为基础设施、供电、定位、爆破、搭桥等 13 种类别的专业救援队伍。THW 在各类应急救援中提供技术及设备援助，弥补消防力量在专业性方面的不足。另外，THW 工作人员中绝大多数都是志愿者，其中有志愿者 8 万余名，专职工作人员只有 800 多人。

② 民间自发组成的合作网络。民间自发组成合作网络是指由有关社会组织自发、自愿成立的合作网络。例如 1970 年美国成立了“国家灾害志愿者行动组织”（NVOAD）。该组织由 30 多个从事应急管理的非政府组织组成，平时就注重协调、整合各有关组织的活动，在突发事件来临时，就能够有效避免任务重叠、资源浪费。

3.1.3 非常设应急管理机构和联席会议

在应急管理过程中，政府、企事业单位等组织经常需要完成一些和许多部门都有关系的工作，由于这些部门是没有隶属关系的并列机构，任何一个部门都无法独立完成这些工作。因此，组织往往根据应急管理实际工作的需要，在常设机构之外设置一些领导小组、指挥部、委员会等结构，我们把这些机构称为非常设机构。这些非常设机构多是跨部门或跨地区的综合性、协调性机构，或是研究、制定某些重大方针、政策，提出规划或改革方案的机构。联席会议也是一种协调不同部门之间关系的有效措施。

（1）非常设应急管理机构

① 非常设应急管理机构简介。非常设机构是指为了完成某项临时性、阶段性或突发性的任务，或为了组织协调某些跨地区、跨部门的工作而设置的机构，是与政府的常设机构对应的一种称谓。非常设机构是中国政府机构体系中颇具特色的一种组织模式，广泛存在于中国政治系统中的各个领域和各个层级，且数量繁多、种类庞杂。长期以来，非常设机构既没有被归入某一特定的组织机构类别中，也没有统一和固定的称谓。在政府文件中，非常设机构的称谓几经变化，从非常设机构到议事协调机构和临时结构再到议事协调机构（表 3.1）。但在地方政府的文件中多种称谓并存。

表 3.1　政府非常设机构称谓变化情况表

序号	年份/年	政府文件	称谓
1	1986	《国务院关于清理非常设机构的通知》	非常设机构
2	1988	《国务院关于非常设机构设置问题的通知》	非常设机构
3	1993	《关于国务院议事协调机构和临时机构设置的通知》	议事协调机构和临时机构
4	2003	《关于国务院议事协调机构和临时机构设置的通知》	议事协调机构和临时机构
5	2008	《国务院关于议事协调机构设置的通知》	议事协调机构

非常设机构并不是一个严谨的学术概念，它是与政府的常设机构对应的一种称谓。常设机构是依法成立的有固定名称、地址、人员编制及工作程序的长期存在的机构，如各级政府应急管理部门都是常设机构。非常设机构是“非常设的”，是从组织的编制、预算等方面来看的，是作为政府常设机构的一种补充形式而被建立起来的。非常设机构是为了完成某项综合性、临时性任务而设立的跨地区、跨部门的组织协调机构。

② 非常设应急管理机构的分类。一般而言，非常设应急管理机构可以分为三类。

a. 为组织协调某项特定任务而设置的非常设机构，一般称领导小组，如国家应对气候变化及节能减排工作领导小组。

b. 为应对重大灾害而设置的非常设机构，一般称指挥部，如国家防汛抗旱总指挥部、国务院抗震救灾指挥部、国家森林草原防灭火指挥部。

c. 为组织协调应急管理某一方面工作而设置的非常设机构，一般称委员会，如国务院安全生产委员会、国家减灾委员会等。具体工作由应急管理部承担的国务院非常设机构有国家防汛抗旱总指挥部、国务院抗震救灾指挥部、国家森林草原防灭火指挥部、国务院安全生产委员会、国家防灾减灾救灾委员会等 5 个。国务院应急管理相关非常设机构（部分）见表 3.2。

表 3.2　国务院应急管理相关非常设机构（部分）

类别	非常设机构
领导小组	国家应对气候变化及节能减排工作领导小组
指挥部	国家防汛抗旱总指挥部
	国务院抗震救灾指挥部
	国家森林草原防灭火指挥部
委员会	国家国防动员委员会
	国务院安全生产委员会
	国家防灾减灾救灾委员会
	国务院食品安全委员会
	中央网络安全和信息化委员会

③ 非常设应急管理机构的层次。政府应急管理非常设机构的构成比较灵活，但也呈现出一定的规律性，一般分为 3 个层次：第一个层次是领导成员，第二个层次是包括牵头部门在内的组成部门，第三个层次是设立在牵头部门的办事机构，如图 3.2 所示。

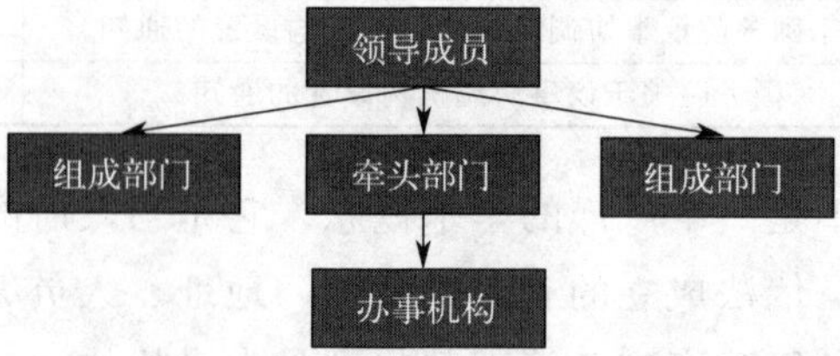

图 3.2　非常设机构的构成

第一层，领导成员。应急管理非常设机构的负责人基本由同级党政领导班子成员担任。对于非常设机构的组成部门来说，非常设机构的负责人为更高一级的党政领导人。如国家防汛抗旱总指挥部由国务院领导任总指挥，由应急管理部、水利部、中央军委等部委领导和国务院副秘书长任副总指挥。

第二层，组成部门。非常设机构的成员单位由十几个乃至数十个常设职能部门构成，而其中又有一个担负着主要职责的牵头部门。如国家防汛抗旱总指挥部由应急管理部、水利部、自然资源部、发改委、财政部等多个部委组成，牵头部门为应急管理部。

第三层，办事机构。按惯例设在牵头部门的内部，便于承担非常设机构的日常工作。如国家防汛抗旱总指挥部在应急管理部设立办事机构（国家防汛抗旱总指挥部办公室），承担总指挥部日常工作。

④ 非常设应急管理机构的运行模式。

a. 领导成员的职权权威。应急管理非常设机构负责人由同级党政领导班子成员担任，但较少设置专职的领导，机构负责人一般根据同级党政领导班子原有的业务分工，采取“兼任”的方式产生。对于组成部门来说，非常设机构可以利用更高一级党政领导人的职权协调平级部门之间的关系，充分运用领导成员的职权，打破部门壁垒，便于各相关机构之间的横向信息沟通，大幅提升复杂利益博弈格局下的权力运行效率，增强政策执行的力度和效果，可以比较顺利地完成相应的工作任务。

多数情况下，在中央政府层面，通常是由国务院领导来出任非常设机构的正职，相关部委的负责人担任副职。在地方上，非常设机构的领导成员同样也是根据党政领导班子的日常分工来确定。

非常设机构的级别在制度上没有明确的规定，但实际上它已经成为一个超部门的权力机构，实现了权力上的明显放大，权威显著提升，在现实运行中的影响力显然要强于其他常设机构。比如国务院非常设机构的协调能力高于部委，各级地方政府的非常设机构基本上也是如此。这些都与非常设机构领导成员的高规格有着直接关联。

b. 非常设机构的职能中轴线。根据实际运行的状况分析，非常设机构的工作职能和权力重心主要集中在“领导成员—牵头部门—办事机构”这条主线上，即非常设机构实际运行过程中的中轴线，其他组成部门都围绕这条中轴线开展工作。职能中轴线是指非常设机构决策的权威性主要依赖于其领导成员，牵头部门是主要的职责承担者，其重要性又通过办事机构在其内部的设置体现出来。非常设机构的其他组成部门围绕在中轴线周围，在非常设机构运行和决策中普遍居于被动的地位，属于承担任务的角色，而任务也多属其职责范围内的事情。对于国家森林草原防灭火指挥部来说，由国务院领导担任负责人，牵头部门为应急管理部，办公室设在应急管理部，由应急管理部领导担任办公室主任。交通运输部、农业农村部、工业和信息化部与文化和旅游部等多个部委围绕职能中轴线开展工作。

c. 管理制度。非常设机构往往建立督促检查和考核评比机制等各种管理制度，一般由牵头部门及办事机构主导设置。

在非常设机构的所有组成要素中，牵头部门及办事机构是最大的“利益攸关方”和“受益者”，具有延续非常设机构存在、强化其权责的强烈动机。在其牵头部门特别是办事机构的主导下，非常设机构会制定一系列强化自身地位的管理制度。

一是督促检查机制。为保障非常设机构所作出的工作安排、任务计划得以按时保质地完成，牵头部门及办事机构担负着督促和检查各成员单位执行相应政策的重要职责。在这一过程中，牵头部门及办事机构确立起多种形式的督促检查机制：Ⅰ会议推动，通过定期或不定期工作会议等方式，将政策督促工作维持在一个较高频率，经常性地提醒各成员单位完成相应工作；Ⅱ开展活动，通过多种形式的全方位动员，强化重要政策的执行力度；Ⅲ专项督查行动，通过听取汇报等方式，检查工作开展情况。

二是确立考核评比机制。为评估各成员单位落实非常设机构所分配任务的到位程度和效果，牵头部门及办事机构会采取定性、定量等手段，在推出一系列技术标准、指标体系的基础上，对相关部门及负责人展开考核评估，并以考核评估的结果为依据作出进一步的行动。

非常设机构在组织方式上依托于主要党政领导人，最大限度地吸纳相关部门加入，牵头部门承办，协调各方、集中力量，形成了“领导重视、齐抓共管、联动协调”的运行模式。

（2）应急管理联席会议

联席会议是指为了达到特定目的、相互之间没有隶属关系的各主体，由一方或多方牵头联合召开会议，通过沟通或协商形成规范性意见，用以指导实践、解决应急管理问题的一种工作制度。

联席会议不诉诸建立组织实体，而是通过相应的工作制度和协调程序进行部门协调。与议事协调机构相比，联席会议是部门之间共同商定的工作制度，具有资源密集度低、权限约束性小、灵活性高的特点。

与具有纵向等级特征的非常设机构不同，部际联席会议的召集单位和其他成员单位是横向平级的合作关系，其目的在于及时沟通和交换信息、协调不同意见和利益，以顺利推进某项工作任务的落实。

部际联席会议是我国行政机构最高层次的联席会议制度，其成立和撤销有严格的审批制度。部际联席会议主要有国务院领导牵头和主要部门负责人牵头两种形式。前者具有一定的层级制色彩，如由国务院副总理召集的国务院旅游工作部际联席会议；后者则更加侧重于部门之间平等协商，以完成各类协调事项，如由应急管理部召集的自然灾害防治工作部际联席会议。

（3）现场应急指挥机构

现场应急指挥机构是在突发事件现场负责应急处置工作的指挥机构，现场应急指挥机构的核心是现场指挥部。现场指挥部有两种基本含义：一是作为某一级专项指挥部向下派出的代理性指挥部，如市地震应急指挥部可能会向受地震破坏严重的县或乡镇派驻市“前线指挥部”，代表市政府领导负责应急处置工作；二是作为进行专业化处置的现场战术性指挥部，这是与处于后方的总体性或战略性的应急指挥中心或专项应急指挥部相对应的概念。在我国，领导人往往会到一线靠前指挥，这时，总体性应急指挥机构与现场应急指挥部就合二为一了。

在发达国家，现场指挥部往往采取标准化的组织结构，以便于有序、迅速发挥作用。例如美国的突发事件战术指挥部要依据突发事件指挥系统来设立。其中，设有指挥长，负责整个事件的应对过程，保证应急行动快速高效，沟通协调涉及的各相关机构，评估各部门的应对需求，设定应急处置的目标，编制批准行动方案。指挥部成员主要包括三个职位：公众信息官负责公众沟通和媒体信息发布，保持与规划部和有关机构的沟通联系，收集整理与事件有关的准确和详细的信息；安全官负责安全监控与评估，确保应急行动和应急人员的安全，有权终止不安全的应急行动；联络官负责与涉及的外界各部门、机构、私人组织的联络协调。指挥体系中还包括4个部门：处置部负责指挥、协调战术层面应急行动，考虑相对短期的应急行动；规划部负责态势监控、预测分析、资源跟踪、计划方案制订，考虑相对中长期的应急行动，制订人员轮换计划，以及开展与专家的沟通；后勤部负责应急队伍的通信保障、食品医疗保障、设施补给和交通运输保障；财务行政部负责监控应急过程产生的人力、物力费用，管理采购过程。同时，各部还可以向下细分为“分部”“分区（地域上）/组（功能上）”“小队”等层次，从而构成从指挥者到基层应急队伍的组织体系结构（图3.3）。

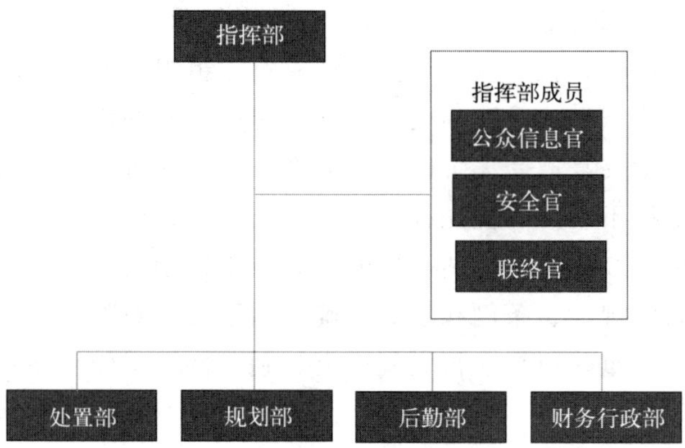

图3.3 美国现场指挥部的组织机构

在我国，不同的专项应急预案往往规定了不同现场应急指挥部的结构，现场应急指挥尚未形成统一的标准和规范。缺乏标准，就难以实现人员、信息、资源等要素的快速集成和整合。当然，我国在部分领域突发事件应急指挥过程中已形成了一些初步的约定，如消防灭火方面，规定了总指挥员和副总指挥员及其相关组成，并明确了不同层级的指挥员可以指导现场的应急救援。《油气井井喷着火抢险作业法》（SY/T 6203—2024）规定了陆上油气井井喷着火抢险作业的应急抢险指挥部及其职责，其中抢险指挥部下设技术组、工程抢险组、后勤生活组、安全保卫组等，各组做出工作计划，抢险完毕后，编写抢险工作总结报告书，呈报指挥部。油气井井喷着火应急抢险指挥组织机构框图如图3.4所示。

（4）恢复重建的组织机构

突发事件恢复重建是在政府的统一领导下进行的。一般突发事件的恢复重建工作可以由常态下的政府各部门负责。当重特大突发事件发生，需要对恢复

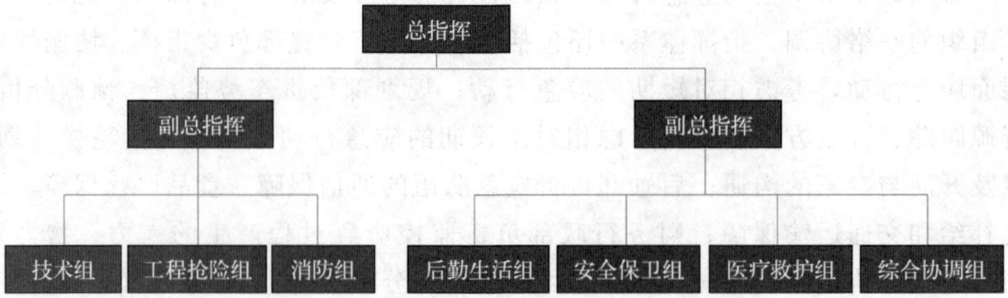

图 3.4　油气井井喷着火应急抢险指挥组织机构框图

重建组织进行特殊安排时，就要成立或启动恢复重建组织机构。

① 顾问型恢复重建组织。当专门设立的恢复重建组织的职能主要侧重于政策的提出与协调时，就产生了顾问型恢复重建组织。顾问型恢复重建组织具体职责包括：监督恢复、重建和更新过程；建议复原的优先顺序；指导落实支持政策；制定帮助反复遭受灾害破坏地区经济复兴的政策；推动灾害减除；确定迁移和获取受损不动产的优先权；审查损失报告；提出恢复项目建议；提出相关规章的程序修改建议；评估受损的公共设施；参与社区经济复兴方案的编制；建议制定新的规章、条例和法令；确定用于灾害减除的资源等。从这些职责看，顾问型恢复重建组织在很大程度上起到了恢复工作领导者的作用，尽管它表面上是顾问型机构。

② 管委会型恢复重建组织。当政府出面组织了对于恢复重建工作实行统一管理的委员会时，就产生了管委会型恢复重建组织。在我国，也往往会在某级政府设立灾后重建委员会来负责灾后恢复重建工作。例如汶川地震后，四川省成立了各级政府的灾后重建委员会。

③ 指挥部型恢复重建组织。当政府为了加快恢复重建速度、提升领导恢复重建工作的权威性而成立恢复重建指挥部时，就产生了指挥部型恢复重建组织。这种组织类似应急指挥部，采取某种“准战时”工作方式，强力推进恢复重建工作。在我国，巨灾之后，为了实现重建目标，往往会成立灾后重建指挥部。例如 2013 年 4 月 20 日四川雅安芦山县发生地震，震后雅安市除了成立灾后恢复重建委员会外，还成立了“4·20”芦山地震雅安市灾后重建规划指挥部，统一指挥全市灾后重建规划的调整和整合工作。指挥部由一位雅安市委副书记兼副市长任指挥长，四川省住房和城乡建设厅总规划师任总顾问。指挥部的主要职责是协调跨区域、跨行业的灾后重建项目实施工作，审议灾后重建项目规划符合性，指导有关灾后重建项目实施工作。

（5）社会性应急救援与重建的组织网络

突发事件发生后，大量社会性应急机构会深入受灾地区参与救援和重建等活动。为了协调行动，就需要形成相关组织网络。

① 政府牵头形成的组织网络。政府牵头形成组织网络，是迅速把有关社会组织协调起来的最为有效的方式。例如“4・20”四川雅安芦山地震发生后，雅安市全面建立起市、县两级抗震救灾社会组织和志愿者服务中心，其目的是进一步整合社会资源支持抗震救灾。其中，市级灾区抗震救灾社会组织和志愿者服务中心的主要职能是负责向社会组织或爱心人士到灾区开展志愿服务工作提供服务咨询，对前往灾区开展志愿服务的社会组织和志愿者进行登记、核实身份、开展培训、统一配置志愿者服务工作派遣证，同时搜集，整理各县区志愿服务需求信息，争取和整合服务灾区群众和灾后重建工作的各种社会资源，对接重建项目。通过该中心，政府和社会组织、志愿者等就形成了一个合作网络。

② 民间自发组成的合作网络。民间自发组成合作网络是指有关志愿者组织、基金会、企业等自愿形成组织网络，以便分享信息、协调行动。例如芦山地震后第十天，中国青少年发展基金会、中国扶贫基金会、南都公益基金会、腾讯公益慈善基金会、深圳壹基金公益基金会联合发起成立“基金会救灾协调会”。

“基金会救灾协调会”为自己规定了 3 项职能：成为参与雅安救灾的基金会与四川省、雅安市政府抗震救灾工作的沟通协调的应急管理运行机制，促进了基金会救灾行动和政府救灾计划的融合与互补；对参与救灾的社会组织和志愿者团队进行联合资助；促进基金会之间互通信息及协调行动。中国青少年发展基金会秘书长担任“基金会救灾协调会”首期轮值召集人，轮值时间为期 4 个月。此后，该协调会又参与到灾后经验教训总结反思、开展灾后评估等工作中，转化为常态化的网络组织。在接下来的几年里，“基金会救灾协调会”还参与了 2014 年“8・3”云南鲁甸地震、2015 年“4・25”尼泊尔地震等的抢险救援工作。

（6）国际应急协调机制

国际上，最为著名的应急协调组织机制是联合国人道主义事务协调办公室（Office for the Coordination of Humanitarian Affairs，OCHA）。该办公室成立于 1998 年，是联合国秘书处的一部分，在纽约和日内瓦设有总部，全球下设区域、次区域、国家级等 35 个办公室，有将近 1900 名任职人员。OCHA 通过整体协调、政策导向、咨询建议、信息管理和人道主义资金援助等方式行使其协调人道主义事务的职能。其主要职能是消除由灾害或冲突引起的人类困苦；推进备灾和减灾工作；为受灾人群提供及时有效的国际援助；确保受灾害或冲突影响的人群找到应对挑战的可持续渠道；宣扬人道主义权利。OCHA在紧急救济协调员的领导下开展工作。紧急救济协调员负责督察所有需要联合国人道主义援助的紧急情况，并承担所有政府部门、政府间机构、非政府组织参与的救济活动的总联络人角色。紧急救济协调员由一位联合国副秘书长担任，由一位联合国助理秘书长协助工作，该助理秘书长担任副紧急救济协调员并主管国际减灾战略秘书处。OCHA 处理危机的一般程序是先由联合国灾害评估与协调小组（United Nations Disaster Assessment and Coordination Team，UNDAC）对灾害进行评估，然后根据联合国国际搜救顾问小组（International Search and Rescue Advisory Group，INSARAG）提出的指导方针开展搜寻和救援，视必要动员受灾国家民事-军事部门配合以及提供后勤支持，同时充分利用各类涉及人道主义应对机构的信息渠道开展计划、应对协调和宣传工作。UNDAC 系统由欧洲-非洲-东亚组、美洲（包括加勒比）组、亚太组3 个小组构成。

UNDAC 旨在协助联合国和受灾政府，在突发灾害发生第一阶段给国际社会提供有价值的信息，并在国家层面或突发事件现场协调紧急救援工作。平时，UNDAC 还应邀承担灾害应急准备的职责，评估国家和区域灾害应急预案。UNDAC 由联合国人道主义事务协调办公室应急工作现场协调支持处管理。

INSARAG 实际上是在联合国框架下的一个政府间网络，主要协调各国城市搜救以及有关灾害应急事务，为国际救援队信息交换提供平台，制定搜救标准，促进救援国际合作，创建救援理论和方法。

在国家层面，OCHA 紧急救济协调员可指定 1 名人道主义协调员，与受灾国家政府、有关国际组织、非政府组织和受灾地区充分合作，确保最大限度地调动各类资源。区域性应急协调机制的代表是欧盟民事保护机制，当灾害超出一国能力范围、具有跨境影响时，应受灾国或国际组织的请求，欧盟民事保护机制会启动，通过提供实物援助、派遣携带专业设备的专业救援队赶赴灾区进行评估和协调等方式开展救灾援助。如果是对欧盟以外的第三国实施救援，则由欧盟理事会负责协调，并由联合国负责总协调。

跨国灾害救助具体由设在比利时布鲁塞尔的欧盟人道主义援助和民事保护总司的欧盟的应急响应中心（ERC）负责，该中心具备同时应对 3 起重特大突发事件的能力。该中心承担联络枢纽、信息中心、协调支持 3 项职责，实行 7×24 小时不间断运作，每年处理 20 多起重大突发事件。

欧盟民事保护机制灾害互助的启动与实施程序包括 5 个步骤。第一步，遭受灾害袭击的受灾国评估灾情和救灾需求，决定是否向欧盟民事保护机制提出救灾请求。第二步，应急响应中心接到请求报告后进行研判，通过突发事件通信与信息系统告知欧盟民事保护机制的参与国。第三步，欧盟民事保护机制参与国通过突发事件通信与信息系统，迅速获悉受灾国的灾害援助请求报告。第四步，针对受灾国的救灾请求，各参与国的民事保护联系单位评估各国所能提供的资源；若能提供救助，则通过突发事件通信与信息系统反馈至应急响应中心。第五步，在得到受灾国同意接收救灾援助的答复后，应急响应中心负责协调把应急资源运送至受灾国。若需要，欧盟还将派遣协调与评估队伍到灾害现场，以协调资源调度、评估现场救灾需求。此外，欧盟还能向受灾国的民事保护运输提供支持和帮助。

3.2　应急管理运行机制

应急管理机制贯穿应急管理的全过程，包括事前预防准备机制、事发监测预警机制、事中响应处置和事后恢复重建机制等环节的各种机制。我国的应急管理机制在新中国成立之初就开始贯彻落实在重大灾害的处置过程中。应急管理机制主要体现在应急预案对于突发事件规范化的处置流程中。在 2003 年抗击“非典”疫情中，我国逐渐开始形成比较完善的应急管理机制。《国家突发公共事件总体应急预案》和《中华人民共和国突发事件应对法》（简称《突发事件应对法》）发布后，我国对突发事件处置的工作机制逐渐成熟，各级政府也依照国务院颁布的《国家突发公共事件总体应急预案》制定辖区内突发事件的处置预案和部门专项预案，形成了完整的突发事件预案体系，管理机制也趋于成熟。

3.2.1　预防准备机制

突发事件的预防准备机制，指的是突发事件发生前，为了最大可能降低突发事件发生的概率和突发事件带来的损害而采取的一系列的风险管理行为和规程。因为突发事件具有不可预见性的特征，这一特征也决定了单独靠事前预测和预警是很难消除引发事件诱因、降低或者消除事件带来的危害性。因此，必须实行风险管理，将应急管理关口前移。也正因如此，政府或者公共组织在制定政策措施、开展项目规划、管理资源的时候，就应当考虑到突发事件不确定性带来的潜在风险，需要建立起预防机制，通过大量调查和风险分析评估，认识突发事件发生规律，利用行政、法律、工程、技术等治理手段，从源头上减少或消除事件发生诱因。主要的预防与应急准备机制包括以下几点。

（1）风险调查和评估

根据突发事件应急预案，各级政府需要制定风险分级分类标准和管理办法，依法对各类风险点、危险源进行调查、辨识、评估、分级、登记，建立清单、台账及信息共享和公开机制，定期进行检查、监控，责令有关单位落实有效安全防范措施。有关部门则需要按照职责分工对可能发生的突发事件进行综合评估，研究制定风险分级分类标准和管理办法。根据突发事件风险监测数据，通过数据模型计算风险等级，形成风险等级图，为突发事件应对提供主要参考。突发事件应对主要牵头部门每年年底前要研判和预测分析突发事件发生趋势，提出防范措施建议并及时向本级党委、政府报告。

（2）应急预案

应急预案准备机制主要包括国务院制定的《国家突发公共事件总体应急预案》以及专项预案、部门预案、地方应急预案、企事业单位应急预案、重大活动应急预案等。各级政府制定的总体应急预案是全省应急预案体系的总纲，是辖区内协助应对各类特别重大、应对重大突发事件的规范性文件。突发事件专项应急预案主要是各级人民政府及其有关部门（单位）为应对某一类型或某几种类型突发事件制定的应急预案。突发事件部门应急预案是各级人民政府有关部门（单位）根据总体应急预案、专项应急预案和部门（单位）职责，为应对突发事件制定的应急预案。突发事件地方应急预案具体包括：各地级以上市人民政府制定的突发事件总体应急预案、专项应急预案和部门应急预案；各县（市、区）人民政府及其基层组织制定的突发事件应急预案。企事业单位应急预案主要是指企事业单位根据有关法律法规制定的应急预案。重大活动应急预案是指由举办大型会展和文化体育等重大活动主办单位制定的应急预案。各级人民政府及相关职能部门不仅负责制定本行政区和职能范围之内的应急预案，还应该根据实际情况对应急预案及时进行修订，不断补充和完善，以适应复杂多变的突发事件。

预案编制单位根据实际情况采取实战演练、桌面推演等方式，常态化开展形式多样、节约高效的应急演练，如预案发生重大调整，需及时按照新的预案开展演练。应急管理部门负责指导预案演练工作，各级专项应急预案编制牵头部门（单位）组织开展应急演练，县级以上政府及其有关部门组织有关部门对应急预案进行演练，特别是对涉及领域多、须多方配合的应急预案要开展综合性演练。乡镇（街道）组织开展必要的应急演练，村（居）、企事业单位经常性开展应急演练。

(3) 应急物资

各级政府和新区管委会应当采取财政措施，保障突发事件预防和应对工作需要，如设立突发事件应急专项资金，建立资金快速拨付机制，鼓励公民、法人和其他组织为应对突发事件提供资金捐赠和支持。

根据不同区域突发事件的种类、频率和特点，按照实物储备与商业储备相结合、生产能力与技术储备相结合、政府采购与政府补贴相结合的方式，由有关部门（单位）及专项应急指挥机构分区域、分部门合理储备应急物资。各级政府建立应急物资储备工作联席会议，负责审核全市应急物资储备规划及应急物资储备方案，制定应急物资指导目录，统筹应急物资储备、使用和调配，指导应急物资储备工作。必要时，各级应急委员会可以以本级政府名义向单位和个人征用应急处置与救援所需设备、设施、场地和其他物资，或要求相关企业组织生产、供应生活必需品和应急救援物资。

(4) 医疗卫生体系建设

由各级医疗卫生部门牵头负责，建立和完善突发事件卫生应急预案体系、卫生应急指挥体系和医疗卫生救援体系。加强突发事件应急医疗救治基地和疾病预防控制基地建设，组建卫生应急专家队伍和卫生应急处置队伍，储备医疗救治、疾病防控、检测检验等卫生应急物资，建立医疗救援和疾病防控资源动态管理数据库，掌握医疗救治机构和疾病预防控制机构的资源分布、救援能力和专长，开展卫生应急队员技能培训，组织突发事件应急医疗救援、疾病预防控制演练，提高城市公共卫生管理和突发事件医疗卫生救援能力。其中，中国红十字会负责依法开展医疗卫生救援知识培训，提高公众自救、互救和预防疾病的能力，组织群众开展意外伤害和自然灾害的现场救护。

(5) 大数据防灾减灾保障

大数据或称巨量资料（big data）、海量资料，指的是所涉及的资料量规模巨大，在合理时间内达到提取、管理、处理的数据集合，是基于云计算的数据处理与应用模式，通过数据的整合共享，交叉复用，形成的智力资源和知识服务能力。大数据有 4V 特点：大量（volume）、高速（velocity）、多样（variety）、价值（value）。现今大数据智能革新着重是大灾害的预测方式。传统防灾减灾救灾一般从统计学、工程学及相关学科的经验和理论出发，运用各类灾害的历史文献，找出历史上各类灾害的致灾因子、受灾区域等，预测未来发生灾害的可能性并提出减灾方案。随着互联网发展，特别是近年来云计算、智联网、物联网以及多种传感器的普及应用，数据智能已现端倪，彻底颠覆了以往统计数据匮乏的尴尬局面。从海量统计数据中分析和挖掘出有信息价值的大数据，预测灾害发生的概率，这些都正改变着现今防灾减灾救灾的预测方式。

大数据的优势在于对相关数据的挖掘、分析，预测未来发展的趋势。中国自然灾害灾情数据库、中国山地环境与灾害数据库、中国自然灾害数据库等综合数据库现已运行使用。2018 年，省级和国家级地质灾害数据库、全国突发性灾害数据库完全建成。全球已建成的灾害数据库都可通过互联网进行访问实现灾害数据信息共享。如今人们可便捷使用移动通信设备，实现随时在线查询来自全球更新匹配的数据，实时对预测灾害发生的时段予以防范。

3.2.2 监测预警机制

《中华人民共和国突发事件应对法》明确要求建立健全突发事件监测制度与预警制度，在建立完善监测网络的基础上健全基础信息数据库以助于科学研判，根据突发事件的紧急程度、发展态势和潜在危害程度发布预警，并将预警信息及时有效传递出去，帮助各级政府部门以及公众提升应急意识，及时采取应对行动，提升应对效率。

(1) 监测机制

根据应急预案的规定，各级政府及其相关部门建立健全突发事件监测制度。当突发事件发生时，各牵头部门应当在突发事件发生后，及时汇报突发事件的各种监测信息，绘制风险图。同时，各级政府和部门需要根据突发事件的种类和特点，建立突发事件监测体系和基础信息数据库，划分监测区域，明确监测项目，加密监测网点，完善监测网络，提供必要的设备、设施，配备专职或兼职人员，运用大数据、信息化手段，结合基层治理四平台，加强突发事件风险因素监测。各级政府部门要对本行政区域内的重大危险源、危险区域进行调查、登记、风险评估，建立数据库，建设突发事件风险防控和应急救援平台，并及时采取安全防范措施，消除事故隐患。

(2) 预警机制

a. 确定预警级别。对可以预警的突发事件，各级政府和有关部门收集到突发事件可能发生的征兆信息后，组织分析评估，研判突发事件发生的可能性、强度和影响范围以及可能发生的次生衍生突发事件类别，确定预警级别。根据总体应急预案和专项应急预案的规定，按照紧急程度、发展势态和可能造成的危害程度，将预警级别分为一级、二级、三级和四级，分别用红色、橙色、黄色和蓝色标示，其中，一级为最高级别。

b. 发布预警信息。首先，突发事件发生后，牵头的责任部门需要汇总突发事件的各类信息，向本级的应急指挥部和上级主管部门及时报告突发事件的进展和处置情况。其次，接到突发事件的预警信息之后，各级人民政府会同有关部门分析评估突发事件发生的可能性，根据分析评估结果，确定预警级别，经过审批后通过本级突发事件预警信息发布平台发布预警信息。分析评估确认突发事件即将发生或者发生的可能性增大时，各级人民政府或有关部门根据分析评估结果，按有关规定立即发布预警信息，及时向上一级政府或相应部门报告，必要时可以越级上报，并向当地驻军和可能受到危害的毗邻或相关地区的政府和部门通报。根据事态发展，适时调整预警级别并重新报告、通报和发布有关突发事件预测信息和分析评估结果。预警信息的发布和调整可通过广播、电视、报刊、互联网、手机客户端、“安全码”应用、短信、电子显示屏、大喇叭或组织人员逐户通知等方式进行，对老、幼、病、残、孕等特殊人群以及学校等特殊场所和警报盲区应当采取有针对性的公告方式，及时将预警信息发送到户、到人。承担应急处置职责的相关单位接到预警信息后，应及时向发布预警的单位反馈接收结果。

c. 采取预警措施。发布预警信息后，有关方面要根据预警级别和实际情况以及分级负责的原则，采取下列一项或多项措施：

一是增加观测频次，及时收集、报告有关信息；

二是加强公众沟通，公布信息接收和咨询电话，向社会公告采取的有关特定措施、避免或减轻危害的建议和劝告等；组织现场指挥员、应急队伍和负有特定职责的人员进入待命状态，动员后备人员做好参加应急处置和救援工作的准备，预置有关队伍、装备、物资等应急资源；

三是调集应急处置和救援所需物资、设备、工具，准备应急设施和避难场所，并确保其处于良好状态、随时可以投入正常使用；

四是加强对重点单位、重要部位和重要基础设施的安全保卫，维护社会治安秩序；

五是保障交通、通信、供水、排水、供电、供气、供热等公共设施的安全和正常运行；

六是转移、疏散或者撤离易受突发事件危害的人员并予以妥善安置，转移重要财产物资；

七是关闭或者限制使用易受突发事件危害的场所，控制或者限制容易导致危害扩大的公共场所的活动；

八是有关政府和部门发布预警后，其他相关地区和部门及时组织分析本地区和本行业可能受到影响的范围、程度等，安排部署有关防范性工作。

d. 解除预警措施。当突发事件风险已经解除，发布预警的政府或有关部门要立即宣布解除预警，以及解除已经采取的有关措施。

（3）信息传递机制

信息传递机制的主要内容包括信息收集、信息报告、应急沟通、舆论管控与引导等方面。

① 信息收集。县（市、区）政府要积极推进安全风险网格化管理，创新基层网格员管理体制机制，统筹灾害信息员、群测群防员、气象信息员、网格员等资源，承担风险隐患巡查报告、突发事件第一时间报告、第一时间先期处置、灾情统计报告等职责，建立统一规范的基层网格员管理和激励制度，实现村（居）网格化管理。鼓励获悉突发事件信息的公民主动向所在地政府、有关主管部门或者指定的专业机构报告。

② 信息报告。突发事件发生或发现重大风险、隐患后，灾害信息员、基层网格员和有关社区、村、企业、社会组织及相关专业机构、监测网点等要及时向所在地人民政府及其有关主管部门报告信息；有关主管部门在收到报告信息后，要向本级政府相关部门通报。事发地人民政府及其有关部门按照国家有关规定向上级人民政府及其有关部门报送信息。根据事态进展，及时做好事件处置续报工作；人民政府及有关部门要全面掌握重大及以上突发事件信息，了解较大突发事件信息。特别重大、重大突发事件信息要及时报送国务院。

对于一些事件本身比较敏感或发生在重点地区、重要时期，或可能演化为特别重大、重大突发事件的，不受突发事件分级标准限制。报告内容一般包括突发事件发生的时间、地点、信息来源、性质、简要经过、影响范围（含环境影响）、人员伤（病）亡和失联情况、房屋倒塌损坏情况、交通通信电力等基础设施损毁情况、现场救援情况和已经采取的措施等。接到突发事件信息后，省、市、县（市、区）人民政府及其有关部门要按照国家有关规定，立即如实向上级人民政府及其有关部门报告，同时通报可能受影响的地区、部门和企业。市、县（市、区）政府及其有关部门向上级政府报告安全生产和自然灾害类突发事件信息时，要同步抄送上级应急管理部门。涉及港澳台侨、外籍人员或影响到境外的突发事件，需要向有关国家、地区、国际机构通报的，按照相关规定办理。

③ 应急沟通。各级应急牵头部门建立健全信息快速获取机制，完善突发信息报送和信息共享系统，融合相关部门、地方的应急资源信息、地理信息、事件动态信息等，为突发事件应对提供信息保障。鼓励获悉突发事件信息的公

民主动向所在地政府、有关主管部门或者指定的专业机构报告。

④ 舆论管控与引导。一是信息发布要求。发生较大、一般突发事件后，市、县两级政府设立的应急指挥机构要及时发布权威信息，根据处置进展动态发布信息。法律、行政法规和国家另有规定的，从其规定。发生特别重大、重大突发事件后，省政府或负责应对处置的省级应急指挥机构在事件发生后的第一时间通过主流媒体向社会发布简要信息。二是正确引导舆论。履行统一领导职责的人民政府加强网络媒体和移动新媒体信息发布内容管理和舆情分析，及时回应社会关切，迅速澄清谣言，引导网民依法、理性表达意见，形成积极健康的社会舆论。

3.2.3　响应处置机制

（1）应急指挥机制

应急指挥机制包括组织指挥和现场指挥两个部分。

组织指挥是上级人民政府及相关部门指导下级人民政府及相关部门开展应对工作。上级组织指挥机构设立后，下级组织指挥机构按照上级组织指挥机构要求做好应急处置与救援有关工作。县级人民政府对本行政区域内各类突发事件应对负有属地管理责任，要切实负起突发事件应对责任，按照上级人民政府要求组织实施应急处置与救援措施。国务院、省、市、县（市、区）级组织指挥机构按照前述分级应对原则分别负责各类突发事件应急组织指挥。超出事发地人民政府处置能力的，上一级人民政府根据事发地人民政府的请求或根据应对工作需要，指挥权可逐级提升至省级组织指挥机构。必要时，省人民政府可报请国务院指导协调和组织应对。

现场指挥是指在突发事件的现场开展指挥工作。现场指挥机构要充分听取有关专家意见建议，科学制定应对处置方案，合理规划应急队伍工作区域和次序、应急队伍集结点、物资接收和分发点、新闻发布中心，为救援队伍提供必要的后勤保障。各方面应急力量到达突发事件现场要及时向现场指挥机构报到、受领任务，接受现场指挥机构的统一指挥调度，严格遵守交通管理、信息发布等工作要求，并及时报告现场情况和处置工作进展情况。现场指挥机构要汇总现场救援处置信息，实现各方信息共享。上级政府设立现场指挥机构时，下级政府的组织指挥机构应纳入上级现场指挥机构，在上级现场指挥机构的统一领导下组织开展突发事件应对工作。

（2）应急响应机制

根据应急预案的要求，事发主管单位需要对突发事件进行先期处置，事发单位（或事发区域管理单位）要立即组织本单位应急队伍和工作人员营救受害人员，疏散、撤离、安置受威胁人员；控制危险源，标明危险区域，封锁危险场所，并采取其他防止危害扩大的必要措施；迅速控制可疑的传染源，积极救治病人，组织医疗卫生人员加强个人防护；向所在地县级人民政府及其有关部门、单位报告。对因本单位的问题引发的或主体是本单位人员的社会安全事件，有关单位要迅速派出负责人赶赴现场开展劝解、疏导工作。

对于先期未能处置的突发事件，根据突发事件的严重程度，可以将突发事件分为Ⅰ级（特别严重）、Ⅱ级（严重）、Ⅲ级（较重）和Ⅳ级（一般）四个等级。按照分级处置、属地管理的原则，一般和较大级别的突发公共事件由区专业应急机构办公室或者事件主管单位、区应急指挥中心、事发地街道办等启动应急响应并组织力量对突发公共事件进行处置；重大级别突发公共安全事件则由市专业应急机构办公室或事件主管单位提出应急预案建议，向市应急指挥中心报告，并由市应急指挥中心请示分管市领导，经分管市领导批准后，由市专业应急机构或事件主管单位启动相应级别的应急响应，并组织力量进行处置；特别重大级别的突发公共事件则须由专业应急机构办公室或事件主管单位提出应急预案建议，向市应急指挥中心报告，由市应急指挥中心请示市处置突发事件委员会主要负责人，经市处置突发事件委员会批准后，再由市处置突发事件委员会（或市专业应急机构、事件主管单位）启动应急响应并组织力量对应急事件进行处置，特别的Ⅱ级应急响应需要报请省级人民政府批准后启动或由省级人民政府启动。

（3）应急处置机制

自然灾害、事故灾难或者公共卫生事件发生后，事发地县级以上政府应采取下列一项或者多项应急措施。

一是现场信息获取。组织现场人员、应急测绘和勘察队伍等，迅速获取核实现场信息，特别是重要目标物、人员密集场所和人口分布情况，利用无人机、雷达、卫星等手段获取现场影像，分析研判道路、桥梁、通信、电力等基础设施和居民住房损毁情况，提出初步评估意见，并向现场指挥机构和有关部门报告。

二是组织营救受灾和被困人员，疏散、撤离并妥善安置受威胁人员，保护、转移重要财产，必要时组织动员社会应急力量有序参与应急处置救援、受灾人员救助工作。

三是组织开展伤病员救治、卫生防疫和应急心理援助等医疗卫生处置工作；组织应急免疫接种、预防性服药，开展卫生防疫和健康防病知识宣传。

四是组织开展抢险工作，控制危险源、减轻或消除危害，标明危险区域、封锁危险场所，划定警戒区、实行交通管制以及其他控制措施，快速疏散无关聚集人员，交通运输、铁路、民航、公安等有关部门要保证紧急情况下应急交通工具的优先安排、优先调度、优先放行，确保抢险救灾物资和人员能够及时、安全送达。

五是组织抢修被损坏的交通、水利、通信、供（排）水、供电、供气、供热等公共设施，短时难以恢复的，要制定临时方案，保障社会生产生活基本需要。

六是开展环境应急监测，追踪研判污染范围、程度和发展趋势；切断污染源，控制和处置污染物，保护饮用水水源地等环境敏感部位，减轻环境影响；开展灾后环境风险排查，整治污染隐患，妥善处置事件应对中产生的废物。

七是禁止或者限制使用有关设备、设施，关闭或者限制使用有关场所，中止人员密集活动或者可能导致危害扩大的生产经营活动，以及采取其他保护措施。

八是落实本级政府应急救援资金和储备的应急救援救灾物资，必要时征用其他急需物资、设备、设施、工具。

九是做好受灾群众的基本生活保障工作，提供食品、饮用水、衣被、燃料等基本生活必需品和临时住所，开展卫生防疫工作，确保灾区群众有饭吃、有水喝、有衣穿、有住处、有学上、有病能及时医治，确保大灾之后无大疫。

十是开展遇难人员善后处置工作，妥善处置遇难人员遗体，依法做好遇难人员家属救助、补偿、抚慰等工作；组织开展救灾捐赠活动，接收、管理、分配救灾捐赠款物；依法从严惩处囤积居奇、哄抬物价、制假售假等扰乱市场秩序的行为，稳定市场价格，维护市场秩序；依法从严惩处哄抢财物、干扰应急处置工作等扰乱社会秩序的行为，维护社会治安；采取其他防止发生次生、衍生灾害和事件的必要措施。

当社会安全事件发生后，事发地政府要立即组织有关部门针对事件的性质和特点，采取下列一项或者多项应急措施。

一是了解和分析事件起因，有针对性地开展法治宣传和说服教育，及时疏导、化解矛盾和冲突；维护现场治安秩序，对使用器械相互对抗或以暴力行为参与冲突的当事人实行强制隔离，妥善解决现场纠纷和争端，控制事态发展。

二是对特定区域内的建筑物、交通工具、设备、设施以及燃料、燃气、电力、水的供应进行控制，必要时依法对网络、通信进行管控；封锁有关场所、道路，查验现场人员的身份证件，限制有关公共场所内的活动。

三是加强对易受冲击的核心机关和单位的警卫，在党政机关、军事机关、通讯社、广播电台、电视台、外国领事馆等单位附近设置临时警戒线，加强对重点敏感人员、场所、部位和标志性建筑的安全保护。

四是法律法规等规定的其他必要措施。当严重危害社会治安秩序的事件发生时，立即依法出动警力，加大社会面检查、巡逻、控制力度，根据现场情况依法采取相应的强制性措施，尽快使社会秩序恢复正常。当突发事件严重影响区域经济、社会正常运行时，省政府或其授权的有关主管部门可以采取救助、保障、控制等必要的应急措施，保障人民群众的基本生产生活需要，最大限度地减轻突发事件的影响。

（4）管理协调机制

军队和武警应急队伍、综合性消防救援队伍、专业应急救援队伍等在各级人民政府的统一领导下参加突发事件应急处置，按规定的指挥关系和指挥权限调度指挥。社会应急力量参与突发事件应对处置，纳入现场指挥机构统一管理、统一调动、统一行动。各级应急指挥机构根据突发事件现场实际情况及时调度指挥相关应急资源，开展突发事件应对处置。

（5）社会动员机制

根据突发事件的危险程度、波及范围、人员伤亡等情况和应对工作需要，市、区两级政府及各新区管委会可发布社会动员令，动员公民、企事业单位、社会团体、基层群众自治组织和其他力量，协助政府及有关部门（单位）做好灾害防御、自救互救、紧急救援、秩序维护、后勤保障、医疗救助、卫生防疫、恢复重建、心理疏导等处置工作。

3.2.4 恢复重建机制

在恢复重建阶段，应急管理工作的具体内容包括恢复重建、调查评估、责任追究、救助补偿、心理抚慰等方面。

（1）恢复重建

按照中央统筹指导、地方为主体、灾区群众广泛参与的原则，健全灾后恢复重建机制，加大资金、政策、规划统筹，促进资源融合、效能提升。强化地方重建主体责任，建立务实高效的规划落实推进体系。尊重群众首创精神，引导开展自力更生、自救互救活动。

其一，制订恢复重建计划。突发事件应急处置工作结束后，事发地人民政府要立即组织制定恢复重建计划，并向上一级政府报告。受突发事件影响地区的人民政府要及时组织发展改革、财政、公安、交通运输、铁路、民航、通信、住房和城乡建设、水利等有关部门恢复社会秩序，尽快修复被损坏的交通、通信、水利、供水、排水、供电、供气、供热等公共设施。生产安全事故发生后，要及时修复损害的道路、房屋、水利、通信、供电、供水、供气等公共设施，做好受害人员的安置工作，帮助恢复正常的生产生活秩序。

其二，开展恢复重建工作。上级人民政府要根据实际情况对需要支持的下级人民政府提供资金、物资支持和技术指导，组织其他地区提供资金、物资和人力支援。需要省级援助的，由事发地市级人民政府提出请求，省有关部门根据调查评估报告和受灾地区恢复重建计划提出意见，按有关规定报经审批后组织实施；需要国家援助的，由省政府向国家有关部门提出请求。

（2）调查评估

履行统一领导职责的人民政府应当及时查明突发事件的发生经过和原因，对突发事件造成的损失进行评估；组织参与处置的单位对应急处置工作进行复盘分析，总结经验教训，制定改进措施，并将调查评估情况向上一级人民政府报告。特别重大突发事件，省政府在国家有关部门指导下进行调查评估，并向国务院报告；对于重大突发事件，省级有关部门要会同事发地市级人民政府进行调查评估，并向省级人民政府做出报告。

各级有关部门或单位于每年第一季度组织对上年度发生的突发事件全面评估，并向本级人民政府报告，抄送相关类别突发事件应对牵头部门。地方各级人民政府组织对本行政区域上年度突发事件进行全面评估，并向上级人民政府报告，抄送上级相关类别突发事件应对牵头部门。

（3）责任追究

根据有关规定，建立健全应急管理工作领导负责制和责任追究制，将突发事件应对工作纳入政府及其有关部门绩效考核。对迟报、谎报、瞒报和漏报突发事件重要情况，应急处置不力或者应急管理工作中有其他失职、渎职行为的，依照有关规定给予处分；构成犯罪的，依法追究刑事责任。

（4）救助补偿

受突发事件影响地区的人民政府要根据本地区遭受损失的情况，制定救助、补偿、抚慰、抚恤、安置等善后工作方案，对突发事件中的伤亡人员、应急处置工作人员，以及紧急调集、征用有关部门（单位）及个人的物资，要按照规定给予抚恤、补助或补偿，并提供心理及司法援助，妥善解决因处置突发事件引发的矛盾和纠纷。有关部门（单位）要做好疫病防治和环境污染消除等工作，并协调保险监管机构及时开展查勘和理赔工作。

（5）心理抚慰

突发事件不仅会带来生命财产损失，更会给普通民众带来较大的心理创伤。普通民众容易受到危机信息传播和应急管理政策的影响，产生恐惧心理。除了灾后物质上的重建和支援机制，我国还建立起长效的心理援助机制，消除普通民众对于突发事件的恐惧心理，恢复普通民众的信心。

3.3 应急管理法治体系

建立健全和完善应急法治，是新时代构建大国应急管理体系，推进国家治理体系和治理能力现代化的必然要求。应急管理法治主要是通过加强应急管理的法治化建设，把整个应急管理工作纳入法治的轨道，按照有关的法律法规来建立健全预案，依法行政，依法实施应急处置工作，把法治精神贯穿于应急管理工作的全过程。

3.3.1 应急管理法治的概念

应急管理法治（简称应急法治），是关于突发事件引起的公共紧急情况下如何处理国家权力之间、国家权力与公民权利之间、公民权利之间的社会关系的法律规范和原则的总和。按照法学概念的通常逻辑，应急法治是一个国家或地区针对如何应对突发事件及其引起的紧急情况而制定或认可的各种法律规范和原则的总称。应急法治是一种特殊的法律现象，关系到一个国家或者地区民众的根本和长远利益，关系到公民的基本权利，是一个国家或地区在非常规状态下实行法治的基础。

3.3.2 我国应急管理立法情况

中华人民共和国成立后，党和国家高度重视应急管理工作。1949 年 11 月，成立了中央救灾委员会；1954 年首次规定了戒严制度。经过近四十年的发展，自 20 世纪 90 年代以来，我国在应急管理领域的立法方面取得了重大进展，应急管理法律体系逐渐形成并趋于完善，与之相配套的应急管理制度也初步建立。2003 年“非典”之后，我国开始建立以“一案三制”为核心的应急管理体系，将应急管理上升为法定行为。应急管理成为我国各级政府加强社会管理、搞好公共服务的一项基本职能和基本制度。

2007 年 8 月 30 日，第十届全国人大常委会第二十九次会议通过了《中华人民共和国突发事件应对法》（简称《突发事件应对法》），对突发事件的管理体制、预防与应急准备、监测与预警、应急处置与救援、事后恢复与重建等方面作了全面规定。2007 年 11 月 1 日，《突发事件应对法》正式施行，这是我国第一部应对各类突发事件的综合性法律，确立了应急管理工作的法治化方向，集中体现了党和国家对应急管理工作规律性的认识，是全面推动应急管理体系建设、规范突发事件应对活动的重要法律保障，对于预防和减少突发事件的发生，控制、减轻和消除突发事件引起的严重危害，保护人民群众生命财产安全和社会和谐稳定具有十分重要的意义。

《中华人民共和国突发事件应对法》出台后，我国应急管理法律体系表现为以宪法为依据（含紧急状态的相关规定），以《中华人民共和国突发事件应对法》为核心，以相关单项法律法规为配套（如《中华人民共和国防洪法》《中华人民共和国传染病防治法》《中华人民共和国安全生产法》等）的特点。随后陆续颁布了一系列与应对突发事件相关的法律法规，各地方根据这些法律法规又颁布了适用于本行政区域的地方立法，如《广东省突发事件应急预案管理办法》（粤府办〔2008〕36 号），从而初步构建了一个从中央到地方的突发事件应急管理法律规范体系。

党的十六大以来，党中央、国务院以制定修订应急预案为抓手，以建立健全应急体系为基础，以建立健全应急机制为关键，以建立健全应急法律为保障，把我国应急管理体系建设提升到了一个新的阶段。党的十八大以来，以习近平同志为核心的党中央提出了全面依法治国的新理念新思想新战略，开辟了全面依法治国理论和实践的新境界，开启了中国特色社会主义法治的新时代。党中央、国务院高度重视应急管理工作，将应急处置能力作为国家治理能力的重要组成部分。党的十八大报告提出，要加快形成源头治理、动态管理、应急处置相结合的社会管理机制。强化应急管理工作、提高应急处置能力是预防和减少各类事故、灾害和事件造成损失的重要防护工程，是推进国家治理体系和治理能力现代化的应有之义。党的十九届四中全会提出了坚持和完善中国特色社会主义制度、推进国家治理体系和治理能力现代化的总体目标。2019 年 11 月 29 日，习近平在中央政治局第十九次集体学习时强调，充分发挥我国应急管理体系特色和优势，积极推进我国应急管理体系和能力现代化。

近年来，安全生产应急管理和自然灾害应急管理法律法规建设取得了长足进步。2018 年 12 月 5 日，国务院第 33 次常务会议通过了《生产安全事故应急条例》（国务院令第708号），自2019年4月1日起施行。《生产安全事故应急条例》填补了我国安全生产领域缺乏专门应急管理法规的空白。2019年6月24日，应急管理部第20次部务会议审议通过了《应急管理部关于修改＜生产安全事故应急预案管理办法＞的决定》（中华人民共和国应急管理部令 第2号），进一步规范和完善了生产安全事故应急预案管理工作。2019年4月23日，修改后的《中华人民共和国消防法》颁布，自2019年11月1日起施行。

目前，我国已制定了涵盖自然灾害、事故灾难、公共卫生事件和社会安全事件四大类突发事件应急管理法律法规100余部，形成了由突发事件基本法、单行法、相关法、行政法规、部门规章、地方性法规和地方政府规章及有关国际公约和协定构成的内容相对完整、覆盖面较广的应急管理法律规范体系。

3.3.3 我国应急管理法治体系的基本框架

中华人民共和国成立70余年来，党中央、国务院高度重视应急管理工作，我国应急管理“一案三制”工作取得显著成效。在应急法治建设方面，制定了《中华人民共和国突发事件应对法》以及相关法律法规100余部，基本建立了以宪法为依据、以《中华人民共和国突发事件应对法》为核心、以相关法律法规为配套的应急管理法律体系，从而使应急工作可以做到有章可循、有法可依。

我国应急管理法治体系包括的法律法规种类繁多，既可以按照法律的层级关系来梳理，也可以按照突发事件的类别来阐述。按照突发事件法律法规的层级，其构成大致为：宪法＋基本法＋单行法＋相关法＋行政法规＋部门规章＋地方性法规＋地方政府规章；按照突发事件的类别，其构成为：自然灾害类＋事故灾难类＋公共卫生事件类＋社会安全事件类。我国应急管理法治体系的基本框架如图3.5所示。

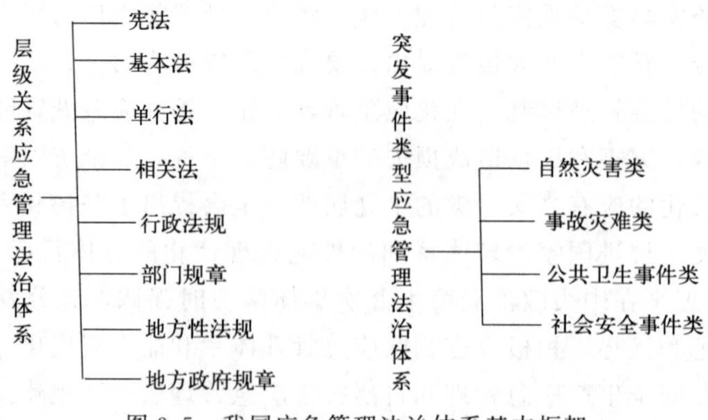

图3.5　我国应急管理法治体系基本框架

（1）我国应急管理法治体系按层级关系的构成

①《中华人民共和国宪法》（简称《宪法》）。《宪法》是我国的根本大法，是制定其他法律的基础。《宪法》中存在一些内容，如第四条规定，禁止破坏民族团结和制造民族分裂的行为；第五条规定，一切违反宪法和法律的行为，必须予以追究；第十五条规定，国家依法禁止任何组织或者个人扰乱社会经济秩序。这些条文共同构建了应急管理体系的基础。

② 应急管理基本法——《中华人民共和国突发事件应对法》的出台与实施，标志着我国规范应对各类突发事件共同行为的基本法律制度已确立，为有效实施应急管理提供了更加完备的法律依据和法治保障。

③ 应急管理单行法。应急管理单行法广泛存在、数量众多，适用于某一种突发事件，属于“一事一法”模式，如《中华人民共和国防震减灾法》《中华人民共和国防洪法》《中华人民共和国消防法》《中华人民共和国传染病防治法》等。“一事一法”的基础是不同种类突发事件的性质和应对方式存在重大差异。

④ 应急管理相关法。应急管理法治体系是一个庞大、复杂的规范体系，除了专门的应急管理法律之外，其他法律中也广泛存在着某些与应急管理相关的制度。这些制度可能是某部法律的个别章节，也可能仅是个别条款，如《中华人民共和国刑法》《中华人民共和国治安管理处罚法》《中华人民共和国劳动法》《中华人民共和国道路交通安全法》《中华人民共和国公益事业捐赠法》等法律中都存在应急管理的相关规定。

⑤ 应急管理行政法规。为加强应急法治建设，国务院适时颁布应急管理行政法规，如《破坏性地震应急条例》《地质灾害防治条例》《中华人民共和国防汛条例》《生产安全事故报告和调查处理条例》《生产安全事故应急条例》《突发公共卫生事件应急条例》《企业劳动争议处理条例》等。

⑥ 应急管理部门规章。国务院有关部门依照应急管理法律、行政法规或者国务院的授权制定发布应急管理部门规章，如《生产安全事故应急预案管理办法》《中华人民共和国传染病防治法实施办法》等。

⑦ 应急管理地方性法规。由省、自治区、直辖市和较大市的人民代表大会及其常务委员会，根据本行政区域的具体情况和实际需要，在不与宪法、应急管理法律和行政法规相抵触的前提下制定。应急管理地方性法规在本行政区域内有效，其效力低于宪法、法律和行政法规，如《辽宁省突发事件应对条例》《江西省突发事件应对条例》《河北省突发事件应对条例》《重庆市突发事件应对条例》等。

⑧ 应急管理地方政府规章。由省、自治区、直辖市和较大市的人民政府，根据应急管理法律、行政法规和本省、自治区、直辖市的地方性法规制定。应急管理地方政府规章在本行政区域内有效，其效力低于宪法、法律、行政法规和地方性法规，如《山东省人民政府关于全面加强应急管理工作的意见》《北京市生产经营单位生产安全事故应急预案演练管理办法（试行）》《陕西省生产安全事故应急预案管理工作实施意见》等。

（2）我国应急管理法治体系按突发事件类别的构成

① 自然灾害类法律法规。主要包括：《中华人民共和国防震减灾法》《中华人民共和国水法》《中华人民共和国防洪法》《中华人民共和国森林法》《中华人民共和国防沙治沙法》《中华人民共和国防汛条例》《军队参加抢险救灾条例》《破坏性地震应急条例》《森林防火条例》《草原防火条例》《地质灾害防治条例》《森林法实施条例》《森林病虫害防治条例》《自然保护区条例》《海洋石油勘探开发环境保护管理条例》《人工影响天气管理条例》《蓄滞洪区运用补偿暂行办法》等。

② 事故灾难类法律法规。主要包括：《中华人民共和国建筑法》《中华人民共和国消防法》《中华人民共和国海上交通安全法》《中华人民共和国环境噪声污染防治法》《中华人民共和国环境保护法》《中华人民共和国大气污染防治法》《中华人民共和国水污染防治法》《中华人民共和国固体废物污染环境防治法》《中华人民共和国放射性污染防治法》《中华人民共和国海洋环境保护法》《中华人民共和国安全生产法》《生产安全事故报告和调查处理条例》《生产安全事故应急条例》《中华人民共和国矿山安全法实施条例》《煤矿安全监察条例》《建设工程质量管理条例》《放射性同位素与射线装置安全和防护条例》《国务院关于预防煤矿生产安全事故的特别规定》《国务院关于特大安全事故行政责任追究的规定》《工伤保险条例》《劳动保障监察条例》《中华人民共和国道路运输条例》《中华人民共和国渔业船舶检验条例》《铁路运输安全保护条例》《建设工程安全生产管理条例》《中华人民共和国内河交通安全管理条例》《中华人民共和国河道管理条例》《中华人民共和国海上交通事故调查处理条例》《中华人民共和国电力监管条例》《中华人民共和国电信条例》《特种设备安全监察条例》《中华人民共和国民用核设施安全监督管理条例》《中华人民共和国水污染防治法实施细则》《中华人民共和国计算机信息系统安全保护条例》《中华人民共和国防治海岸工程建设项目污染损害海洋环境管理条例》《中华人民共和国防止拆船污染环境管理条例》《中华人民共和国防止船舶污染海域管理条例》《中华人民共和国农业转基因生物安全管理条例》《淮河流域水污染防

治暂行条例》《危险化学品安全管理条例》《核电厂核事故应急管理条例》等。

③ 公共卫生事件类法律法规。主要包括：《中华人民共和国传染病防治法》《中华人民共和国食品安全法》《中华人民共和国动物防疫法》《中华人民共和国进出境动植物检疫法》《中华人民共和国国境卫生检疫法》《重大动物疫情应急条例》《突发公共卫生事件应急条例》《中华人民共和国传染病防治法实施办法》《植物检疫条例》《中华人民共和国国境卫生检疫法实施细则》等。

④ 社会安全事件类法律法规。主要包括：《中华人民共和国民族区域自治法》《中华人民共和国人民警察法》《中华人民共和国监狱法》《中华人民共和国戒严法》《中华人民共和国集会游行示威法》《中华人民共和国中国人民银行法》《中华人民共和国保险法》《中华人民共和国银行业监督管理法》《中华人民共和国预备役军官法》《中华人民共和国专属经济区和大陆架法》《中华人民共和国商业银行法》《中华人民共和国证券法》《中华人民共和国领海及毗连区法》《中华人民共和国价格法》《中华人民共和国农业法》《中华人民共和国种子法》《中华人民共和国野生动物保护法》《企业劳动争议处理条例》《殡葬管理条例》《信访工作条例》《行政区域边界争议处理条例》《营业性演出管理条例》《期货交易管理暂行条例》《国防交通条例》《民兵工作条例》《退役军人安置条例》《粮食流通管理条例》《民用爆炸物品安全管理条例》《民用运力国防动员条例》《军人抚恤优待条例》《中央储备粮管理条例》《农药管理条例》《饲料和饲料添加剂管理条例》《中华人民共和国陆生野生动物保护实施条例》《兽药管理条例》《中华人民共和国水生野生动物保护实施条例》《民用航空安全保卫条例》等。

3.4　应急管理体系现代化新形势与改革

3.4.1　我国应急管理体系现代化建设面临的新形势

从世界不同国家和地区应急管理体制机制变迁的历程来看，重大突发事件既会给应急管理体制机制带来严峻的挑战，同时也是大多数国家应急管理体制机制发生重大变革的重要机遇。

(1) 党中央集中统一领导

从全世界的范围来看，突发事件尤其是重大突发事件应对，需要集中统一有力领导，才能够及时有效调配应急资源和组织应急救援。新冠疫情的暴发是作为新中国成立以来我国发生的传播速度最快、感染范围最广、防控难度最大的一次突发公共卫生事件，在党中央领导下，统筹全局、果断决策，用几个月的时间使全国疫情进入常态化阶段，这与2020～2021年的世界疫情态势形成了鲜明的对比。从全世界范围内新冠疫情的暴发、蔓延和应对结果来看，我国无疑是全世界最成功的应对范本，而党中央集中统一领导是这次突发公共事件得到迅速有效控制的重要原因。

（2）应急管理理念的转变

党和国家领导人指出，要积极推进我国应急管理体系和能力现代化。中国式现代化强调建立现代化治理体系，应急管理体系和能力现代化既是现代化治理体系的重要组成部分，又是推进中国式现代化的安全保证，与中国式现代化内涵和本质要求相契合，在统筹发展和安全工作中发挥着不可替代的作用。

党的二十大报告明确了推进包括应急管理在内的国家安全体系和能力现代化的总体要求。应急管理是国家治理体系和治理能力的重要组成部分，与生态文明建设、社会治理、城市治理、基层治理等一道构成中国式现代化的新型治理工具箱。应急管理现代化作为推进中国式现代化的安全保证和推进国家安全体系和能力现代化的关键抓手，需要持续围绕应急管理体制和体系建设两个主要方面维护国家总体安全，进而保障经济社会高质量发展。

新时代应急管理要把应急管理现代化放到新安全格局和新发展格局的辩证关系中来考量。构建新安全格局，必须完善国家应急管理体系，提高防灾减灾救灾和急难险重突发公共事件处置保障能力，从而形成经济社会高质量发展的强大安全保障。要把应急管理现代化作为构建国家安全防护体系的筑基之本来看待，形成强大的国家安全防护能力。要把应急管理现代化列入提高公共安全治理水平的中心工作来推进，形成以统一指挥、专常兼备、反应灵敏、上下联动的中国特色应急管理体制为基础，以建成统一领导、权责一致、权威高效的国家应急能力体系为依托的中国特色大国应急体系。

党和国家领导人站在全局和战略高度，科学确立了“两个坚持”和“三个转变”防灾减灾救灾新理念，强调要坚持以防为主、防抗救相结合，坚持常态减灾和非常态救灾相统一。在应急管理工作中关口前移、预防为主，这是第一位次；抗与救是第二位次，防抗救相结合是为了减少灾害、减轻损失，这是最终目的。所以，防抗救减是一个有机统一的逻辑体系，常态与非常态、灾后与灾前、单一与综合、减少与减轻，共同形成四位一体关系的核心解释体系，从而全面提升全社会抵御自然灾害的综合防范能力。

只有扎实推进应急管理现代化，才能持续创造新安全格局。基于致灾因子的灾种种类较多，应急管理体制改革的方向是建立大应急体系。在总体国家安全观下，必须防范和化解由灾害造成的重大安全风险。灾害及由灾害带来的风险孕育在危机之中，不仅需要危机应对，更需要危机预防，在灾难全过程、各方面的生命周期中，立足于公共危机治理，是有效防范和化解灾难的根本之策。

（3）应急管理体制不断健全

行动为强，持续深化整体性、系统性和协同性的应急管理体制改革。2018 年 3 月，应急管理部正式组建，标志着我国应急管理体制建设进入新的发展阶段。应急管理部整合了国务院办公厅、公安部、民政部、国土资源部（现自然资源部）、水利部、中国地震局等部门相关职能，具有应急管理、应急体系建设、应急预案体系建设、应急救援及处置、消防、安全生产、安全事故调查及追责等 19 项主要职责。应急管理部的成立解决了我国传统应急长期以来“九龙治水”“各管一摊”的弊端，适应了“全灾种”和“大应急”的形势任务，实现了应急救援力量的整合、优化和共享，进一步提高了应急管理的综合性水平。截至目前，我国基本上实现了突发事件应急管理的三个全覆盖：一是类型的全覆盖。现有的应急管理体系涵盖了自然灾害、事故灾难、公共卫生事件、社会安全事件四大类突发事件，实现了从应对单一灾种向综合减灾的转变。二是过程的全覆盖。囊括了预防与准备、预警与监测、救援与处置、善后与恢复的全部过程，实现了从重处置到重全程的转变。三是主体的全覆盖。应急管理的应对主体不再仅仅是政府，还包括各类企事业单位、社会组织、基层社区和公众等。

（4）应急管理机制不断完善

2003 年的“非典”事件，暴露出我国在应急管理机制建设方面存在很多不足。2003 年以后，我国不断在实践中发展和完善应急管理机制，并力争建成“统一指挥、反应灵敏、功能齐全、协调有力、运转高效”的应急管理机制。在多年的实践中，现已建立起反应灵敏、运转高效，覆盖应急管理全过程、全环节、全要素的应急管理机制。具体而言，主要是建立预防准备机制，包括加强应急法治和应急预案建设，加强应急教育，完善社会动员机制，构建多元化的应急队伍；建立监测预警机制，提高应急预警能力，包括建立公共卫生监测预警系统与各类自然灾害和事故灾难的预警机制，特别是建立了舆情引导机制，提高舆情管控能力；建立处置救援机制，包括应急指挥、应急响应、管理协调和社会动员等方面；完善恢复重建机制，包括调查评估、责任追究、救助补偿、心理抚慰等多个方面。

3.4.2 我国推进应急管理体系现代化的改革思路

坚持改革创新推动应急管理事业高质量发展，是深入贯彻党中央、国务院决策部署，综合分析应急管理面临形势任务作出的重要安排，是贯彻落实党的二十届三中全会精神、积极应对新形势新挑战的必然要求，也是加快补齐自身短板、以创新驱动引领事业发展的必然要求。

其一，要更好统筹守正和创新，构建适应中国式现代化要求的应急管理体系和能力，大力推进机制创新、手段创新、方法创新，坚定走好新时代中国特色应急管理之路。

其二，要更好统筹发展和安全，既要坚持本有的安全属性，坚持发展决不能以牺牲人的生命安全为代价这条红线底线，又要强化应有的发展属性，为发展注入新的动能和活力。

其三，要更好统筹预防为主和应急救援，通过健全制度更好发挥综合优势，强力推动专业部门加强“防”的工作，同时坚持预防在先、发现在早、处置在小，合理界定处置责任、形成工作合力，确保有序高效。

其四，要更好统筹制度建设和能力提升，坚持以制度建设为主线，以“应急管理之制”推动“应急管理之治”，同时持续提升支撑制度运行的国家应急能力，统筹推进应急管理体系和能力现代化。

其五，要更好统筹灾害事故风险及其可能引发的社会安全风险防范，把防范化解群众身边的灾害事故风险作为重中之重来抓，周密细致做好矛盾风险化解工作，以底线思维构建改革安全阀。

当前，我国应急管理体系建设和应急管理事业尚处于起步和探索阶段，在推进应急管理体系和能力现代化的进程中，在考虑到国情和体制的基础上，借鉴发达国家和发展中国家应急管理体制机制的经验教训。从总体来看，在应急管理体制方面应该以“大应急”理念为指导来调整应急管理机构设置，在国家主席或国务院总理领导下建立多个跨部门、跨区域应急管理委员会，协调跨部门、跨区域的应急管理工作；在以应急管理部为核心平台的基础上，明确应急管理部门同其他政府部门和社会组织的应急权责关系，在突发事件应对中构建起以应急管理部为主导、其他政府部门和社会组织协同的应急权责关系，让应急管理部的职责贯穿于应急管理工作的全方位和全过程；在现有应急管理部门应急队伍配置的基础上，将除公共卫生事件应急救援队伍之外的应急队伍都纳入应急管理部的管辖范围，集中应急救援力量，完善应急救援队伍构成，提升应急救援全方位能力和救援效率。在应急管理机制方面，不断完善应急预案体系，加强应急预案演练，提高应急预案针对性、实用性和有效性；加强应急法治体系建设，根据国情、灾情变化及时更新和调整应急管理的相关法律法规，真正为各级应急管理部门的应急管理工作提供指导和依据。同时，积极借鉴发达国家以及发展中国家应急管理机制中的有效做法，包括应急教育、应急保障、应急参与方面的成功经验，以及统一国家监测与预警系统、加强国家应急数据库建设等，不断改进应急管理工作机制，全面提升应急管理部门的防灾、减灾、救灾和赈灾能力。

本章思考题

① 讨论中国应急管理体制机制历史沿革对当前体系的影响。
② 分析我国应急管理组织体系的优势和存在的挑战。
③ 讨论应急管理运行机制中的预防准备机制及其重要性。
④ 描述监测预警机制在应急管理中的作用及其实施难点。
⑤ 分析响应处置机制在实际应急管理中的应用和改进方向。
⑥ 讨论恢复重建机制在灾后重建中的重要性及其实施策略。
⑦ 描述应急管理法治体系的构成及其对提升应急管理水平的贡献。
⑧ 分析我国应急管理体系现代化建设面临的新形势和改革思路。
⑨ 讨论如何通过国际合作提升我国应急管理体系的现代化水平。

第 4 章

突发事件预防与应急准备

4.1 突发事件风险管理

当今社会是一个风险社会，风险的存在对国家的发展和公共安全造成威胁。风险管理的意识最初来源于金融保险行业，现在已应用于各行各业。本章重点介绍风险管理的概念、理论发展以及综合风险管理的内容，从自然灾害、安全生产、公共卫生和社会安全四个不同的角度论述风险管理的流程，详细介绍突发事件风险管理的具体内容。

4.1.1 风险管理概念

自人类社会形成以来，人们对风险管理的实践就没有停止过。风险管理，顾名思义，是以尚未发展成为突发事件的“风险”为管理对象的管理。风险管理旨在避免或减少风险发展演变为突发事件的机会，侧重对突发事件的预防和“治本”。风险管理的概念最早由美国专家汉斯和威廉斯提出，他们在《风险管理与保险》一书中指出，风险管理即通过辨别、评价和管控风险以最小的成本将风险所造成的损害降到最低的管理方式。

在实践中，“风险管理”一词在不同国家有不同的定位和用法。在我国应急管理实践中，风险管理通常被作为应急管理的第一个环节来对待，是突发事件“预防”工作的主要内容。这也是国际上很多国家和国际组织的认识。在其他国家，有的以“灾害风险管理”作为应急管理的代名词（如德国公民保护局），有的以综合风险管理表述综合应急管理的意思（如瑞士联邦政府）。目前对于风险管理没有统一的定义，多个组织机构给出了风险管理定义，见

表 4.1。

表 4.1　风险管理的定义

机构	定义
国际标准化组织(ISO)	一个组织对风险的指导和控制的一系列协调活动
澳大利亚标准与新西兰标准组织(AS/NZS)	旨在对潜在机会与不利影响进行有效管理的文化、程序与结构
中国风险管理标准化技术委员会	指导与控制某一组织和风险相关问题的协调活动
国际风险分析协会	处理风险的活动,例如预防、缓解、适应或分组,它通常包括降低风险的成本与收益之间的权衡以及选择可承受风险的水平

根据以上各组织机构对风险管理的定义，可以从以下几个方面对风险管理进行理解。

① 风险管理的目标。综合来看风险管理的目标就是降低风险，实现最大限度的安全，即通过对特定风险事件的发生规律进行研究总结，制定合适的风险评估流程和方法，采取适当的风险处置措施手段，降低风险事件所造成的后果，实现最大限度的安全。

② 风险管理的主体。要进行风险管理，需要在一定的范围内由特定的主体实施风险管理行为。风险管理的主体多样，包括个人、企业、家庭、组织和各级政府。

③ 风险管理的流程。风险管理的流程包含风险辨识、风险分析与评估、风险处置、风险沟通和监督检查等。通过系统的指导和管理，运用科学的方法，可实现降低风险、增加安全的目标。

4.1.2　风险管理的基本过程

风险管理遵循自身的客观规律，需要按照一定的流程进行系统化整体管理，如图 4.1 所示。风险管理的基本过程是在评估准备的基础上，组织通过识别、分析和评定是否运用风险处置手段来修正风险，以满足其风险管控要求。在这个过程中，它们与利益相关方进行沟通协商，监测评审风险，以确保不再需要进一步处置风险或采取新的风险控制措施。

4.1.3　风险管理的环节

（1）评估准备

评估准备是评估前的基础工作，内容包括：明确风险评估活动的范围和目

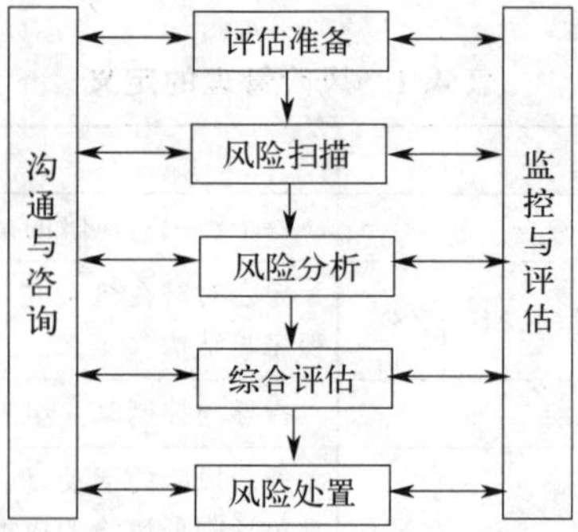

图 4.1 风险管理流程

的、目标；明确谁是利益相关者，即评估工作为谁服务；做好风险评估人员的知识和技能准备；系统收集有关的社会环境、地理环境、基础设施等方面的具体信息。

（2）风险识别

风险识别是指识别并确认潜在的风险，主要回答“会发生什么糟糕的事”以及“如何发生”的问题。

（3）风险分析

风险分析主要是从风险发生的可能性和后果（影响）这两个方面对风险进行分析。在定量分析的基础上，还可将每个风险点标注在风险地图上，形成更为直观的风险分布图，如图 4.2 所示。

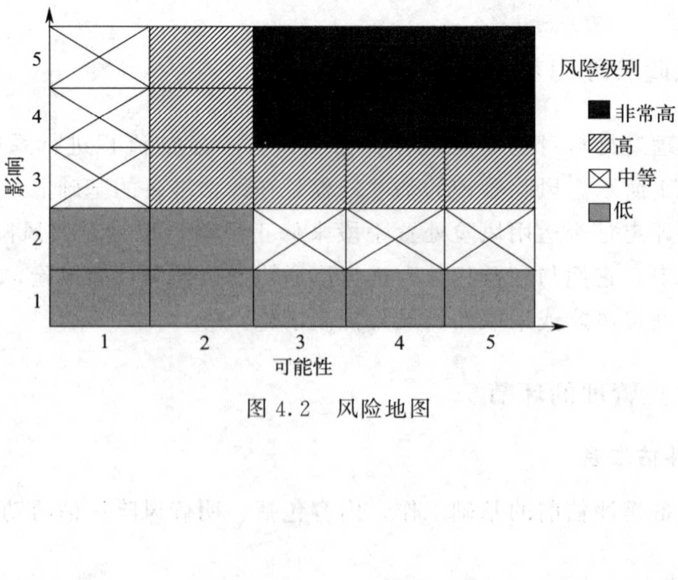

图 4.2 风险地图

（4）综合评估

综合评估是指根据风险分析的结果以及组织自身的状况，把所有可能面临的风险按照紧急程度和需要重视的程度排序，以便更加合理、有效地分配有限的资源。综合评估的主要内容包括：①风险出现的可能性；②风险对地区或组织的影响大小或规模；③风险管理的难易程度；④管理风险需要的资源和时间；⑤风险是否可控制或可预测。管理者必须综合考虑各种因素以建立一个风险的优先处理序列，同时对各种风险控制方法的可行性、成本及收益加以分析，最终为不同的风险选用最适当的处理方法。

（5）风险处置

风险处置是指选择应对风险的合适策略和手段并加以执行。传统上，有四种策略可供选择：避免、缩减、转移、接受。风险避免是指不去从事那些可能导致风险的行为，直接避开导致风险的事项和活动，以消除可能发生的损失；风险缩减是指采用恰当的做法来减少风险的发生、减轻风险的后果；风险转移是指把风险的负担转嫁给另一方，通常是通过合同来实现的；风险接受是指在无法避免、缩减和转移风险的情况下，接受风险发生的可能性和后果。

（6）监控与评估

即对上述各环节进行监控，对其工作成果进行评估，根据实际情况不断进行修正和调整。

（7）沟通与咨询

对于上述(1)～(6)个步骤，自始至终都需要进行风险沟通和给予咨询意见，以便使各参与方都明确自己的风险管理责任。

4.1.4　各领域风险管理

（1）自然灾害风险管理

自然灾害的风险因素包括致灾因子、受灾人群以及应对风险的资源和环境，这也构成了自然灾害风险评估的三方面，即危害因素、人群脆弱性和应对能力。危害因素指可能导致自然灾害风险的原因或引起灾害发生的潜在因素。人群脆弱性主要指受灾人群对灾害的敏感程度、人群心理脆弱程度等。应对能力包括受灾人群对自然灾害的承受能力和解决能力，具体可以指抵御灾害的资源等。

自然灾害风险管理流程主要包括风险识别、风险分析、风险评估和风险减缓四个环节，如图 4.3 所示。

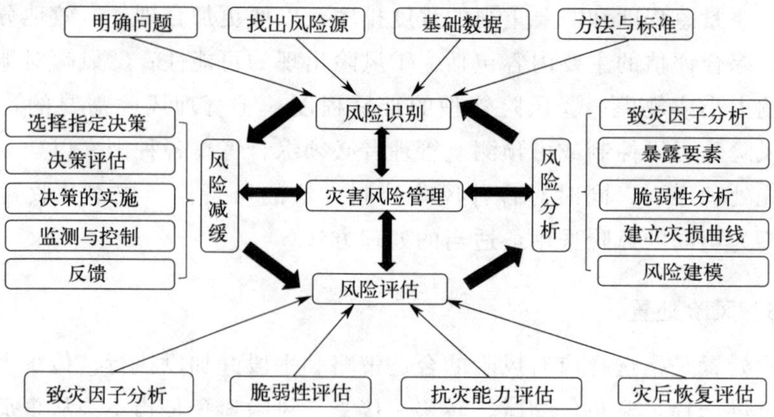

图 4.3　自然灾害风险管理流程

其中，风险评估是自然灾害风险管理的关键环节。自然灾害风险评估是对某一地区遭受自然灾害潜在风险的可能性和严重性进行分析和评价，具体指在自然灾害发生、发展的各个阶段，识别灾害可能引起的直接或间接危害；再从危害因素、人群脆弱性和应对能力三个方面识别其具体属性，并做出定性、半定量或定量分析；最后，基于相应的准则，对风险水平进行综合评价。自然灾害的发生过程可以分为灾前期、灾害冲击期、灾后期和灾后效应期四个时期，每个时期的评估方法有所不同。

灾前期的风险评估主要选择结构化的评估方法，根据历史经验及专家预测，从危害因素、人群脆弱性和应对能力三个方面展开评估，分析出可能的自然灾害风险，并实施相应的防控措施。灾害冲击期的评估一般是基于灾前期评估，开展风险分析及评价，目的是快速启动响应机制，确定响应级别以及增加其他的风险防控措施。灾后期可根据致灾因子、人群暴露情况、人员伤亡情况采取救援措施，在救援工作结束、灾区恢复到常态后，开始开展较为全面和深入的风险评估。灾后效应期风险通常指在自然灾害结束后，因灾害直接或间接导致的其他突发事件的滞后效应风险。可根据灾害的特性和相关信息分析未来存在的滞后风险。

（2）安全生产风险管理

在生产经营活动中，因人、物、环境、管理等方面的疏忽会导致生产安全事故。安全生产风险管理过程主要包括安全生产风险识别、分析、评估和控制等环节。识别风险，评估风险可能造成的生产安全事故及影响程度，提前制定好相应风险等级的控制措施，能够使生产经营活动安全有序地进行。

可以将安全生产过程中的危险源分为两大类，即第一类危险源和第二类危险源。第一类危险源可视为根源危险源，是生产过程中存在的可能发生意外释放的能量（能源或能量载体）或危险物质，如工作中的发电机、变压器，带电的导体，各种压力容器等。第二类危险源指状态危险源，即导致能量或危险物质约束或限制措施破坏或失效的各种因素。根据《生产过程危险和有害因素分类与代码》（GB/T 13861—2022），可以从人、物、环境、管理四个方面分析导致约束、限制能量屏蔽措施失效或者破坏的各种不安全因素。

安全生产风险评估是对生产过程中的风险进行识别、分析和评价的一个过程。生产经营单位开展安全生产风险评估，首先应该建立安全风险评估组织机构，随后确定安全生产工作中风险评估的范围。除日常管理活动需要开展风险评估外，发现可能造成重大事故后果的风险、进行特殊作业活动前或在其他紧急情况下等也需要开展风险评估。目前企业常用的安全生产风险评估方法有安全检查表法、预先危险性分析法、作业条件危险性分析法、故障树分析法、头脑风暴法等。

对生产过程中可能存在的风险进行控制可以预防事故的发生，避免或减少人员的伤亡、职业病的发生、财产损失以及生产设施的损坏。生产经营单位需要构建完善的组织机构，各部门协调运作有利于紧急情况下的沟通联系。此外加强对员工的教育培训，如安全负责人培训、特种设备操作培训等。同时广泛采取技术措施，如对一些危险器械加装防护设施等，可以从源头上控制或消除风险。

（3）公共卫生风险管理

公共卫生学始于 19 世纪末，人类在经历了天花、霍乱、鼠疫等传染病之后，逐步积累了一些经验，发展了免疫接种、隔离检疫等技术措施。但突发公共卫生事件仍层出不穷，包括一些突发性传染病、突发性食物中毒或者职业中毒以及一些不能及时查明的疾病等。例如 2003 年“非典”疫情、2008 年三鹿奶粉事件、2013 年 H7N9 禽流感疫情以及 2020 年新冠疫情等，这些事件威胁到每个人的健康安全，对社会造成极大的危害。

突发公共卫生事件具有突发性、不利性、复杂性和公共性。对于公共卫生风险的评估多采用专家会商法、德尔菲法、风险矩阵法、分析流程法等基本方法。公共卫生风险评估过程分为准备阶段和实施阶段。准备阶段主要包括确定评估议题、确定评估方法及人员，以及资料收集等前期工作。其中，需要收集的资料包括传染病病原学、临床特征及流行病学信息、发病疫情信息、疫情监测信息、人群脆弱性和公共卫生能力等相关信息，这些信息即为风险评估要素。此外，还需要根据所选用的风险评估方法绘制相应的表单。实施阶段包括风险识别、分析和评价。其中风险识别主要识别突发公共卫生事件的风险因子。在实施阶段，对相关风险要素的描述是否准确和到位，直接影响风险分析和评价的结果，因此，需要尽可能全面地列举风险要素，为下一步的风险分析提供可靠、详尽的信息。

传染病风险的防控是公共卫生风险管理的关键内容，通常应做到以下几点。

① 管理传染源。对传染源采取相应的处理、隔离措施，做到早诊断、早治疗。

② 切断传播途径。在流行期间减少或避免进入人员密集的公共场所，对病人排出的分泌物应及时消毒，注意室内通风和消毒，做好灭蝇、灭蚊措施，对不同的传染病病人采取不同的隔离措施。

③ 保护易感人群。改善营养，锻炼身体，提高免疫力；保护易感人群，避免与患者接触；进行有效的预防接种或服药。

（4）社会安全风险管理

社会安全是国家安全和社会稳定的基础，是社会发展的基本保障，是社会建设发展水平和运行健康程度的重要体现。社会安全风险管理可以有效地预防、控制各种社会安全风险，保障社会安全以及人民的生命财产安全，实现社会的正常运转和可持续发展。社会安全风险管理主要包括风险感知、风险评估和风险应对三个步骤，在这个流程中还伴随着对风险动向的监控以及各级政府部门之间的风险沟通。

突发社会安全事件具有高度不确定性，使得社会安全风险识别具有一定难度。传统的社会安全风险识别方法用时长，消耗人力物力，缺乏时效性，并且主观性太强，而大数据时代社会安全风险的感知通过监测预警技术来实现。大数据、云计算以及人工智能技术的不确定性研究能够为社会安全风险的识别提供合理、高效、智能化的方法。社会安全风险评估的主体是参与风险评估的组织或个人，客体是社会安全风险评估涉及的内容和对象。常见的社会安全风险评估定量研究方法主要有层次分析法、蒙特卡罗模拟法、模糊理论法和故障树分析法。

管理社会安全风险，还须根据突发社会安全事件的类别制定应对方案，如在应对暴力恐怖活动风险时，需要采取超强硬措施、超常规特殊手段严厉打击暴力恐怖活动。在应对非法宗教活动风险时，需要及时开展法治教育，对非法宗教活动进行专项治理，广泛宣传非法宗教活动的危害性。在应对群体性事件风险时，需要完善诉求表达与纠纷调解机制。群体性事件产生的根源在于矛盾的积累和激化，保障各方利益诉求有利于化解矛盾。在应对社会治安风险时，需要加强治安防控，加大安全知识宣传与教育力度。

4.2　突发事件灾害保险

4.2.1　灾害保险的定义

灾害保险（disaster insurance），主要是为了应对突发事件灾害造成的损失而设立的保险险种，是指以财产本身以及与之有关的经济利益为保险标的保险。保险人对所承保的财产负赔偿责任的范围有，因遇保险责任范围内的各种灾害而遭受的损失，进行施救或抢救而造成的损失以及相应支付的各种费用。依据所保风险的不同，灾害保险具体规定有不同的险别，如火灾保险、雹灾保险、地震保险、洪水保险等。

4.2.2　灾害保险的起源与发展历程

人类社会从开始就面临着自然灾害等突发事件的侵扰，在与大自然抗争的过程中，古代的人们就萌生了对付灾害的保险思想和原始形态的保险方法，灾害保险也得以应运而生。据史料记载，公元前 2500 年，在西亚两河（底格里斯河和幼发拉底河）流域的古巴比伦王国，国王下令僧侣、法官及村长等对他们所辖境内的居民收取赋金，用以救济遭受火灾及其他天灾的人们。虽然这一举措并不仅仅针对灾害，但却被公认为是世界上最早的保险。

不同种类的灾害保险，其具体起源也是不同的，以下仅以几种灾害保险的具体起源为例加以说明。

（1）火灾保险

火灾保险是一种为个人和企业提供防范火灾风险、应对火灾损失的一种重要保险产品。通过购买火灾保险，可以在火灾发生时获得及时的赔偿，帮助受灾者重建生活和事业。火灾保险起源于 1118 年冰岛设立的 Hrepps 社，该社对火灾及家畜死亡损失承担赔偿责任。17 世纪初德国盛行互助性质的火灾救灾协会制度，1676 年，第一家公营保险公司——汉堡火灾保险局由几个协会合并宣告成立。但真正意义上的火灾保险是在伦敦大火之后发展起来的。1666年9月2日，伦敦城被大火整整烧了五天，市内448亩的地域中373亩成为瓦砾，占伦敦面积的83.26%，13200户住宅被毁，财产损失1200多万英镑，20多万人流离失所，无家可归。灾后的幸存者非常渴望能有一种可靠的保障，来对火灾所造成的损失提供补偿，因此火灾保险对人们来说已显得十分重要。在这种状况下，聪明的牙医巴蓬1667年独资设立营业处，办理住宅火险，1680年他同另外三人集资4万英镑成立火灾保险营业所，1705年更名为菲尼克斯即凤凰火灾保险公司。在巴蓬的主顾中，相当部分是伦敦大火后重建家园的人们。巴蓬的火灾保险公司根据房屋租金计算保险费，并且规定木结构的房屋比砖瓦结构房屋保费增加一倍。这种依房屋危险情况分类保险的方法是现代火险差别费率的起源，火灾保险成为现代保险，在时间上与海上保险差不多。1710年，波凡创立了伦敦保险人公司，后改称太阳保险公司，接受不动产以外的动产保险，营业范围遍及全国。

火灾保险的意义在于提供经济补偿，减少火灾带来的财产损失和业务中断的影响。其目的是通过保险机制分散风险，确保受灾者能够迅速恢复生活和生产活动。火灾保险运作模式通常包括以下几个步骤：

① 风险评估：保险公司对投保财产进行风险评估，确定可能面临的火灾风险大小。

② 保险合同：投保人与保险公司签订保险合同，明确保险责任、保险金额、保费和免赔额等条款。

③ 保费支付：投保人按照约定向保险公司支付保费。

④ 事故发生：若发生火灾，投保人及时通知保险公司。

⑤ 索赔处理：保险公司进行现场勘查，确认损失情况，按照合同约定进行赔偿。

⑥ 防灾防损：保险公司提供防灾防损建议，帮助投保人采取措施减少火灾风险。

火灾保险的赔偿范围通常包括财产的直接损失和间接损失，如房屋、设备、存货等的损失，以及因火灾导致的业务中断所产生的收入损失。但需要注意的是，故意纵火、自然灾害等特殊情况可能不在保险赔偿范围内。此外，政府有时会鼓励或要求某些高风险场所或企业投保火灾保险，以提高社会整体的火灾风险防范能力。

（2）地震保险

长期以来，由于缺乏政府的推动和支持，地震保险的起源相对较晚。为解决地震所带来的问题，一些发达的市场经济国家和地区建立了地震保险制度，目的是积累地震赔偿基金，为灾后复建提供资金，保障国民在遭遇巨大灾害后能迅速重建家园恢复正常生活，增强防灾意识、防御能力和安全保障水平，提高社会文明程度。

新西兰地震保险制度是世界上最早建立的地震保险制度，也是目前全球运作最成功的灾害保险制度之一，其主要特点是国家以法律形式建立符合国情的多渠道巨灾风险分散体系，走政府参与和市场运作相结合的道路以尽可能分散巨灾风险。它的具体实施办法是：地震发生造成损失后，先由地震委员会支付 2 亿新元；当地震损失超过 2 亿新元时，则启动再保险方案（分三层：第一层是如果损失在 2 亿新元至 7.5 亿新元之间，由再保险人承担损失的 40%，剩余 60%的损失由地震委员会在 2 亿新元范围内承担，超过 2 亿新元的则由再保险人承担；第二层是当损失额在 7.5 亿新元至 20.5 亿新元之间，则启动超额损失保险合约承保；第三层是如果损失额超过 20.5 亿新元，则由地震委员会管理的巨灾风险基金支付至耗尽）；当地震损失金额超过地震委员会的支付能力时，政府将发挥托底作用，负担剩余赔付支出。地震委员会则每年支付给政府一定的保证金。目前地震委员会已积累约 56 亿新元的巨灾风险基金。巨灾风险基金的主要来源是强制征收的保险费以及基金在市场投资中获得的收益。居民向保险公司购买房屋或房内财产保险时，会被强制征收地震巨灾保险保费（目前住宅地震险保费为 50 新元、个人财产地震险保费为 10 新元，住宅最高责任限额为 10 万新元，个人财产最高责任限额为 2 万新元），保险公司代为征收后再交给地震委员会。地震委员会还利用国际再保险市场进行分保。

除新西兰外，在美国、日本这样一些处于地震高发区的发达国家也已形成了符合自身的较成熟的地震保险制度。

我国在地震保险方面也已经取得了一定的进展，如在云南、深圳、宁波等地开展的地震保险试点工作，以及国家金融监督管理总局和财政部发布的《关于扩大城乡居民住宅巨灾保险保障范围进一步完善巨灾保险制度的通知》，地震保险的意义主要体现在以下几个方面：

① 减轻政府财政压力：通过地震保险制度，可以将地震灾害带来的经济损失分散到社会各个角落，减轻政府在灾后重建和救援中的财政负担。

② 提高灾后重建效率：地震保险能够为受灾群众提供及时的经济补偿，帮助他们快速恢复生产生活，提升社会救灾和恢复重建的效率。

③ 增强社会防灾意识：地震保险的推广有助于提高公众的灾害防范意识，促进防灾减灾知识和技能的普及。

④ 促进保险市场发展：地震保险作为一种特殊的保险产品，其发展可以

推动保险市场的创新和完善，为保险业带来新的增长点。

⑤ 实现风险合理分配：地震保险通过保费的形式实现风险的合理分配，使得受灾地区能够获得必要的资金支持，同时也让非受灾地区通过支付保费参与到灾害风险的共担中。

⑥ 完善社会治理体系：地震保险是社会治理体系的重要组成部分，通过市场机制与政府管理相结合，提高社会治理的科学性和有效性。

(3) 洪水保险

洪水保险，是对洪水灾害实行的保险。为配合洪泛区管理，限制洪泛区不合理开发，减少洪灾社会影响，对居住在洪泛区的居民、社团、企业、事业等单位实行的一种保险制度，它属于防洪非工程措施之一。一般有自愿保险和强制保险两种形式，后者更有利于限制洪泛区的不合理开发。凡参加洪水保险者，按规定保险费率定期向保险公司缴纳保险费。保险公司将保险金集中起来，建立保险基金。当投保单位或个人的财产遭受洪水淹没损失后，保险机构按保险条例进行赔偿。

1949 年中国建立了保险公司，由国家统一经营保险事业，在企业财产和家庭财产保险条款中规定：对暴雨、洪水、海啸、冰凌、泥石流等所造成的灾害负赔偿责任，并在全国一些地区推行。这对受灾后安定居民生活，恢复正常生产，减少国家救济费用等，发挥了一定作用。但作为防洪非工程措施的洪水保险，80 年代才在淮河中下游开始试办。

4.2.3 灾害保险的作用

灾害保险从建立之初，其目的就是应对各种灾害发生后造成的损失，降低和分散风险。从一些发达国家对灾害保险运作的成功经验来看，无论是对于一个国家的发展，还是本国社会的稳定，灾害保险都起着十分重要的作用。作为保险的一个特殊分支，灾害保险除了具有一般保险的保险保障作用、资金融通作用和社会管理作用外，还具有其特殊的积极作用。

(1) 灾害保险可以有效地分散风险

面对巨大的灾害损失，一家保险公司往往难以承担全部的赔偿责任。这就需要建立多层次的巨灾风险分担机制，通过政府、保险公司、资本市场等多方面的合作，共同应对巨灾风险。通常的做法是建立多渠道、多层次的巨灾风险分散机制，在政府主导下，综合运用保险和再保险、巨灾债券、巨灾保险基金及财政支持等多种方式，有效提升巨灾保险保障规模和风险分散效率。

（2）改善灾后资金的介入效果，使损失得以迅速弥补

保险补偿是依据保险合同进行的，查勘符合理赔条件即可赔付。保险赔偿所需要的时间通常比较短。尽管灾害发生后用于抗灾救灾的部分财政资金可在较短的时期到位，但总体而言，由于财政资金的介入往往需要多重手续的审批，其效率往往不理想，相比之下，保险补偿资金到位时间则远快于财政补偿资金。国内外救灾经验均表明，在灾害初期能迅速进行赈灾救灾，可以有效化解灾害损失的扩散和增加，并有效阻止由自然灾害直接损失引起的社会间接损失。

（3）减轻财政压力，提高赔付效率

财政补偿是无偿的，而保险补偿是有偿的。也就是说，保险补偿是以当事人缴纳保险费为前提的，并且灾害发生后保险补偿资金的数量界限是明确的，所以人们会更加注意该项资金的使用方式和使用效果，而不是放在如何争取更多的财政资金补助上。同时，保险合同的免赔额设定和费率差异机制，可以有效激励投保人将更多精力放在防灾减灾上去，而不是被动地等待灾害降临。因此，相较灾后融资机制，巨灾保险能更有效地减少灾害损失，分配灾害损失补助。

（4）维持和增强社会的稳定性

企业单位和广大群众通过参加灾害保险获得了保险保障，无论是灾害发生前或灾害发生后，均可起到安定人心，稳定社会的积极作用。灾害发生前，人们通过参加灾害保险获得了安全感，有利于增强事业发展的信心及决心。在灾害发生后，通过灾害保险赔款，可以使人们得到安抚，尽快把情绪稳定下来，并及时恢复和建立正常的生产、工作和生活秩序，发挥稳定人心、稳定经济、稳定社会的作用。

4.2.4　国内外应用实践

由于经济发展和制度方面存在的差异，灾害保险在国内及国外的发展和应用实践也存在十分大的差异，见表 4.2。具体来看，灾害保险（如地震险）在一些经济发达国家已经形成了较为成熟的运作体系，而且在实践中也取得了诸多的成功经验。但在国内，灾害保险制度，尤其是巨灾保险制度的建立和实施还处于探索和起步阶段，还未形成真正意义上的灾害保险制度。

表 4.2 欧洲部分国家存在的灾害风险和保险渗透率

国家	灾害风险种类	保险渗透率
奥地利	洪水、龙卷风、地震	10%、5%、75%
法国	全部自然灾害	97%
德国	洪水、龙卷风、地震	26%、26%、85%
意大利	全部自然灾害	仅 0.4%的住宅火灾保险政策向地震延伸

注：数据摘自 Roma. THE IMPORTANCE OF INSURANCE FOR DISASTER RISK REDUCTION POLICIES: LESSONS FROM THE CRISIS [R], 8th March 2011, 9.

(1) 国外灾害保险的应用实践

① 美国：政府主导。作为各种自然灾害的重灾国之一，美国推行的是以政府为主导非营利性巨灾保险计划。有联邦政府巨灾保险项目全国洪水保险计划，以及各州的巨灾保险项目，如加州地震局、佛罗里达州居民财产保险公社等，也有州政府的再保险项目，如佛罗里达飓风巨灾基金。政府参与巨灾保险的方式多种多样，有以直接保险人的身份承保巨灾，有以再保险人的身份承担巨灾风险。大多数巨灾保险项目实施财政贴补的费率，并且享受联邦免税待遇。

美国的洪灾占全部自然灾害的 90%，1968 年美国国会通过了《全国洪水保险法》，政府与民营保险公司合作，由民营保险公司销售洪水保险单，保险标的为加入洪水保险计划社区住宅和商业财产，所收保险费全部建立洪水保险基金，洪水损失赔付和代理销售费用均出自洪水保险基金。洪水保险的风险实际上全部由联邦政府承担，保险公司的作用只是销售保单、理赔及垫付赔款，并由此获取一定的手续费收入。

地震保险方面，加州是美国地震灾害最严重的地区之一。1996 年加州立法决定成立加州地震局（CEA），专司地震保险业务。加州地震局并不是政府机构，而是私有公办机构。加州地震局的资产来源于地震保险费、成员公司投入的资本金、借款、再保险摊回及资金运用收益。加州政府不负责向地震局提供资金，也不对其债务承担连带责任。加州地震局的董事会（governing board）由加州州长、州财长、州保险领导官员、众议院发言人、参议院规则委员会主席组成，其中众议院发言人与参议院规则委员会主席没有投票权。加州地震局机构精简、管理高效，2008 年时成员仅有 33 人，管理费根据法律规定不能超过保费收入的 3%。目前加州地震局的资本金约为 25 亿美元、偿付能力超过 80 亿美元，是世界上最大的住宅地震保险机构之一。与加州地震局结盟的保险公司（目前共 17 家）在收取地震保险费用后，除去手续费外，全额划转至加州地震局。在地震发生后，保险公司负责承担具体赔付工作，并向加州地震局全额报账。在加州，居民购买住宅地震保险，既可以选择通过地震局成员公司购买，也可以选择通过非成员公司购买。目前，通过成员公司销售的房屋保单约占市场份额的 2/3。住宅地震保险的保险金额等于房屋保单的保险金额，保单列有分项限额，通常还有相当于保险金额 15%的免赔额。保费根据居住区域、建筑年限、建筑类型、楼层数量、投保金额等因素确定，例如一份包含 39.7 万美元住宅保额、5000 美元个人财产保额和 1500 美元用途损失保额的地震险保单，其年保费约为 337 美元。另外，为支持地震保险事业，加州法律规定，加州地震局无须缴纳联邦所得税（federal income tax）等税收。

② 日本：政企联手。在地震频发的日本，1966 年就通过了《地震保险法》，该法律规定商业保险公司和政府共同建立地震保险体系。其灾后救助体系的特点是：以自助和政府救助为主，社会救助为辅，呈现出完整的灾后应对机制。参加地震保险、再保险公司对风险的分散、社会救助和政府直接救助构成了日本抗灾的四道防线。

在巨灾保险的风险控制方面，日本创造了一种由政府和民间保险公司分担的二级再保险模式，即家庭财产的地震保险业务先由民间保险公司承保，然后再全部分给由日本各保险公司参股成立的地震再保险公司，该公司除自留一部分外，按各保险公司承保的财产保险的市场份额会分给各保险公司，超出再保险公司与直接承保限额的部分由国家承担最终赔偿责任，如图 4.4。

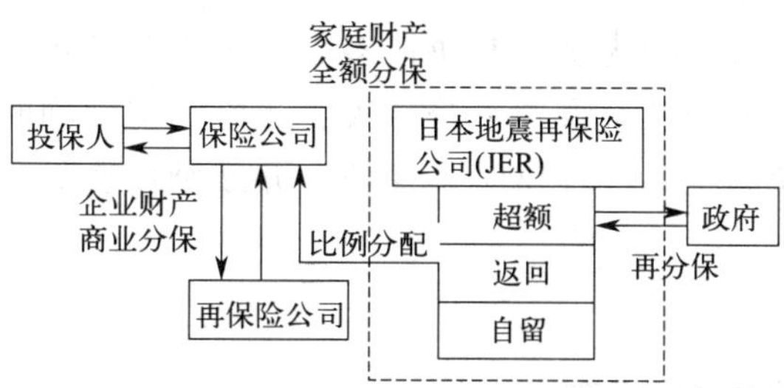

图 4.4　日本地震保险运作模式

日本地震保险运作模式的特点主要表现：保险标的的区分，将家庭财产和企业财产分别投保。家庭财产保险方面：家庭财产的地震保险费率由费率算定会统一制定，不考虑赢利，并由地震再保险公司和政府根据损失规模按比例全额承担。企业财产保险方面：企业财产的地震保险保费收入则按实际费率收取，并进行纯商业化的运作，即使在全部损失的情况下，企业也只能获赔一定比率。在这样的运作模式下，由于将家庭财产优先于企业财产加以保护和补偿，这有利于灾后经济的快速恢复，维护社会的稳定；此外，当灾害损失规模较小时，可以实现保险公司的商业赔付机制，减轻政府财政负担。只有当损失超过规定的规模时，政府才需承担大部分的公共补偿责任。

③ 英国：商业运作。英国巨灾保险都是由商业保险公司经营的，政府不参与其中。例如政府财政不对洪水保险进行任何补贴，是非强制性的，投保人在保险市场中自由选择保险公司进行投保。政府的切入点主要是通过加大防洪投入力度，兴建洪水防御设施来降低洪水风险，使洪水风险具有了一定的可保性，使得私人保险公司愿意承担洪水风险。英国再保险市场相当发达和完善，商业保险公司所承保的巨灾风险责任直接在再保险市场进行分保，转移风险责任，政府对巨灾保险再保险计划没有支持，但是巨灾保险参保率很高。

④ 墨西哥：巨灾债券。过去十年间，墨西哥一直通过采用市场融资机制的自保基金为灾后恢复工作提供资金。2006 年，墨西哥在世行技术援助支持下，成为全球第一个发行巨灾债券的主权国家。2009 年 10 月，墨西哥发行了 2.9 亿美元巨灾债券。结果，三类特定风险——地震、太平洋飓风（两个地区）和大西洋飓风得到了三年期保险。巨灾债券吸引了很多投资者的关注，这为扩大投资者队伍以及降低保险费率都起到了一定的帮助作用。世行官员认为墨西哥对其他新兴市场国家的示范效应不可低估，这些国家可以向资本市场转移与极端天气相关的风险，以便管理财务的不稳定状况。

（2）国内灾害保险

我国正在探索建立一个多层次的风险分散机制，政府在灾害风险管理中从单一的风险承担者转变为推动和协调多层次风险分散机制的领导者，通过政策支持、市场发展和社会参与来分散灾害风险，与此同时推动与市场运作相结合的巨灾保险制度，以提供基本保障，并鼓励商业保险提供更高层次的保障。

4.3 突发事件应急预案

4.3.1 应急预案管理概述

4.3.1.1 应急预案的含义

根据《突发事件应急预案管理办法》（国办发〔2024〕5 号），应急预案是指各级政府及其部门、基层组织、企事业单位和社会组织等为依法、迅速、科学、有序应对突发事件，最大程度减少突发事件及其造成的损害而预先制定的方案。应急预案旨在解决“突发事件事前、事中、事后，谁来做、怎样做、做什么、何时做、用什么资源做”的问题。

4.3.1.2　应急预案的分类

《突发事件应急预案管理办法》规定，应急预案按照制定主体划分，分为政府及其部门应急预案、单位和基层组织应急预案两大类。此外，广义的应急预案还包括具有预案性质的现场工作方案、应急预案操作手册、标准化操作程序，以及应急行动方案。

（1）政府及其部门应急预案

政府及其部门应急预案由各级人民政府及其部门制定，包括总体应急预案、专项应急预案、部门应急预案、联合应急预案等。

① 总体应急预案是应急预案体系的总纲，是政府组织应对突发事件的总体制度安排，一般由县级以上各级人民政府制定。总体应急预案主要规定突发事件应对的基本原则、组织体系、运行机制，以及应急保障的总体安排等，明确相关各方的职责和任务。

② 专项应急预案是政府为应对某一类型或某几种类型突发事件，或者针对重要目标物保护、重大活动保障、应急资源保障等重要专项工作而预先制定的涉及多个部门职责的工作方案，由有关部门牵头制定，报本级人民政府批准后印发实施。

③ 部门应急预案是政府有关部门根据总体应急预案、专项应急预案和部门职责，为应对本部门（行业、领域）突发事件，或者针对重要目标物保护、重大活动保障、应急资源保障等涉及部门工作的问题而预先制定的工作方案，由各级政府有关部门制定。

④ 联合应急预案是相邻、相近的地方人民政府及其有关部门联合制定的应对区域性、流域性突发事件的应急预案。

具体来看，针对突发事件应对的专项和部门应急预案，不同层级的预案内容各有侧重。国家层面专项和部门应急预案侧重明确突发事件的应对原则、组织指挥机制、预警分级和事件分级标准、信息报告要求、分级响应及响应行动、应急保障措施等，重点规范国家层面应对行动，同时体现政策性和指导性；省级专项和部门应急预案侧重明确突发事件的组织指挥机制、信息报告要求、分级响应及响应行动、队伍物资保障及调动程序、市县级政府职责等，重点规范省级层面应对行动，同时体现指导性；市县级专项和部门应急预案侧重明确突发事件的组织指挥机制、风险评估、监测预警、信息报告、应急处置措施、队伍物资保障及调动程序等内容，重点规范市级和县级层面应对行动，体现应急处置的主体职能；乡镇街道专项和部门应急预案侧重明确突发事件的预警信息传播、组织先期处置和自救互救、信息收集报告、人员临时安置等内容，重点规范乡镇层面应对行动，体现先期处置特点。

针对重要基础设施、生命线工程等重要目标物保护的专项和部门应急预案，侧重明确风险隐患及防范措施、监测预警、信息报告、应急处置和紧急恢复等内容。针对重大活动保障制定的专项和部门应急预案，侧重明确活动安全风险隐患及防范措施、监测预警、信息报告、应急处置、人员疏散撤离组织和路线等内容。针对为突发事件应对工作提供队伍、物资、装备、资金等资源保障的专项和部门应急预案，侧重明确组织指挥机制、资源布局、不同种类和级别突发事件发生后的资源调用程序等内容。联合应急预案侧重明确相邻、相近地方人民政府及其部门间信息通报、处置措施衔接、应急资源共享等应急联动机制。

（2）单位和基层组织应急预案

单位和基层组织应急预案由机关、企业、事业单位、社会团体和居委会、村委会等法人和基层组织制定，侧重明确应急响应责任人、风险隐患监测、信息报告、预警响应、应急处置、人员疏散撤离组织和路线、可调用或可请求援助的应急资源情况及如何实施等，体现自救互救、信息报告和先期处置的特点。

大型企业集团可根据相关标准规范和实际工作需要，参照国际惯例，建立本集团应急预案体系。

（3）现场工作方案和标准化操作程序

作为以上应急预案的补充，还有若干预先制定的现场工作方案、应急预案操作手册、标准化操作程序均属于应急预案范畴。

① 现场工作方案：政府及其部门、有关单位和基层组织可根据应急预案，并针对突发事件现场处置工作灵活制定现场工作方案，侧重明确现场组织指挥机制、应急队伍分工、不同情况下的应对措施、应急装备保障和自我保障等内容。

② 应急预案操作手册：政府及其部门、有关单位和基层组织可结合本地区、本部门和本单位具体情况，编制应急预案操作手册，内容一般包括处置工作程序、响应措施、应急队伍和装备物资情况，以及相关单位联络人员和电话等。

③ 标准化操作程序：对于常规突发事件的处置，有些标准化操作程序可

供同类事件处置时使用。这方面，各国消防灭火现场处置程序、紧急医学救援现场处置程序等都是典型的标准化操作程序。

（4）应急行动方案

应急行动方案是突发事件应对过程中，针对具体事件所制定的行动方案。制定应急行动方案是应急响应的关键环节，其本质是以应急预案为依据，由应急指挥部门根据获取的应急信息，对错综复杂的应急态势进行综合研判，根据各相关部门的应急领域知识，识别应急处置目标，并制定相应的行动方案。各级应急指挥部都应当有自身的应急行动方案，指挥部职能组和应急救援队伍都应当制定其行动方案。

4.3.1.3　应急预案管理

（1）应急预案管理的含义

应急预案管理是应急预案的规划、制定、实施、修订等工作的全过程。应急预案管理遵循统一规划、分类指导、分级负责、动态管理的原则。

各种应急预案的编制与实施既有共性，也有各自的特性。借鉴各国经验，并根据我国有关规划与计划管理的基本要求，将应急预案管理工作分为启动、编制、评审发布、实施与修订等环节。

（2）应急预案管理的功能

应急预案管理的功能体现在以下方面。

① 推动完善应急机制。突发事件的应对工作涉及面广，往往需要多部门与多机构相互配合、协调联动。应急预案的编制与实施过程有助于完善突发事件应对的机制性安排。

② 推动应急人员准备。突发事件的偶发性使得人们很难积累突发事件处置的直接经验。通过应急预案的修编和演练，有助于推动应急人员的思想与能力准备。

③ 推动应急资源准备。突发事件的应对处置，往往需要调度和动用各种应急资源。

应急预案的编制与演练有助于推动所需资源提前准备到位。

4.3.2　应急预案编制

（1）应急预案编制原则

① 组织上，统一领导，分级负责。预案管理与一切应急管理工作一样，

要在党中央、国务院的统一领导下，坚持以分类管理、分级负责、条块结合、属地管理为主的原则。要在国务院和各级政府统一领导下，组织制定国家和地方的总体预案、专项预案，有关部门、单位制定和修订本部门、本单位的突发事件应急预案。

应急预案的制定和修订是一项系统工程，要明确不同类型突发事件应急处置的牵头部门或单位，其他有关部门和单位要主动配合、密切协同、形成合力；涉及关系全局、跨部门、跨地区或多领域的，预案制定、修订部门要主动协调有关各方。

② 内容上，以人为本，健全机制。要把保障人民生命安全和身体健康作为应急工作的出发点和落脚点，最大限度地减少突发事件造成的人员伤亡和危害。要不断改进和完善应急工作机制，切实加强应急救援人员的安全防护和科学指挥。

③ 方法上，依靠科学，依法规范。制定、修订应急预案要充分发挥社会各方面尤其是专家的作用，实行科学民主决策。预案要符合有关法律、法规、规章，与相关政策相衔接；与完善政府社会管理和公共服务职能、深化行政管理体制改革相结合；要按照有关程序制定、修订应急预案。

④ 创新上，博采众长，符合实际。借鉴国内外处置突发事件的有益经验，深入研究本地区本单位实际情况，预案注重强调在各级党委和政府的领导下，充分发挥基层组织和人民群众的作用，建立健全组织和动员人民群众参与应对突发事件的有效机制。

（2）启动预案编制工作

应急预案编制工作通常会根据需要启动。通常是各级人民政府或有关组织针对本地区本机构多发易发突发事件、主要风险等，制定其应急预案编制规划，在规划的指导下启动有关预案编制工作。

落实应急预案编制工作团队是应急预案编制工作的重要环节。应急预案编制工作团队的成员最好具有广泛的代表性。例如政府预案的编制团队一般应包括：行政领导或其代表；应急管理部门；消防、公安、卫健、环保、市政、医疗急救、邮电、交通管理等有关部门；广播、电视等新闻媒体；法律顾问、有关企业以及上级政府或应急机构代表和技术专家等；利益相关者（灾害影响人群代表）。

应急预案编制工作团队，可以吸收预案涉及的主要部门和单位相关业务人员、有关专家及有相关经验的人员。

参与人员必须有足够的级别，能够代表其部门或机构在预案编制过程中做出决策和承诺。牵头部门的代表应该是主管领导或分管领导。

参与人员最好参加过突发事件的处置，具有突发事件处置经验。此外，这些人员还应熟悉本部门的基本情况，如部门的人员、资源与职责范围。

参与人员应具备专业知识和应急管理知识。专业知识，是指选派人员应具有本部门业务相关的专业知识。

此外，预案编制工作团队还可以约请特邀专家。特邀专家一般是突发事件应急处置的专家和应急预案编制的专家，既可以从当地选择，也可以从其他地区邀请。

应急预案编制工作团队的成员确定后，须确定编制计划，制定编制工作的管理规则，明确任务分工。

（3）构建突发事件情景

对于应急预案这类事前计划，其编制的逻辑起点是对突发事件情景进行构建。要对风险进行评估，明确风险所在。另外，还应对风险链进行分析，即分析突发事件可能产生的各种直接后果以及次生、衍生后果，评估各种后果的危害方式与危害程度。

一种流行的观点认为，突发事件情景构建是应急预案制定工作的重要基础工作。所谓情景构建，就是构建未来可能面对的最严重威胁的“实例”。具体来说，就是在风险分析的基础上刻画未来可能面对的最主要威胁，描述突发事件可预期的演变过程和可能出现的各种“焦点事件”。事件情景可成为应急预案编制的重要参考。这些内容对设定应急预案的方向、目标、结构和内容都有指导意义。

通常，一个典型的突发事件情景应包括如下内容：

① 事件。首先要确定该预案针对的是哪一类别的突发事件。

② 事件规模。一般从烈度、影响范围、持续时间等方面来描述事件的规模。

③ 事件的影响。主要有以下几个方面：a. 人员伤亡，描述突发事件可能造成的人员伤亡人数、地理分布、人群分布、伤亡形式与特征。b. 人员疏散，针对事件的规模和影响范围来确定需要疏散的人员数量、范围等。c. 财产损失，包括可能的财产损失的大致额度，损失财产的种类、分布、归属等。d. 生命线工程损毁，即事件对交通、通信、供水、排水、供电、供气、输油等系统的损毁状况。e. 环境破坏，即突发事件有可能给环境造成的负面影响。f. 形势发展过程，描述从突发事件起始到结束的全过程中各个时间点、各个阶段可能发生的重要事件。

（4）评估资源能力

资源与能力是实现计划目标的物质基础，各类应急预案都要评估资源能力。

① 资源调查。资源调查是调查实现计划目标所需的资源满足情况。资源既包括本地区、本单位可用的资源，也包括能够借用或得到支援的外部资源。应急资源包括应急人力资源（骨干与突击力量、专业基本力量、社会辅助力量等）、应急物力财力资源（应急物资、应急装备、应急工程、应急监测体系、相关财政预算）等。

应急预案编制需要特别重视应急资源调查。应急资源调查须全面调查本地区、本单位第一时间可调用的应急队伍、装备、物资、场所等应急资源状况和合作区域内可请求援助的应急资源状况，必要时要对本地居民应急资源情况进行调查，为制定详细应急响应措施提供依据。

② 应急能力评估。应急能力评估是依据风险分析和资源调查的结果，对现有应急能力进行的综合评估。应急预案编制者对本地区、本机构的应急能力优势与劣势做出定性描述。对于应急预案而言，现有能力是未来行动措施设计的基础。

（5）编制应急预案

① 应急预案编制的组织。应急预案的编制必须基于风险或灾情分析结果、参考应急资源能力需求与现状，以及有关法律法规要求。编制时还应充分收集和参阅已有的应急预案，包括上级部门的应急预案、有关方面的计划等，以最大限度借鉴经验，并确保与其他相关应急预案协调一致。

政府及其部门应急预案编制过程中，应当广泛听取有关部门、单位和专家的意见，与相关的预案做好衔接。涉及其他单位职责的，应当书面征求相关单位意见。必要时，向社会公开征求意见。

单位和基层组织应急预案编制过程中，应根据法律法规要求或实际需要，征求相关人员、法人或其他组织的意见。

② 准备预案编写资料。一般包括以下资料：

a. 法律法规。国家层面、上级政府、主管部门颁布的法律法规和相关文件是预案编制的法律和政策依据。要根据该预案涉及的管辖范围和管理对象，收集用以指导应急准备和应急响应工作的法律法规和政策文件。一般来说，《中华人民共和国突发事件应对法》和国家突发公共事件总体应急预案、相关专项预案都是地方政府制定总体预案和专项预案的法律依据。

b. 相关预案。相关预案是指与待编写的预案有关联的上级部门预案、横向部门预案、系统内的相关部门预案。为了保证预案编写出来之后能够与它们较好地衔接，需要将它们收集过来作为参考。

c. 编写指导文件和模板。国家和有关政府部门颁布了各种预案编写的指导文件。原则上各级地方政府应该按照这些文件要求的格式和方法编写预案。如 2004 年 5 月国务院办公厅印发的《省（区、市）人民政府突发公共事件总体应急预案框架指南》就是这类文件。此外，比这些文件更具体、更具有便利性的是应急预案的编制模板。模板通常固化了应急预案的内容和形式，编写人员只要按照模板规定的操作程序和方法，结合自身实际，将指定的内容填进去即可。

③ 设计行动措施。对于应急预案，要建立应急指挥体系，明确应急体系中各个机构的组成以及机构从平时的职能状态转换到战时职能状态后的职责；根据对突发事件的分类分级，制定相应的应对措施；对于应急处置的每个步骤，都应有明确的责任人和操作的先后顺序。编制预案时，应当在评价与潜在危险相对应的应急资源和能力的基础上，根据突发事件的可能发生地和资源所在地以及不同类别、级别事件对各类资源的需求数量，结合自然和社会环境，确定资源调度的数量和路线。

④ 应急预案的构成要素。一个应急预案通常包括如下内容：

a. 总则。包含编制目的、工作原则、编制依据、适用范围等内容。

b. 组织指挥体系及职责。包含应急组织机构与职责、组织体系框架描述、应急联动机制等内容。

c. 预警和预防机制。包含信息监测与报告、预警预防行动、预警支持系统、预警级别及发布。

d. 应急响应。包含分级响应程序、信息共享和处理、协调指挥、处置流程、应急人员的安全防护、群众的安全防护、社会力量动员与参与、事件影响的调查评估、新闻报道、终止应急等内容。

e. 后期处置。包含善后处置、社会救助、保险理赔、调查评估、经验教训总结等内容。

f. 保障措施。包含通信与信息保障，应急支援与装备保障，技术储备与保障，宣传、培训和演习，监督检查等内容。

g. 附则。包含名词术语、缩写语和编码的定义与说明，预案管理与更新，沟通与协作，奖励与责任，制定与解释部门，预案实施或生效时间等内容。

（6）××实验室安全事故应急预案范本

××实验室安全事故应急预案

1. 编制目的

为防止安全事故发生，完善应急管理机制，针对可能发生的事故制定迅速、高效的处置方案，保护师生人身和实验室财产安全，本着预防与应急并重的原则，制定本预案。

2. 危险源与风险分析

本实验室位于××学校××校区×楼×房间，实验室面积约×平方米。现有师生×人，实验室安全负责人×××。主要涉及危险化学品、特种设备（气瓶等）和高温设备等的使用，风险分析如下。

危险化学品	数量	危险性	特种设备	数量	危险性	高温设备	数量	危险性
丙酮	2瓶	易燃； 易挥发……	氢气气瓶	2罐	易爆炸	干燥箱	1台	触电；火灾
……	……	……	……	……	……	……	……	……
……	……	……	……	……	……	……	……	……
……	……	……	……	……	……	……	……	……

3. 实验室事故防范措施

3.1　事故预防的总要求

① 建立健全各项规章制度，落实实验室安全责任制；

② 加强师生安全意识建设，落实安全知识教育和考核；

③ 定期进行安全检查，保证消防设备、器材及应急设施的正常有效；

④ 保持实验室环境整洁，保持室内通风、完善防爆防静电设施。

3.2　事故防范措施

3.2.1　危险化学品的防范措施

① 根据化学品安全说明书（MSDS）要求，正确使用与储存化学品，并配置相应的防护用品。实验人员进入实验室时，须穿戴好个人防护用品。

② 使用危险化学品时，须两人或两人以上同时在场。

③ 使用会产生有毒、有害、刺激性物质的化学试剂，或是易挥发试剂，要在通风橱内操作。

④ 化学品柜按规范要求张贴化学品清单，定期更新。遵照“最小化原则”严控危险化学品数量。易制毒、易制爆等管控化学品严格落实双人双锁管理，建立使用台账，详细记录用途、使用量和结余量，确保账物相符。

⑤ 严禁私自购买、转让、接收、处置剧毒化学品，民用爆炸品，易制毒、易制爆等管控化学品。

3.2.2　易燃易爆气瓶的防范措施

① 使用人须经过安全培训，严格遵守《××气瓶操作规程》。学生操作时须有教师现场指导。

② 可燃气体须配置单向阀、止回阀、缓冲罐等防倒灌装置。

③ 使用前须检查气瓶瓶阀和管线是否有泄漏，是否有钢瓶架或其他防倾倒装置。室内通风是否良好；使用中，禁止敲击、碰撞气瓶；使用后，及时关闭总阀。气瓶严禁用尽，须留有余压。

④ 气瓶须在检验有效期限内使用。检验周期分别为：盛装腐蚀性气体的气瓶为二年；盛装一般气体的气瓶为三年；盛装惰性气体的气瓶为五年。

⑤ 易燃易爆气瓶须分类储存，不得与助燃气体混放。储存地点须防暴晒、防雨、防雷击、防油脂污染、防热源、防火灾、防腐蚀，防静电。不得随意移动气瓶。

⑥ 定期使用泄漏检验装置检查气瓶，配置气体检测仪、带报警装置的气瓶柜，或将气瓶储存于符合《建筑设计防火规范》要求的气瓶仓库。

⑦ 建议使用和储存易燃易爆气瓶的房间安装防爆灯及防爆电器。

3.2.3　高温设备的防范措施

① 加热、产热仪器设备须放置在阻燃的、稳固的实验台上或地面上，周围不得堆放易燃易爆物品。

② 使用过程中人员不得中途离岗，使用完毕后应按要求关闭设备切断电源。

③ 禁止用电热设备烘烤易燃易爆化学试剂、塑料等易燃物品。

④ 应在断电后安全温度下，采取安全方式取放被加热的物品。

⑤ 使用恒温水浴锅时应避免干烧；使用电吹风和电热枪时，不得阻塞或覆盖其出风口和入风口。

4. 应急组织机构与预警机制

4.1　应急组织机构

实验室负责人是实验室安全的第一责任人，负责落实实验室安全责任制，组织制定并实施安全事故应急救援预案；

实验室须成立事故应急救援小组，组织、协调实验室安全事故处理。

组长：××

副组长：××

抢险组：负责灭火、抢险。成员：××，××，××。

救护组：负责现场医疗、救护。成员：××，××，××。

警戒组：负责疏散、治安、交通管理。成员：××，××，××。

通信联络组：负责通信、供应、后勤。成员：××，××，××。

4.2 预警机制与信息报告

事故发生后，立即启动应急预案。根据事故情况，由应急救援小组及时将事故发生时间、伤亡情况、处置情况报告学校相关部门。

应急电话——火警：119，公安报警：110，医疗急救：120

保卫处电话——0××-××××××

实验室建设与管理处电话——0××-××××××

对缓报、瞒报、延误有效抢救时间造成严重后果将予以纪律处分或视情节轻重追究法律责任。

5. 事故处置方案

5.1 火灾处置方案

① 发现人员要保持镇静，立即切断电源或通知相关部门切断电源，并迅速报告。组长立即到现场进行指挥。

② 对于初起火灾，抢险组应根据其类型，采用合适的灭火器具灭火。对有可能发生喷溅、爆裂、爆炸等危险的情况，应及时撤退。

a. 木材、布料、纸张、橡胶以及塑料等固体可燃材料引发的火灾，可采用水直接浇灭，但对珍贵图书、档案须使用二氧化碳、干粉灭火剂；

b. 易燃可燃液体、气体和油脂类化学药品等引发的火灾，须使用大剂量泡沫或干粉灭火剂；

c. 带电电气设备火灾，应切断电源后再灭火，因现场情况及其他原因，不能断电，需要带电灭火时，应使用黄沙或干粉灭火器，不能使用泡沫灭火器或水；

d. 可燃金属，如镁、钠、钾及其合金等引发的火灾，应使用黄沙灭火。

③ 通信组迅速向保卫处、实验室负责人和本单位领导报告。说明火灾发生的时间、地点、燃烧物质的种类和数量、火势情况、报警人姓名、电话等详细情况。

④ 警戒组迅速疏散实验室内人员，集中至安全地带后清点人数。救护组立即启动现场救护，如有需要立即将伤员送至医院。

⑤ 扑救人员要注意人身安全。

5.2　爆炸处置方案

① 实验室爆炸发生时，组长在其认为安全的情况下须及时切断电源和管道阀门；

② 应急小组负责安排抢救工作和人员安置工作；

③ 所有人员应听从安排，有组织地通过安全出口或用其他方法迅速撤离爆炸现场。

5.3　泄漏处置方案

（1）泄漏源控制

① 气瓶泄漏可通过关闭阀门，并采用合适的材料和技术手段堵住漏处；

② 化学品包装物发生泄漏，应迅速移至安全区域，并更换。

（2）泄漏物处理

① 少量泄漏用不可燃的吸收物质包容和收集泄漏物（如沙子、泥土），并放在容器中等待处理；

② 大量泄漏可采用围堤堵截、稀释与覆盖、收容等方法，并采取以下措施：

a. 立即报告：通信组及时向学校报告；

b. 现场处置：抢险组在做好自身防护的基础上，快速实施救援，控制事故蔓延，并将伤员救出危险区，组织群众撤离，消除安全隐患；

c. 紧急疏散：警戒组建立警戒区，将无关的人员疏散到安全地带；

d. 现场急救：救护组选择有利地形设置急救点，做好自身及伤员的个体防护，防止发生继发性损害；

e. 配合有关部门的相关工作。

（3）泄漏处理时注意事项

① 进入现场人员必须配备必要的个人防护器具；

② 严禁携带火种进入现场；

③ 应急处理时不要单独行动。

5.4　化学品烧伤处置方案

（1）化学性皮肤烧伤

① 将伤者送离现场，迅速脱去被化学物污染的衣裤、鞋袜等；

② 根据其化学性质采取相应的处理措施，先用毛巾拭干，再用大量清水或自来水冲洗创面 10～15min；

③ 新鲜创面上不要任意涂抹油膏或红药水；

④ 视烧伤情况送医院治疗，如有合并骨折、出血等外伤要在现场及时

处理。

（2）化学性眼烧伤

① 迅速在现场使用洗眼器或直接用流动清水冲洗；

② 冲洗时眼皮一定要掰开；

③ 如无冲洗设备，可把头埋入清洁盆水中，掰开眼皮，转动眼球洗涤。

5.5 中毒处置方案

① 发生急性中毒应立即将中毒者送医院急救，并向院方提供中毒的原因、毒物名称等。

② 若不能立即到达医院，救护组可采取现场急救处理：吸入中毒者，迅速脱离中毒现场，向上风向转移至新鲜空气处，松开患者衣领和裤带；口服中毒者，应立即用催吐的方法使毒物吐出；严重者，须立即就医。

③ 应急人员一般应配置过滤式防毒面罩、防毒服装、防毒手套、防毒靴等。

5.6 触电处置方案

① 首先要使触电者迅速脱离电源，越快越好，触电者未脱离电源前，救护人员不准用手直接触及触电者。使触电者脱离电源方法如下：

a. 切断电源开关；

b. 若电源开关较远，可用干燥的木橇、竹竿等挑开触电者身上的电线或带电设备；

c. 可用几层干燥的衣服将手包住或者站在干燥的木板上，拉触电者的衣服，使其脱离电源。

② 触电者脱离电源后，应判断其神志是否清醒并对症处理。

a. 触电者神志清醒，要有专人照顾、观察；出现轻度昏迷或呼吸微弱情况时，可针刺或掐人中、十宣、涌泉等穴位，并送医院救治。

b. 触电者无呼吸有心跳时，应立即采用口对口人工呼吸法；触电者有呼吸无心脏跳时，应立即进行胸外心脏按压法进行抢救。

c. 触电者心跳和呼吸都已停止时，须交替采取人工呼吸和心脏按压法等抢救措施。

③ 发现伤员立即联系校医院救治或拨打 120 急救电话。

6. 附则

① 定期组织安全培训，让师生熟悉各种应急处置方案。

② 定期组织应急处置方案的演练，演练前须精心组织、周密安排，演习结束后要进行总结，完成演练和评审记录。应急预案综合演练每年不少于 1 次。

③ 当实验室内使用危险化学品、特种设备及高温设备有较大变化时，应及时组织维护和更新本预案，实现持续改进。

④ 本预案由××实验室负责制定，自 20××年×月×日开始实施。

7. 附录

应急救援小组通讯录。

4.3.3 应急预案评审、发布和备案

（1）评审

为保证应急预案的科学性、合理性以及与实际情况的符合性，应急预案必须经过评审，包括组织内部评审和专家评审，必要时请上级应急管理部门进行评审。

应急预案评审的主要标准包括如下方面。

① 形式完备性。包括形式和用语的规范性；要件的完整性，即预案主体内容是否完备。

② 内容合规性。法律依据是否恰当与相符，即预案是否符合有关法律法规的要求。

③ 目标的针对性。即情景构建的适当性，以及处置措施是否针对这一情景。

④ 内容的实用性。即应急响应级别的设计是否合理，责任分工是否合理明确，应对措施是否具体简明、管用可行等。

⑤ 内容的可操作性。即应急资源的落实与保障性。

⑥ 与其他相关预案的兼容性。即是否与有关应急预案进行了衔接。

（2）发布

应急预案经评审通过后，应当报有关部门批准，批准后进行正式发布和备案。

应急预案的发布是预案的责任主体机关或其主管部门对应急预案的批准、公布和宣布生效的法律程序。有的单位制定了应急预案，但没有履行发布程序，从法律意义上讲就没有效力。

政府的应急预案是一级政府的法规性文件，必须按照标准的程序发布，赋予其法规效力。政府应急预案的发布由以下行动构成：

① 主要行政首长签署。

② 通过政府新闻办、政府网站、公共媒体向社会公布并印发相关部门。涉密的专项应急预案，应按照保密要求公布简本或简明操作手册。

③ 宣布生效日期。

④ 向上级政府备案（选择性要求）。

企事业单位的预案发布则大致为以下几方面：

① 单位主要负责人签署。

② 通过新闻媒体或其他形式向社会公布。

③ 宣布生效日期。

④ 向主管部门备案（必要性要求）。

（3）备案

应急预案的备案是按照相关管理制度的要求到指定主管部门将预案存档（备查）的程序。部门预案和专项预案应当报上级行政主管部门备案。企事业单位的应急预案由单位领导批准，自行印发，并应报行政主管部门备案。从备案的概念上讲，它对预案本身不具有审查职责，但是主管部门有权拒绝为自己认为不合要求的预案备案。

4.3.4 应急预案培训和宣传教育

应急预案编制单位应当通过编发培训材料、举办培训班、开展工作研讨等方式，对与应急预案实施密切相关的管理人员和专业救援人员等组织开展应急预案培训。

各级政府及其有关部门应将应急预案培训作为应急管理培训的重要内容，纳入领导干部培训、公务员培训、应急管理干部日常培训内容。

对需要公众广泛参与的非涉密的应急预案，编制单位应当充分利用互联网、广播、电视、报刊等多种媒体广泛宣传，制作通俗易懂、好记管用的宣传普及材料，向公众免费发放。

4.3.5 应急演练

（1）应急演练的概念与目的

① 应急演练的概念。2009 年 9 月，国务院应急办发布的《突发事件应急演练指南》将应急演练定义为：各级人民政府及其部门、企事业单位、社会团体等组织相关单位及人员，依据有关应急预案，模拟应对突发事件的活动。

② 应急演练的目的。依据《突发事件应急演练指南》，演练的目的包括以

下内容：

a. 检验预案。通过开展应急演练，查找应急预案中存在的问题，进而完善应急预案，提高应急预案的实用性和可操作性。

b. 完善准备。通过开展应急演练，检查应对突发事件所需应急队伍、物资、装备、技术等方面的准备情况，发现不足并及时予以调整补充，做好应急准备工作。

c. 锻炼队伍。通过开展应急演练，增强演练组织单位、参与单位和人员等对应急预案的熟悉程度，提高其应急处置能力。

d. 磨合机制。通过开展应急演练，进一步明确相关单位和人员的职责任务，理顺工作关系，完善应急机制。

e. 科普宣教。演练是最好的培训。通过开展应急演练，普及应急知识，提高公众风险防范意识和自救互救等灾害应对能力。

（2）应急演练的基本类型

按照应急演练组织形式，可将应急演练分为桌面演练、实操演练、指挥演练、综合演练四种基本类型。

桌面演练适用于应急指挥、处置救援、基层公众等各类人员和组织的演练。桌面演练是指演练组织方利用文字、图片、地图、沙盘、视频资料等方式描述突发事件场景，引导参演人员口头或书面提出应急决策意见或行动意见的方式。桌面演练通常在室内完成。

实操演练适用于基层自救互救演练、救援队伍操练和拉练、媒体沟通演练、突发事件现场服务、突发事件信息报告演练等。实操演练是指演练组织方构建或描述一定的突发事件场景，参演人员实际开展必要的处置与沟通行动的方式。实操演练需要在模拟的或真实的突发事件处置或沟通的场地进行。

指挥演练适用于针对各级应急指挥机构或多机构组成的应急指挥体系的演练，是指挥部组成人员、指挥部工作人员、保障人员参加的演练。指挥演练是指演练组织方广泛使用文字材料、流程图、地图、沙盘、计算机模拟、视频会议、相关人员角色扮演等各种方式，动态模拟虚拟的突发事件场景，引导参演人员演练应急处置决策、沟通、执行等行动。指挥演练通常在模拟的或真实的突发事件应对指挥中心、指挥车、现场搭建的指挥场地进行。

综合演练是将实操演练和指挥演练融合在一起的演练。综合演练是指演练组织方通过布置生动逼真的突发事件现场，引导参演的指挥机构人员、现场处置的救援人员、受影响的群众等利用应急处置相关工具和物资，通过实际决策、行动和操作，完成真实应急响应。

综合演练需要在模拟或真实的应急指挥场所、模拟的突发事件发生场所等地点举行。

（3）应急演练设计

为规范演练设计和推动无脚本、高挑战性的应急演练，在进行演练场景设计时，有必要区分演练底本和演练脚本两个概念。演练底本是初始场景信息、动态信息、预期行动的信息集，是检验研究型演练的组织方向参演人员注入演练信息的依据。演练脚本既包括对突发事件场景的描述，也包括对参演人员语言行为的详细规定，是展示示范性演练所依据的“剧本”，是演练参演人员照说照做的依据。只有突出演练底本、淡化演练脚本的重要性，才能尽快扭转重演轻练的倾向，也才能使“双盲演练”“红蓝对抗演练”等创新性演练形式规范化、科学化。

高水平演练准备的核心工作是演练底本设计。演练底本的主要元素有以下几方面：

① 初始场景信息。初始场景信息是对演练开始时的突发事件场景进行的概要说明。在时长短的桌面演练中，初始场景可能是唯一的场景信息。

初始场景信息可包括：自然条件，如时间地点、地理条件、气象状况等；社会条件，如人口、经济、交通状况等；事件状况，如突发事件类型、发展状况、影响范围、危害程度等；处置状况，如相关的应急处置能力、已采取的处置措施等。

初始场景信息的详略程度要依据演练计划要求进行取舍。为给参演人员创造具有一定挑战性的环境，初始场景应提供有限的信息，为参演人员进一步推断事件发展留有余地，为提出挑战性任务埋下伏笔。

② 事件体系和动态信息。事件体系是以初始场景为起点的一系列事件场景，反映了突发事件的发展、演化状况。事件体系表现为事件链或事件网状发展形态。事件体系可划分为事件发生发展演化的若干典型阶段，如事件爆发阶段、事件发展阶段、事件平息阶段。在每个阶段应首先确定主要事件或里程碑事件，然后设计相关的具体次要事件。

动态信息是事件体系的展开，对应急演练过程中各主要、次要事件进行的具体描述。每一条动态信息，要包括该信息的发出时间、发出者、接收者、发出方式。根据演练计划要求，可以规定有的动态信息为必用，有的为选用。

③ 预期行动设计。预期行动是对参演人员应对事件体系中的各个事件应当采取的应对行动的描述，可以是初始场景信息和主要事件信息注入后的参演人员预期行动，也可以包括次要事件信息注入后的预期行动。预期行动是判断

参与者行动是否准确到位的参考答案，是演练底本设计和演练评估方案设计的基础。

预期行动应满足应急预案和有关法律法规的要求，满足演练目标的要求。

（4）应急演练实施方法

① 桌面演练实施方法：

a. 参演人员都应有确定的角色（指挥管理人员、操作人员等），可以以全体会议的方式共同讨论，也可以分组讨论，还可以有分有合地讨论。

b. 讨论活动有两种基本组织方式：在演练主持人主持下讨论，或者在主持人布置演练任务后自主开展讨论。还可以将两种方式组合使用。

c. 演练主持人应根据演练的目标要求控制演练进程，可以快于实际的突发事件处置进程，也可以慢于实际的突发事件处置进程。

d. 演练主持人要发挥好引导作用。主持人要注意调动每一位参演人员的积极性，推动参演人员高质量地解决问题。

② 实操演练实施方法：

a. 演练信息注入既包括突发事件现场新的物理环境布置，又可由模拟人员角色扮演，还可以用对讲机、电话、手机、传真机、网络等方式传送，或者通过特定声音、标志与视频等呈现。

b. 演练指挥部要确保演练过程中参演人员的安全。必要时可叫停危险行为甚至终止演练。

③ 指挥演练实施方法：

a. 参演人员通常以真实突发事件处置的组织方式进行角色定位、工作方式定位。通常在真实的或仿真的工作环境中进行演练，如应急指挥部、指挥车、新闻发布会现场、谈判会议室等。

b. 导调人员通常在导调控制室或导调控制区域工作。多场地的模拟演练可设立多个导调组，各导调组要在导调总组长统筹指挥下工作。

导调人员通过注入动态场景信息调控演练节奏，既要尽可能与真实突发事件处置相一致，也要根据参演者人员的具体情况适当放慢或加快节奏。

导调人员既要决定在何时、以何种方式、向何人注入动态信息，也要在参演人员对动态信息做出反应后，根据演练的目标需要临时调整演练底本规定的信息，甚至临时编写需要注入的动态信息。

c. 动态信息的注入有模拟人员角色扮演、文字材料、视频信息、实物等方式。在导调人员指导下，模拟人员可以在幕后（导调控制室）扮演某些场外角色与参演人员通过电话或视频会议系统互动，也可以出现在演练现场与参演人员面对面互动（如扮演各种场外角色到访应急指挥部或扮演新闻记者出席新闻发布会）。模拟人员应按照演练底本设计的动态信息或按照导调人员的指导与要求进行角色扮演。

④ 综合演练实施方法：

a. 动态信息注入可由模拟人员角色扮演，也可以用对讲机、电话、手机、传真机、网络等方式传送，或者通过特定声音、标志与视频等呈现。

b. 由于综合演练中的参演人员行为不可控性强，因此演练指挥部既要有耐心，容忍与演练设想不一致的情形，也要注意灵活地对演练进程进行调控。

c. 演练指挥部要确保演练过程中参演人员的安全。必要时可叫停危险行为甚至终止演练。

（5）应急演练评估

① 演练前：演练评估准备。

a. 组建演练评估组。演练评估人员应当具有一定的突发事件应对知识和行为评估能力。演练前应对评估人员进行指导或培训。

b. 编制演练评估手册。演练评估组应以应急演练目标为基础，研究确定应急演练评估的考核要点、评估标准和方法。为便于评估作业，可设计评估表格，内容包括应急演练目标、评估方法、评价标准与相关记录项等。

② 演练中：观察收集数据。在演练过程中，评估人员应在演练现场仔细观察参演人员行为，认真做好记录。评估人员一般不应在演练过程中与参演人员交流或实施其他干扰参演人员活动的行为。如有需要向参演人员澄清的事项，应在演练结束后进行。

③ 演练后：完成评估报告。

首先，应急演练结束后，应尽快召开应急演练评估会议，汇总情况，收集信息（包括现场点评情况），讨论交流意见建议，确定评估报告框架与内容。

其次，演练评估组应全面分析应急演练记录及相关资料，对应急演练目标实现情况及其组织过程做出客观评价，并起草应急演练评估报告。

再次，完成评估报告初稿后，演练组织方应召集各参与机构和人员对演练过程进行全面系统总结，并对演练评估报告提出修改意见。

最后，应急演练主办单位负责收集汇总各单位的意见建议，修改完善评估报告。评估报告的内容应包括应急演练基本情况和特点、主要收获和经验、存在问题及原因、工作改进意见及建议等。

演练评估工作完成后，应及时安排演练评估成果的运用。其主要任务是改进相关工作，明确近期、中期与远期的改进工作任务，完善应急预案，督查与反馈等。通常只有在本轮演练发现的问题整改完成后，才启动下一轮演练。

4.3.6 应急预案修订

应急预案编制单位应当建立定期评估制度，分析评价预案内容的针对性、实用性和可操作性，实现应急预案的动态优化和科学规范管理。应急预案必须进行持续改进。

应急预案修订的重要性并不亚于预案的制定。为了不断完善和改进应急预案并保证预案的时效性，只有及时对预案进行修订，才能更有效地应对突发事件。《中华人民共和国突发事件应对法》规定，应急预案制定机关应当广泛听取有关部门、单位、专家和社会各方面意见，增强应急预案的针对性和可操作性，并根据实际需要、情势变化、应急演练中发现的问题等及时对应急预案作出修订。

根据《突发事件应急预案管理办法》的规定，有下列情形之一的，应当及时修订应急预案：有关法律、行政法规、规章、标准、上位预案中的有关规定发生变化的；应急指挥机构及其职责发生重大调整的；面临的风险发生重大变化的；重要应急资源发生重大变化的；预案中的其他重要信息发生变化的；在突发事件实际应对和应急演练中发现问题需要作出重大调整的；应急预案制定单位认为应当修订的其他情况。

应急预案修订涉及组织指挥体系与职责、应急处置程序、主要处置措施、突发事件分级标准等重要内容的，修订工作应参照规定的预案编制、审批、备案、公布程序组织进行。仅涉及其他内容的，修订程序可根据情况适当简化。

4.4 应急资源

应急资源保障体系是应急管理体系运转的物资保证条件，它为实现系统资源的合理布局和动态调配进行资源配置、储备及维护等方面的工作，以提高资源的综合利用和使用效能，同时提供资源状态信息，以保障整个系统的正常运行。随着日益频繁的突发事件的发生，各个国家都把应急资源保障作为突发事件应急管理的重要内容。

4.4.1 应急资源的概念

从 1998 年特大洪涝、2003 年“非典”疫情、2008 年初南方冰雪灾害和

“5·12”汶川大地震，到2010年“3·28”山西王家岭煤矿透水事故、2011年“4·14”青海玉树地震，应急资源保障在处置突发事件过程中都凸显出其紧迫性和重要性。

（1）应急资源的内涵

应急资源是指政府应急管理体系为有效开展应急活动，保障体系正常运行所需要的人力、物力、财力、设施、信息、技术等各类资源的总和。《国家突发公共事件总体应急预案》要求“各有关部门要按照职责分工和相关预案，做好突发公共事件的应对工作，同时根据总体预案切实做好应对突发公共事件的人力、物力、财力、交通运输、医疗卫生及通信保障等工作，保证应急救援工作的需要和灾区群众的基本生活，以及恢复重建工作的顺利进行”。同时要求“建立健全应急物资监测网络、预警体系和应急物资生产、储备、调拨及紧急配送体系，完善应急工作程序，确保应急所需物资和生活用品的及时供应，并加强对物资储备的监督管理，及时予以补充和更新”。

应急资源是政府及相关职能部门，即自身拥有特殊的专业技能、特定的资源、设备和能力，主管着特殊的事务，担负着紧急事务应对中的特殊任务职能部门所实施的行为。这些职能部门包括事务管理、交通、通信、信息、商业、卫生、财政、银行、保险、红十字组织等。这些职能部门在国家或区域紧急状态下，根据突发事件发展的需要，在政府应急管理综合部门的统一领导下，迅速组织和调集人力、物力、财力，支援应对工作，保证应急管理的顺利进行。通常包括人员抢救及工程救险、医疗救护和卫生防疫、交通运输保障、通信保障、电力保障、粮食食品供应、灾民安置、城市基础设施抢险与应急恢复、应急资金供应、损失评估、接受外援等工作。

（2）应急资源的基本特征和要素

① 应急资源的基本特征。应急资源具有以下基本特征。

a. 保障行动的快捷动态性。突发事件应对的物资保障涉及公众生命财产的安全与社会的稳定，能否在最短的时间到达现场，以发挥特殊情况下的应急价值以及本身价值是衡量应急能力高低的重要标志。由于突发事件在时空上的不确定性，应急保障物资从资源储备地到事发地，要求在时间、空间和保障物资的数量、质量上都要做到准确无误，使有限的人力、物力、财力发挥最大的保障效能。同时，还要考虑社会的发展和环境的变化，实行应急资源的动态管理。

b. 保障方式的灵活多样性。突发事件往往是由多个矛盾引发的，内部原因和外部环境十分复杂。突发事件大小规模不一，种类各异，潜在的危害、衍生的灾害难以把握，加之地理、地域及周边环境的复杂性，保障方式和应急活动必然是多种多样的。

c. 保障资源的共享协同性。由于突发事件的特性决定了保障资源的稀缺性，同时应急资源又是突发事件赖以成功处置最基本的要素。因此，突发事件发生后，应急组织体系内部成员在规定的范围和程序下可以使用应急资源，以实现保障资源的充分有效利用，避免重复配置，减少浪费。资源保障必须具有较强的协同性，要求指挥统一，运转协调，责任明确，程序简化。

d. 保障资源的布局合理性。不同的地理位置、不同的自然环境、不同的经济区域、不同的城市类型、不同类型的突发事件高发区，保障资源应有不同的分布。应急资源的合理分布不仅可以降低成本，而且还可以保证应急救援的时效性，从而最大限度地减少人员伤亡和财产损失。保障资源的布局合理原则应该是“兼顾全面，保障重点”，即在兼顾全面的基础上，保证突发事件应对处置的重点部门、重点任务及关键环节的资源需要，特别是稀有资源的最佳利用。

② 应急资源的要素。应急资源的要素是一个非常复杂、相互联系的系统。从总体上看，有人、财、物方面；从涉及部门看，有财政、公安、交通、物资、食品、农林牧渔、卫生防疫、城建、水利电力、通信、媒体、科技、信息，以及包括军队、武警等部门；从突发事件过程看，有测、报、防、抗、救、援、建等诸环节；从保障行为看，有人员抢救、工程抢险、医疗救护、卫生防疫、交通运输、通信信息、电力、自来水、食品、物资供应、灾民安置、基础设施抢修、灾后重建等工作。

应急资源的要素一般包括以下 7 项。

a. 人力保障资源。包括专职应急管理人员、相关应急专家、专职应急队伍和辅助应急人员、社会应急组织、企事业单位、志愿者队伍、社区、国际组织，以及军队与武警等。

b. 资金保障资源。包括政府专项应急资金、捐献资金和商业保险。

c. 物资保障资源。其涉及的方面最为广泛，按用途可分为防护救助、交通运输、食品供应、生活用品、医疗卫生、动力照明、通信广播、工具设备，以及工程材料等。

d. 设施保障资源。包括避难设施、交通设施、医疗设施、专用工程机械等。

e. 技术保障资源。包括应急管理专项研究、技术开发、应用建设、技术维护以及专家队伍。

f. 信息保障资源。包括事态信息、环境信息、资源信息和应急管理知识等。

g. 特殊保障资源。其专指那些稀有的资源、不可消耗的资源等。

4.4.2 应急资源的分类

(1)人力保障资源

作为执行救援工作的主体，人力资源的充裕程度、素质的高低、知识结构，以及配备合理的程度对及时、有效地开展突发事件救援工作起着举足轻重的作用。科学管理各种人才，为整个应对突发事件提供智力支持和组织保证，是应急资源保障体系中的关键要素。《国家突发公共事件总体应急预案》提出："公安（消防）、医疗卫生、地震救援、海上搜救、矿山救护、森林消防、防洪抢险、核与辐射、环境监控、危险化学品事故救援、铁路事故、民航事故、基础信息网络和重要信息系统事故处置，以及水、电、油、气等工程抢险救援队伍是应急救援的专业队伍和骨干力量。""中国人民解放军和中国人民武装警察部队是处置突发公共事件的骨干和突击力量。"并指出，有关部门要制定应急响应人员开发、训练计划，建立健全一专多能的应急响应专业队伍；建立健全咨询专家库和应对各类突发事件案例库，完善专业应急队伍的管理体制，做到集中领导、统一指挥、功能全面、协调配合、救援有序。

人才队伍的建设是基础性工作。根据突发公共事件管理的不同层次可以把所需人才分为 4 类：即决策型人才、执行型人才、信息型人才和专业型人才。这 4 类人才良性互动、角色不同形成链条，处在不同层次、发挥不同作用，其核心能力也各有不同。

① 决策型人才。决策型人才一般为分管应急工作的各级领导。他们面对突发事件时的决策能力受管理者个人经验、个性特征和心理素质等多方面因素影响。好的决策人才应具备以下 5 种核心能力：

a. 对宏观事态的全面把握能力。

b. 对事态发展趋势有超常的预测能力。

c. 临危不惧、处乱不惊的心理素质。

d. 熟悉事件的产生、发展、影响以及化解方法，对事态有整体、科学、深刻、系统和动态的把握，能在事态发展的不同阶段迅速而准确地作出相应对策。

e. 对事业、国家和人民具有高度的责任感和很强的事业心。

② 执行型人才。执行型人才一般为专门从事应急管理方面的工作或受过

应急管理专门训练的各职能部门的负责人。他们要求具备领悟力、贯彻力、协同能力，专业背景强、准确把握、果断决策。既能领悟决策层的精神，又能将其很好地贯彻下去，同时，具备很强的专业背景，能从整体上准确把握事态进展，并根据事态发展迅速而果断地制定出可操作性的行动计划。由于从事应急管理方面的工作人员需要经过系统的职业训练和专业化培训，因此，这部分人员对突发事件反应敏锐、行动迅速。他们主要分布在政府的各个职能部门，以及对公共安全影响较大的工矿、企业、商业单位。

③ 信息型人才。信息型人才一般为从事应急管理工作的专业技术人员。其核心素质是灵敏性、选择性和责任心。在突发事件的预警阶段，这类人才对各种突发事件和灾难进行研究，并建立各种突发事件数据库和模型，预测突发事件发生的领域、可能性、频率和强度，帮助政府制定应对突发事件的战略规划和应急预案，为政府培训、储备和交流应对突发事件管理人才，使政府的突发事件决策和管理建立在科学的基础之上。在突发事件发生时，这类人员的功能和职责是收集突发事件的信息，拟定备选方案，策划政府应对突发事件的行动步骤，并跟踪检查，提高反馈信息的数量和质量。突发事件过后，客观甄别突发事件诱因，写出调查报告供决策层总结经验。

④ 专业型人才。专业型人才主要指公安、消防、事故救护、医疗、防疫等专业队伍和单位，他们依托各专业机构，具有一定的专业技能，能熟练掌握使用专业设备，现场处置效率极高。特殊的突发事件的应对需要技术专家和专业突发事件处置人员的努力和大力配合。这些人员包括：建筑设计师、工程师、地质专家、气象专家、水利专家、医疗专家、计算机专家、反恐怖专家、消防人员、警察、医护人员、武警部队等。由于受过专业训练，具备相关的专业知识、专业技能、专业精神和职业道德，事件发生后，他们可以快速作出反应，第一时间到达现场，尽快地找到突发事件的起因，提供可行的、有针对性的突发事件处理方案，防止突发事件事态的扩散，减轻突发事件对生命财产的损害，降低突发事件对社会的冲击力和破坏力。

另外，除了专业人才外，社会人力资源也是处置突发事件的最基础力量。为了应对自然灾害这类大规模突发事件，还要做好社会人力资源动员，即充分调动和发挥社会应急组织、企事业单位、志愿者队伍、社区、国际组织等各个方面的力量。2008 年汶川地震发生后，全社会共调集部队、公安、消防救援人员达 15 万余人，医务人员 6.5 万余人，还有 10 余万志愿者参与抢救。全国各省级专业地震抢险救援队伍几乎全部到达地震重灾区开展搜救。不仅如此，新中国成立以来首次接受了外来救援队参与救灾。日本、俄罗斯、韩国、新加坡、巴基斯坦等国专业救援队及医疗队相继到达地震重灾区；中国台湾、香港地区救援队也在第一时间赶赴四川灾区参加救援。

（2）资金保障资源

资金保障是应急管理的前提，资金保障包括各级政府按照现行财权划分原则，建立应急管理资金投入制度；将应急管理纳入公共财政预算优先安排领域；分级负担应急管理和处置突发事件由政府负担的经费；建立完善财政专项转移支付制度；建立健全政府、企业、社会各方面相结合的应急保障资金投入机制，充分运用财政手段解决资金不足的矛盾。

政府部门承担着社会管理和公共服务职能，应当把保障公众健康和生命财产安全作为首要任务，最大限度地减少突发事件及其造成的人员伤亡和危害。其中财政部门作为宏观调控的部门，承担着配置社会公共产品和公共服务的重要职能，应当而且必须从资金及政策上给予应急管理支持。这里主要有两个方面：一方面是优化和调整财政支出结构，增加应急管理的财政投入力度，保障应急管理部门的日常管理工作经费。突发事件发生以后，财政部门要及时拨付应急救援资金，保障救灾物资的及时到达，并安排专项资金支持受灾地区恢复与重建工作。另一方面要运用和调整税收政策，对受突发事件影响较大的行业、企业和个人，通过税收优惠政策增强他们应对突发事件的能力。

财政部于2004年制定《突发事件财政应急保障预案》的主要原则包括以下内容：

① 根据突发事件的影响程度，确定采取不同的财政收入、支出政策，以及快速拨付资金等方式进行支持。

② 确立了按照现行事权、财权划分原则，分级负担。属于中央政府事权的，经费由中央财政负担；属于地方政府事权的，经费由地方财政负担。

③ 按照“特事特办，急事急办”的原则，及时拨付处置突发事件的资金，专款专用，禁止挪用截留。其具体包括以下内容：

a. 设立专门的处置突发事件预备基金。预备费是按照预算规模按比例提取的一部分资金，主要用于年初难以预料、年度预算执行中需要安排的支出事项。对于防汛抗旱、森林消防、动物疫情等经常性突发事件的资金需求，可以通过一般的应急管理预算予以解决。但是，那些年初没有预料到的突发事件，如2003年在世界范围流行的“非典”疫情等，往往没有纳入年初预算。对于那些影响比较大、破坏力比较强的突发事件，如1998年的洪灾，虽然在年初安排了一部分预算，但是由于资金的需求太大，往往预算安排的资金远远不能满足需求。在这种情况下，预备费就成为解决此类问题的最佳选择。各级财政可考虑每年按一定比例设立专门基金作为处置突发事件基金储备。根据我国财政收支的实际情况以及财政的支付能力，《预算法》第四十条规定：“各级一般公共预算应当按照本级一般公共预算支出额的百分之一至百分之三设置预备费，用于当年预算执行中的自然灾害等突发事件处理增加的支出及其他难以预见的开支。”，各级政府应对突发事件的总预备费应该在本级财政按法律规定足额提取预备费；将预备费作为解决支持重大突发事件的一个重要资金来源渠道；可以对预备费实行基金式管理；不断扩大预备费基金的来源。

b. 争取国家财政增加。在总预备费中事前投入和事后追加的比例主要用于重大突发事件应急救援专项资金，以及中长期重大突发事件应急准备基金。

c. 全面推行社会保险机制，提升风险防范能力。政府应该建立起国家财政、保险公司、再保险公司和投保人共同参与和分担的灾害管理机制。政府可以采取多种形式向社会普及保险知识和防灾减损知识，培育风险意识、保险意识，提升社会风险防范能力。同时，积极推行医疗保险、公共灾害险、工程质量责任险、环境责任险、高危行业雇主责任险等，最大限度减少由于突发事件带来的损失。

d. 整合现有资金，避免重复投入。我国传统的应急管理是分灾种、分部门进行的，其权力的运作相对分散。必须整合分散在各个部门的资金，改变过去资金分配散乱、无序、各自为政的局面。政府在应急管理中应该建立一个良好的资源整合机制，从而有效地把国内资源和国外资源、政府资源和市场资源、社会资源整合在一起，提高政府应急管理的综合能力。以应急管理职能整合为契机，对分散的资源进行整合，规范预算资金的投入，避免经费的重复安排，统一协调、合理配置应急资金。

e. 规范政府责任。在公共财政的框架下，明确中央与地方政府在应对突发事件中的财力保障责任，并将这种责任在相关的法律法规与预案中予以明确地体现。从中央到地方，各级财政要加大应对突发事件工作的资金投入力度，完善财政预备费的拨付制度，建立重大突发事件应急救援专项资金制度，以及中长期重大突发事件应急准备基金，强化重大突发事件政府投资主渠道的保障作用。

在强调地方政府承担主要的应急财力保障职责的同时，中央政府还可以通过提供低息或无息贷款、信用担保及税收优惠等手段对受突发事件影响较大的行业、企事业单位和个人予以一定的补偿；同时积极吸收来自国内外企业、非政府组织、个人和国际组织的赞助和捐款；培育和发展社会共同参与的应急管理财力保障机制。

f. 强化对突发事件的监督与审计。在突发事件管理实践中应把相应的政府预算分配和划拨体系、人事管理、组织运行与设施维护计划、突发事件管理项目评估、成本与管理的审计、对各种物资供应商的支付、现金管理体制等制度性的安排整合起来，统一运行。在此基础上，强化科学评估、过程监督与事后审计。这种监督与审计结果还必须与事后责任追究相联系，建立第三方评估机制，避免决策者或执行者自己评估自己。引入第三方评估还有一个特别作用，即可以减少下级部门虚报、谎报突发事件或灾害而骗取救灾款的行为。突发事件管理还应得到公众和媒体的监督，体现突发事件管理的公共性。

（3）物资保障资源

物资保障资源是开展应急救援工作的基础。在汶川地震发生期间，物资保障对时间的要求显得格外突出。在 2003 年“非典”、2008 年南方雪灾期间相关救助保障持续时间长达数月之久，而在地震发生后的 72 小时则是救灾的黄金时间，许多救援人员和抢险设备由于道路运输等原因，使在废墟下的生命得不到及时救援，许多获救人员也是因为没有急需的药品和医疗设备，而在救助后不幸逝去。因此，在汶川地震发生后，各界对物资应急保障及应急物流的研究越来越重视。

建立应急物资保障体系。在整合现有资源的基础上，政府一是要加强应急物资的实物储备、生产和技术能力储备、市场储备，健全应急物资储备更新、轮换及损耗的财政补偿政策。二是要建立健全应急物资管理调度系统，完善应急物资紧急生产、采购、征收征用、市场调控与调整机制，充分利用市场资源和商业储备，科学储备相关应急物资。三是要完善应急物资投入网络，健全区域间应急物资短缺调剂的联动机制，健全救灾物资社会捐赠机制，提高社会应急救灾物资紧急动员的能力。四是要在加强电子政务的基础上，建立健全重要应急物资信息平台、监测网络，掌握应急物资的生产、储备、调拨及紧急配送体系，完善应急工作程序，确保应急所需物资和生活用品的及时供应。有关部门要加强对物资储备的监督管理，及时予以补充和更新。

各级政府要做到结合现有的物资储备和物流体制，建立快速、有效、常备的应急物资保障机制，其主要内容有以下 7 个方面。

① 建立应急物资目录。对主要应急事项全过程的物资需求进行分解，归纳整理出对各类应急工作具有指导意义的物资目录，包括名称、规格、用途、功能、消耗量等。

② 整合物资应急标准。物资种类繁多，大多数产品标准指标很少考虑应急功能。要对有关应急物资的各项指标、用途、功能进行必要的评估，夯实应急技术保障基础。

③ 应急物资实物储备。从 1998 年起，民政部、财政部建立了全国救灾

物资储备网络。中央应急物资储备库实现 31 个省（区、市）全覆盖，并且进一步优化了中央应急物资的储备布局。全国各省、市、县也在不断推进应急物资储备库建设，储备了大量的地方应急物资。同时，应急管理部开发建设了应急资源管理平台，并且在全国推广应用，实现了全国各级应急物资的实时查询和在线调度，为动态掌握应急物资信息、科学快速调拨，提供了技术支撑。

实物储备一般分为基本物资和专用设备。基本物资又分两个部分：一是生活类，包括衣被、方便食品、救灾帐篷、净水器械等；二是简易救灾设备类，包括救生类器械，如救生舟、救生衣、探生仪器、破拆工具、小型起重设备等。专用设备一般指应急救援工作所需的通信设备、交通工具、照明设备和防护设备等。

除此以外，还有专用救援设备，主要指各专业救援队伍所用的专用工具或物品。它包括侦检装备，如检测管和专用气体检测仪。国外采用专用检测车，车上除配有专用检测取样器、检测仪器外，还装备了计算机处理系统，它能及时对水源、空气、土壤等样品就地进行分析处理，及时检测出毒物和毒物的浓度，并计算出扩散范围等救援时所需要的各种救援数据。

医疗急救器械、急救药品，以及防疫消毒剂的选配应根据需要，有针对性地加以配置。特别是急救药品、防疫消毒剂，由于它们本身的特殊性，必须编制相应标准并合理配置、严格管理。

④ 应急物资生产能力储备。建立健全应急物资生产、调配体系，确保应急所需物资的及时足量供应。对那些生产周期短，保质期不长或者保管有特别要求的应急物资，可以进行应急物资生产能力的储备工作，有针对性地选择一些企业担负应急物资的生产。一旦突发事件发生，可以立即组织应急物资的生产。这样做可以有效地节约资金，避免盲目生产而带来的浪费，减少仓储的成本和管理费用。职能部门要对应急物资生产厂家的生产能力、管理水平、技术、质量、运输等各个环节进行全方位的调研并进行必要的跟踪考察。对生产企业一定要做到“心中有数”，一旦发生突发事件，所需要的应急物资务必及时、保质保量到达指定位置。

⑤ 应急物资紧急采购和进口。物资、设备和装备资源可以通过采购的方式。对于采购的应急物资要有严格的规定标准和采购程序，以确保质量优良、价格便宜。在突发事件响应期间，还要注意应急保障物资到位的有效性。我国商品经济规模较大，应急物资保障上可以利用生产制造、商业流通过程中的中间库存资源，扩大物资保障品种。当前的重点应放在建立应急物资主要库存地点、规模的信息渠道，及时掌握动态，便于应急采购。同时，要建立进口商及

国外提供商的信息库，保持联系渠道畅通，一旦应急需要可以多方采购进口。

⑥ 非政府物资征用。有一些大型机械工程设备、交通运输工具，以及专门设备等应急物资没有必要由政府储备，可以建立预备应急物资联系跟踪制度和基础数据库，一旦发生应急需要可以依照相关法律就地就近征用调用。

⑦ 加强对应急物资的管理。应急保障物资资源是一个动态平衡过程，它的流动性在于资源需求、资源供给、资源储备和资源使用，这是一个不断循环的过程，在紧急情况下，保障资源可以从供给直接达到使用。做好对应急物资的管理必须在其整合和优化的基础上，抓住以下 4 个环节：a. 做好应急资源普查。b. 做好应急资源需求统计。c. 做好应急资源布局设计。d. 做好应急资源整体需求说明，包括数据信息汇总表、各布局点应急物资基本情况、各布局点基本设施状况。

（4）设施保障资源

设施保障资源体系可分为避难场所、通信保障、交通运输保障、公共基础设施保障、医疗设施保障。

① 避难场所。按照“平灾结合”的原则所建立的应急避难场所，在发生重大自然灾害时方可使用，平时完全服务于本身原有的功能。这些设施可设置在已有现成的体育馆、大礼堂、学校等坚固的公共建筑，以及城市公园、广场等开阔地点，应急避难场所要具备防灾应急生活和指挥工作功能，如应急供水设施、应急棚宿区、应急照明用电、食品，以及应急厕所这些最基本的功能。较大或永久性应急避难场所还应设立应急指挥部、发电设备、直升机停机坪、供水设施、应急物资供应储存、应急监控设施、应急卫生防疫、应急通信广播等设施。新建避难场所要预留、预埋、预建相应的基础设施。

② 通信保障。充分利用现有通信网络资源，建立各级应急管理机构间的指挥调度通信网络，实现各应急指挥调度通信网络相连接。各级政府可以在政务网基础上完善相应功能，建立突发事件信息综合管理系统。系统要有接口，在设置管理权限的基础上做到各专项应急指挥部和相关职能单位的信息系统网络连接，确保资源共享。开发和建立突发事件信息、救援力量、救援物资等的信息数据库，掌握救援抢险队伍、救援物资储备等情况，以便预警和应急决策时随时调用。在整合应急职能部门现有专业通信网的基础上，逐步建立跨部门、多手段、多路由，有线和无线相结合，微波和卫星相结合的反应快速、灵活机动、稳定可靠的应急通信系统。逐步实现突发事件应急现场与各级应急管理办公室和各专项应急指挥部之间以移动或卫星通信为枢纽，视频、音频、数据信息、双向传递的应急指挥通信方式。

③ 交通运输保障。完善紧急交通运输综合协调机制。在突发事件发生后，可以充分依托现有航空、公路、铁路、水路等运输能力，建立应急物资和队伍的紧急快速运输通道，调动社会各方面运输能力，形成联合运输网络系统及协调机制。要建立紧急运输综合管理信息系统，加强重要公路和水路交通枢纽的监控、清除障碍及修复能力建设，补充完善工程抢修装备。要重视加强林区公路建设，提高重点林区道路网密度。

开辟紧急运输绿色通道。各级政府可根据突发事件发生的情况，及时指令122 交通指挥中心或交通运输部门，对突发事件现场和通往现场的重要道路或航道实行交通管制，根据需要组织开设应急救援“专用通道”，保证应急救援工作的顺利开展。交通主管部门要逐步建立交通保障动态数据库，确定交通运输保障队伍，掌握车辆、船只的提供单位、数量、功能、驾驶员名册等各种情况。各级政府建立健全紧急情况社会交通运输工具征用程序，确保紧急情况下救灾物资和人员能够及时、安全运送到位。公路、铁路、航道受损时，交通、铁道、水务等部门按照应急预案迅速组织有关单位和专业队伍进行抢修，尽快恢复良好状态，确保运输安全通畅。

④ 公共基础设施保障。各职能部门做好在突发事件中被毁坏的公共设施的修复工作，尽快恢复正常的生产、生活秩序。通信、广播电视、供电、供水、供气、城市排水设施、城市道路等公用设施受损尚未恢复的，有关单位应迅速组织力量修复。桥梁、水库大坝、围堤、山塘等被毁坏或被堵塞所造成隐患的部位应及时组织抢修。2008 年初的南方冰雪灾害，波及我国 20 个省份，铁路、国道、民航、京珠高速等交通一度中断，使供电、供水、供气、公交、照明、金融、通信等行业受到影响，造成国民经济的重大损失。

⑤ 医疗设施保障。我国已形成了实时报告、实时统计、实时分析的突发公共卫生事件信息网络化科学管理模式。北京、上海等大城市已初步建成公共卫生信息网络平台及技术平台，形成了适合公共卫生体系建设需要的多维度、多领域的综合、联动、协作的信息系统，加强了疾病控制、医疗救治、卫生监督三大体系的数据交换和信息共享，提高了对突发公共卫生事件的应急处置能力。

卫生部门要建立医疗卫生保障数据库，明确医疗救治和疾病预防控制机构的资源分布、救治能力和专业特长，确定参与应急医疗卫生工作的人员名单。充分利用本地以及周边地区医疗卫生机构的应急容量、救治能力和专家资源。其他有关部门根据实际情况及时为受灾地区提供药品、器械等卫生和医疗设备。必要时，请求军队和武警医疗救护支持，组织动员红十字会等社会卫生力量参与医疗卫生救助工作。卫生部门负责建立医疗卫生救助和卫生防疫技术队伍，完善医疗卫生应急救助方案，根据相关应急指挥机构的要求，派遣医疗卫生救助和卫生防疫技术队伍及时奔赴现场开展工作，医疗卫生救助和卫生防疫技术队伍在现场应急救援指挥机构的统一指挥下积极开展救治和公共卫生工作。卫生、食品药品监管等部门及时为受灾地区提供卫生和医疗设备，包括药物、生物制品、血液和血液制品等。

（5）技术保障资源

技术保障资源包括科学咨询和研究、技术开发、应用建设、技术维护，以及专家队伍等。通过政策、资金等方面的支持，加强科学研究，不断将新的应急知识加入公共安全应急体系中，提高整体应急能力。同时加大公共安全检测、预测、预警、预防和应急处置技术研发的投入，引导和扶持科研机构、企业对应急技术的开发，不断推出新的应急系统和应急产品，改进整个体系的技术装备，建立健全公共安全应急平台。通过自检、联合、委托等方式，建设一支强有力的技术保障队伍，完成公共应急设施、设备的技术管理和维护。

① 完善咨询机制，提高决策质量。发展和完善突发事件管理的咨询组织，就是要建立健全门类齐全的、不同部门的专家库，既要有技术专家，也要有管理专家。在技术专家方面，建立公安、消防、医疗、地震、海事、矿山安全、防洪、危险化学品、核与辐射、铁路，以及水、电、油、气等工程方面的专家库，以备紧急需要时调用，为决策出谋划策，指导紧急救援工作。技术专家和管理专家要由来自不同部门的人组成，对各种不同的专家要定期进行联络，了解其思想、科研状况，引导他们对可能出现的突发事件的研究，经常听取他们对可能出现的突发事件的意见。突发事件发生时，一方面，相关领域的专家向公众解释事件的原因、发展趋势、可能结果，介绍防范措施等方面知识。可以通过广播、电视、报纸、网络等多种渠道和多种形式请专家对事件进行分析、传授必要的相关知识。另一方面，那些影响面广、破坏性大的突发事件非常容易造成社会心理恐慌以及精神健康问题，社会心理学家的参与有助于提高人们的心理防御能力，缓解心理压力，克服精神障碍，消除突发事件带来的精神后遗症。

② 加强应急管理基础研究。一是加强组织体系与运作机制研究。突发事件应急管理是一项复杂的系统工程，需要一个科学合理、协调有力的运行体系以保证应急管理高效、有序地展开。要加强应急体系即保证应急管理有效运行的一系列制度安排和条件保障，包括组织体制、运作机制、法治基础和应急保障系统等方面的研究。如常用“大机组、超高压、大电网”来描述我国电力工业发展的特征，其中最为典型的是大电网的建设。北美 2003 年“8·14 大停电事故”，就是在瞬间造成跨整个北美上百台机组跳机。这种“大机组、超高

压、大电网”的电网运行机制近年来引起各国专家学者的广泛关注。

二是加强危机（灾害）的机理机制研究。针对典型突发事件的机理机制展开深入的研究；深化各种突发事件产生、演化机理机制研究；开展引发突发事件链的研究，探索各类衍生、次生突发事件的演化、传导机理；加强突发公共卫生事件和社会安全事件的孕育、产生、演化、传导、变异的机理机制研究。

三是加强监测预警研究。我国在运用先进的卫星技术和计算机技术对天气、海洋等自然灾害进行监测、预警，运用地理信息系统（GIS）、全球定位系统（GPS）等无线传感网络技术开展水质监测、矿井安全监控等方面取得了一些比较成功的应用。如何运用现代信息技术以及信息资源管理技术提高对突发事件的监控、预警能力是目前应对突发事件的重点。

（6）信息保障资源

信息保障资源可分为事态信息、环境信息、资源信息和应急知识。逐步建设满足应急处置和管理要求的数据库系统，可供各级政府应急平台和其他相关应急平台远程运用，并建立实时更新的数据库系统，以及各地区和各有关部门应急平台间的数据共享机制。具体内容为，存储突发事件接报信息、预测预警信息、监测监控信息以及应急指挥过程信息等内容的信息接报处置数据库；存储相关应急预案的预案库；存储应急资源信息、危险源、人口、自然资源与社会经济状况等内容的基础信息数据库；存储数字地图、遥感影像、主要路网管网、避难场所分布图和风险图等内容的空间信息数据库；存储各类事件趋势预测与影响后果分析模型、衍生与次生灾害预警模型和人群疏散避难策略模型等内容的模型库；存储有关法律法规、应对各类突发事件的专业知识和技术规范、专家经验等内容的知识库；存储本地区或本行业有重大影响的、突发事件典型案例的案例库。

① 事态信息。事态信息包括危险源监测数据、突发事件状况、应急响应情况等与事件和应急活动有关的信息。各级政府职能部门通过整合各专业系统资源，获取重大危险源、关键基础设施和重要防护目标等的空间分布和运行状况，以及社会安全形势等有关信息，进行动态监测，分析风险隐患，预防潜在危害和突发破坏等，对可能发生的突发事件进行预测预警。建立预测预警模型，预测可能发生的特别重大突发事件，对事态发展和后果进行分析模拟，对事件影响范围、影响方式、持续时间和危害程度等进行综合研判，并根据预案规定进行预警分级，供指挥决策时参考。同时要动态地掌握突发事件状况、应急响应情况等与事件和应急活动有关的信息。

② 环境信息。环境信息包括社会公众动态、地理环境变动、外界异常动向等背景情况信息。采用国家有关部门发布的人口基础信息、社会经济信息、自然资源信息、基础空间地理信息等数据，同时还要掌握事发地的数字地图、遥感影像、主要路网管网、避难场所分布图的空间等信息数据。

③ 资源信息。资源信息包括人员保障信息、资金保障资源、物资保障资源、设施保障资源、技术保障资源等状态信息。动态掌握主要救援队伍、应急储备物资和救援装备、应急通信系统、医疗急救机构、医务人员及药品、交通运输工具、应急资金储备等信息，提供对应急资源的协调管理，保障应对过程中所需资源及时到位。

④ 应急知识。应急知识包括应急案例、应急措施、自救互救等知识。掌握应急知识是提高处置突发事件能力的基础性工作，广大公众是应对突发事件的行为主体。因此，应对突发事件必须充分发动公众、依靠公众。首先要做到的就是引导公众掌握应急知识，学会保障自身的生命和财产安全。同时还要提高公众的自救、互救能力和应急处置能力，最大限度地减少社会灾害损失。应急知识包括学习应急案例、掌握应急措施、开展自救互救等。

（7）特殊保障资源

特殊保障资源是指那些有限的、不可消耗的资源，如频率资源（特殊的呼叫频率）、号码资源（特殊的呼救报警号码）、IP 地址（特殊的网络专用地址）等。因为这些资源是有限的、独占的、易于为救援需要快捷、简便以及便于大众熟记的资源，所以需要优先为各种应急设备和系统配置此类资源，或预留一定的此类资源以保证应急活动的顺利开展。当前很多国家都采用统一的公众特别服务号码，如美国采用 911，英国采用 999，比利时采用 900 等。我国紧急服务号码如公安（110）、火警（119）、急救（120）和交通事故（122）正在逐步实现联动应急机制，以提高对突发事件的响应效率和处理能力。这种整合不仅简化了公众在紧急情况下的求助流程，还通过信息共享和资源统筹，加强了不同部门间的协作。通过建立统一的指挥平台和信息共享系统，相关部门能够在突发事件发生时迅速获取必要信息，并根据事件的性质进行有效响应。此外，基层应急管理能力的加强，如县级党委和政府整合相关职责，统一归口应急管理部门综合管理，并建立应急指挥机制，确保了上下贯通、一体应对。同时，非紧急政务服务便民热线的整合，如“12345 政务服务便民热线”，也提供了更便捷的公共服务。不同紧急服务部门之间的互相培训和协作，进一步提升了联合救援的能力。这些措施共同推动了中国在应急管理领域的现代化进程，提高了对突发事件的快速反应和处置能力。

4.4.3　应急资源的配置和调用

由于突发事件发生的时间、类型、影响程度和范围等具有高度的不确定性，因此应对和处置过程中所需要的资源类型、数量、规格、时间同样也是不确定的。突然出现的应急物资峰值需求，给各种物资的生产和调运带来了巨大的压力。如“非典”疫情期间，我国虽然是纺织品生产大国，但仍然出现了普通口罩所需纱布的生产以及加工能力不足的现象。正是由于突发事件类型、性质、规模、地区、气候等方面的差异，对处置队伍、装备、物资、运输、通信等资源要素品种方面的需求也是千差万别，由此给应急物资生产、采购、储存、调运等环节的应急能力带来了严重挑战，对应急处置的时效和过程控制能力也带来了不利影响。

（1）应急资源整合

应急资源的整合包括应急资源的普查、分析和归类；应急资源需求统计；应急资源布局；供给需求平衡表。

① 应急资源的普查、分析和归类。各级政府主管部门和职能部门要对本地及周边地区的应急资源状况进行全面调查，内容包括以下 3 点。

a. 建立应急资源分类细目表。组织专家或委托咨询单位，根据各灾种的分类，采用层次结构形式排列出应急资源目录，一直划分到最小的独立的应急资源统计单元，并给出目录中每一项目的定义或描述，确保工作人员能够正确理解和有效执行。

b. 建立应急资源统计表。在完成应急资源分类细目后，要组织力量进行应急资源统计表的设计，确定每一项目所要统计的内容和维度。如设备的型号、数量、功能以及使用范围、条件等。

c. 应急资源统计。这里要注意的是，做好统计方法的设计和统计内容汇总的设计。可以用专项调查、抽样检查、全面检验等手段进行摸底收集资料，再把收集的资料进行统计、汇总、分析。

② 应急资源需求统计。按照突发事件的不同分类和不同级别，对其所在地应急体系中的所有资源进行分类分级，并建立相应的分类分级目录。通过相应的调查形式，汇总各应急组织为有效开展应急活动，在原有保障资源的基础上对应急资源的需求量以及质量、地点等要求，以利于应急资源的整合和优化工作。

③ 应急资源布局。应急资源布局是根据各种潜在危险源的分布，在综合时间、成本和能力等因素的基础上，按照一定的规划，预先把一定种类和数量

的应急物资放置在选定的地点。要保证在突发事件暴发后，各类应急物资能够迅速、及时、准确地到达指定地点，就必须对应急保障物资的分布进行优化。应急保障物资的优化是在应急保障物资普查和整合的基础上，依据预案进行应急资源的科学配置和输送，使之发挥最大的应急效应。应急资源布局涉及选址和配置两个方面，在选址时要考虑应急资源的配置问题，在应急资源配置时要考虑选址的问题。因此，在应急资源布局优化时，要考虑两类要素：一类是与应急资源密切相关的要素，包括应急资源的类型、载体、流向、流速、流量、流程等。这些要素有些可以确定，有些需要根据应急活动的变化来决定，带有一定的不确定性。另一类是与选址密切相关的要素，包括目标地址、原地址设施、空间、距离、环境等。另外，在应急资源布局时，还要考虑应急资源供给和应急资源调用的一体化优化过程。

有些突发事件具有衍生特性，如果处置不及时或处置不当，所引起的次生危害可能具有更大、更强、更严重的危害程度。如地震或水灾发生后，对环境污染处置不力或不及时，就有可能引发瘟疫；还有化工企业剧毒气体、液体泄漏，引起大面积、大范围的中毒死亡事件等。所以在应急资源布局时，要考虑突发事件的连锁反应，统筹配置，不要顾此失彼。同时，还要考虑到突发事件的发展过程是一个动态过程，应保证应急资源得到合理的应用，发挥其应急价值，达到有效处置突发事件的目标。

④ 供给需求平衡表。根据应急资源的布局和配置方案，制定供给需求平衡表。供给需求平衡表主要包括以下 3 个方面的内容：a. 总量信息汇总表，包括应急资源的种类、数量、说明、相关描述以及分布状况。b. 各布局点的应急资源基本状况，如种类、数量、功能等。c. 各布局点设施的基本状况，如对所属应急资源的提供方式、提供速度、流量，以及附近的交通设施状况等。

（2）应急资源的配置和维持

为满足应急活动对应急资源的需要，还要加强对应急资源的配置、维护、补充等工作，以提高应急资源的综合利用和使用效能，同时建立应急资源信息库，以便及时掌握应急资源的状态信息。

在完成应急资源规划和具体配置方案后，要着手开展应急资源的建设工作。应急资源建设包括采购、布设、建设、共享、优化和获取。采购包括物资设备、技术项目、设施工程、管理方案、合作使用等，一些大型机械设备和有些通信设备等一般没有必要自买自建，按照“平战结合”的原则，可采用租赁、互通有无、合作利用等方式满足应急活动的需要。应急资源的布局、建设、共享、优化和获取要通盘考虑、统筹规划，保证科学合理，以利于应急资源的有效使用和及时获取。

① 应急资源的储备。应急资源储备内容包括人力资源、资金资源、物资资源、设施资源、技术资源、特殊资源和信息资源等。其储备方式有以下几种。

a. 应急保障物资采购。设备和装备等保障物资可通过采购方式进行储备。对于要进行采购的应急保障物资，应按照规定的标准和采购程序实施。采购的应急保障物资应具有合格的质量，对那些专业技术强、供给厂家少的设备、装备等物资可采用询价方式采购。询价包括出厂价格、到岸价格、相关服务（安装、调试、状况质量、备件、售后服务等）。对零星、不重要的技术标准能满足使用要求的物资则从市场采购。在突发事件响应期间，还要注意应急资源到位的时效性。

b. 应急资源建设。有些应急资源是不能用采购的方式从市场得到的，而需要通过建设的方式逐步形成。如专业人力资源，就需要选择合格的工作人员进行各种知识和技能的培训，经过实战演练形成专业队伍。这方面的应急资源还包括应急设施、频率资源、通信设施、指挥中心、信息系统、应急工作环境等。

c. 应急资源租赁。有些应急资源购买要花费大量的资金，其中有些不仅要购置设备，而且需要工程建设，增添工作人员进行维护，对这些应急资源可以采用短期或定期租赁的方式加以解决。如大型机械工程设备、交通工具、基础通信设施等都可通过租赁的方式来满足对突发事件应急响应的要求。这样既可以保证资源的使用，又可节省大量的费用。

d. 临时调用。临时调用分有偿调用和无偿调用。有偿调用是指在突发事件处于非常态时期，可调用企业、事业、社会组织及市民的应急物资，用于突发事件的处置。这部分物资的调用不应是无偿的，事后应按照国家有关法律和相关规定给予必要的补偿。无偿调用是指在突发事件发生后，需要大量的应急物资、设备进行处理，除动用储备的各种应急资源和有偿调用社会组织、企事业单位、市民的资源外，对国家机构、军队的所有资源可根据实际情况无偿使用。

e. 生产能力储备。应急保障物资种类丰富，做到完全实物储备是不现实的，有些也不需要进行实物储备，而是要进行对其生产能力的预留或储备。在紧急状态时，可通过提高生产能力的方式来满足应对突发事件的应急保障物资的需求，相关部门在必要时可协调配置生产原料、动力等资源，紧急组织扩大生产。

② 应急资源维持。应急资源维持是指应急资源的调整、更新、补充、保养、维护等，以保证应急资源具有良好的性能状况。为此，要建立应急资源维持制度，对现有的和储备的应急资源定期进行维护，排除隐患，确保应急资源安全可靠。当应急资源的保有量不能满足要求时，可以根据应急资源评估结果及时进行补充；对使用性能下降或失去使用效能的应急保障物资要及时更新。

③ 应急资源信息建立、维护和更新。应急资源信息包括人力保障资源、资金保障资源、物资保障资源、设施保障资源、技术保障资源、特殊保障资源以及与应急活动相关资源在配置、数量、性能、分布等方面的信息；还有相关案例、特定措施、问题解决方法、应急知识和设备使用说明等内容。应急资源信息管理要做好两项基础工作。

a. 建立应急资源目录，如名称、规格、用途、功能、消耗量等。分类上可以包括专用物资（特种产品、专用工具、特种装备、特殊材料等）、通用物资（药品、食品、衣被、日用品以及工程材料等），便于指导应急活动过程中的使用、储备、征用、生产和调运等。

b. 建立应急资源标准。可用于应急的资源种类繁多，应制定有关应急资源标准，保证应急资源的一致性和共享性。对应急资源信息要定期维护和更新，保证信息数据与应急资源现状相一致。当应急资源信息发生变化时，应及时通知相关部门，做好应急活动调整工作。

（3）应急资源的运输

应急资源的运输是应急资源管理的重要环节。一般而言，由于运输涉及时间、路程、能源、容量和成本等因素，需要精心组织与合理安排，确保应急资源快速、安全到达指定位置。在应急资源运输管理中，应当遵循快速、安全、可靠、高效和准确的原则，注重应急资源应急价值的实现。

① 铁路运输。铁路运输具有运输资源范围广、承载容量大、速度快、受气候影响小、稳定可靠的特点，是应急资源运输的重要方式。近年来由于高速铁路的迅速发展，铁路运输的适应性变得更强，重要性日显突出。铁路运输宜大批量和多样化，既可以运输笨重的工程建材、救援设备、动力装置等，又可以运输普通的食品、帐篷、药品、医疗器械等。

② 公路运输。公路运输是应急资源运输中最主要的运输方式。其特点如下：a. 适应性强。表现为各种应急资源均可通过公路运输，而且可以从始发地直接到达目的地。b. 时间性强。高速公路的修建大大地缩短了运输时间。c. 易取性强。在突发事件发生后可随时随地取得各类公路运载工具。不论铁路运输、水路运输还是航空运输，都很难一次性无障碍地将应急资源直接送达

指定位置，而必须靠公路运输加以补充。

③ 水路运输。水路运输分为内河和海运两种，其特点是运输量大、经济、周期长，可以运输超大型设备和超重物资，如重型交通工具、救援运载工具、大型工程设备等，其价格远低于铁路、公路和航空的价格。由于水路运输周期长、速度慢，紧急需要的应急资源不能依靠水路运输，水路运输只能作为后续的运输手段，提供后续的应急资源支持。

④ 航空运输。航空运输具有速度快、时间短、损失少和效率高的特点，适合于贵重物品和紧急资源的运输。突发事件发生后，应急处置需要的各种资源应尽快就位，以避免危害进一步扩大。在情况万分危急时，为保证应急资源尽快到达指定地点，就需要动用航空运输。如直升机救援广泛用于地震、洪灾、海难、森林火灾等情况下人员和物资的运输、灾情控制与检测等。航空运输的特点决定其运输的应急资源都是最紧急的，如急救人员、救生用具、食品医药、帐篷、防护用品等。常态时一般不采用航空运输。

⑤ 管道运输。管道运输适用于特殊应急资源，如石油、天然气等液体、气体，管道运输投资大，运量变化小，具有事故少、危害小、安全的优点。

针对应急资源的运输来说，应急资源的调用处于末端环节，属于终端运输，其适应性、灵活性和可变性都很强，一般要综合运用到各种运输方式。因此，在应急资源的运输过程中要充分考虑运输途中可能出现的困难，制定详细的运输方案，运用现代地理信息系统（GIS）技术、全球定位系统（GPS）技术、车辆运行线路安排系统（CVPS）技术以及可视化技术等现代物流技术，使应急资源在运输过程中做到准确、安全、及时。

应急资源运输的优化。在应急资源运输中尽可能避免过远、迂回、无效、空载运输等现象。要做到运输的优化就必须充分考虑应急活动的运输环境、交通网络、运载工具、线路选择、驾驶员素质以及技能和气象状况等各种因素，选择最有效的运输方案。还要科学组织调运方式和流程，结合应急资源的特点，依托铁路、公路、水运、民航等运输系统，研究不同品种、不同数量、不同流向、多种方式的应急资源运输流程方案，从应急资源集结场地、装卸场所、装卸方式、运输方式、交接模式等方面优化运输效率，缩短调运时间。要充分利用现代物流网络系统，逐步形成对接应急资源储备仓库的区域物流网络系统和区域之间物流服务网络系统，使其发展成为应急物资的区域物流中心或配送中心。

（4）应急资源的调用

应急资源调用分非紧急调用和紧急调用。非紧急调用是指与突发事件响应无直接关系的应急资源调用，属于正常应急资源的维持、更新、补充，其调用方式与一般资源调用类似。紧急调用是指与突发事件响应直接相关的应急资源调用。有关职能部门根据前线应急指挥部的要求，确定调用的应急资源数量，制定应急资源的运送方式和路线，在规定的时间内调集到特定的地点，发挥其应急功能。

① 紧急调用与一般资源调用的差别。紧急调用与一般资源调用相比存在以下差别。

a. 紧迫性。紧急调用以时间最短为首要原则，这是由突发事件本身的特点所决定，需要在第一时间将应急资源运送到指定地点，否则事态有可能扩大化，造成更大的危害。因此，时间的重要性明显优先于成本的重要性。

b. 应急资源的整合与协作。突发事件应对不是某个部门的任务，而是全社会共同的责任。当有关部门在突发事件响应过程中，现有的应急资源不能及时、有效地满足应急要求时，可以与社会其他部门建立协作关系，这些部门有责任提供相应的帮助。

c. 动态时效性。与一般资源调用的需求任务大不相同，应急资源的调用一般不是单阶段的工作，需要根据事态的变化情况，动态地多阶段调用。在所有应急资源紧急调用中，应将与维持生命和救助伤员相关的应急资源置于首位。

应急资源调用与应急资源运输是两个概念。它们的相同点是调用和运输都是应急资源流动过程中的重要环节，都需要动用运输工具。但是它们又是有区别的：对于应急资源运输来讲，一般运输批量大、时间长，品种也比较单一，注重效率，不存在分配问题，是一种干线运输或直达运输；而应急资源调用是一种支线运输，处于末端运输的地位，存在着分配、配置、准备、拣选、包装、加工等内容，一般运输品种数量多、频率高、直接面向目标，更注重服务质量。可以说，运输更注重于应急资源的及时到位，调用更注重于应急资源的及时分配。

对紧急调用的基本要求是确保应急资源及时、准确、安全到达指定地点，保证突发事件处置工作的有序进行。因此，在紧急调用前，要制定调用预案，做好各项准备工作，综合协调地完成好调用任务。

② 应急资源的调用方式。一般来讲，应急资源调用方式有以下 6 种。

a. 定时调用。定时调用是指按照一定的时间间隔对同类应急资源进行的调用。这种调用一是时间比较固定，便于应急指挥机构安排工作；二是大部分为应急消耗品，如防护救助类、食宿消毒类和动力照明类资源。

b. 定量调用。定量调用是指每次都按照固定的数量、对同类应急资源进行的调用。这种调用多用于不易消耗的工程建材、工程设备、运载工具和防护用品等的调用。此种调用方式可集中调往不同地方的应急资源，实行统一调用，提高调用效率。

c. 定时定量调用。定时定量调用是指按照一定的时间间隔，按照固定的数量对同类应急资源进行的调用。此种调用方式计划性极强，须精心组织，合理筹划，多用于日常易耗品的调用，如食品、药品、油料等。

d. 及时调用。及时调用是应急资源最重要、最常见的调用方式，这种调用是根据突发事件的发展和变化以及应急响应工作的需要实时安排的，它的操作难度较大，需要各部门密切配合，共同协作来完成。采用及时调用方式必须做到心中有数，时间和数量要把握准确，过早或过晚、或多或少都不利于应急活动的开展。及时调用的应急资源多为紧急类资源，如疫苗、药品、专用物资、急需设备和器材等。

e. 超前调用。超前调用或称事先调用，是指在运用现代化科学技术手段对极有可能引发突发事件的潜在危险进行监测的基础上，为做好处置工作而进行的事前、带有准备性的应急资源调用。这种调用带有事前控制的性质，是一种高级的调用形式，可大大增强对突发事件的处置能力。超前调用的应急资源多为抗灾减灾物资，如工程设备、工程材料、救援工具、防护品等。

f. 综合调用。综合调用是指根据实际情况，运用以上几种方式相结合的形式对应急资源实施调用。

依据应急资源的特点，采用不同的调用方式，可以提高应急资源的调用效率，减少调用环节造成的资源消耗，节省应急活动的费用。要做到对应急资源及时、准确、安全、高效地调用，就必须选择合理的调用方式，充分利用各种新技术、新思路、新流程、新算法，改进传统的调用方式，满足应急活动的需要。

通常有以下 4 种途径来提高应急资源的调用效率：

a. 包装科学化。对物资类保障资源应采用先进的包装技术，如缓冲包装、防腐包装、统一包装等方法，既可以保证应急资源的质量，又可以符合装卸、储存、运输要求。

b. 标准化作业。采用标准化作业程序有利于对应急资源进行科学化管理，减少多余环节，加快流通速度，节省调用时间，提高调用水平和效率。

c. 使用先进的物流技术。在应急资源调用中，应当广泛采用自动识别、智能化分拣、自动化搬运、条码标识、立体定位等现代物流技术，提高应急资源调用管理的现代化水平。

d. 优化应急资源储备空间。应急资源在储备过程中应当合理存放，便于机械和人力装卸与搬运，便于管理工作人员清对，便于专业工作人员维护。同类应急资源宜就近存放，以利于配货与管理。

本章思考题

① 简述风险管理在突发事件预防中的重要性及其实施步骤。
② 分析灾害保险在减少灾害影响中的作用及其发展趋势。
③ 简述应急预案的编制过程及其在应急准备中的关键作用。
④ 简述应急资源的分类和配置策略在提高应急效率中的重要性。
⑤ 分析应急演练的目的和方法，以及如何通过演练提升应急能力。
⑥ 讨论应急预案修订的必要性和频率，以及修订过程中的考虑因素。
⑦ 讨论如何通过应急资源的合理配置提高应急响应的速度和效果。
⑧ 分析不同领域风险管理的特点及其对应急准备的影响。
⑨ 讨论如何通过公众教育和培训提高社会整体的应急准备水平。
⑩ 论述在特定突发事件中，如何整合各类应急资源进行有效应对。

第5章

突发事件监测与预警

突发事件监测与预警是指运用信息、预测和仿真等技术，对各类潜在的隐患、威胁、危害或当前社会运行状态进行有效的动态监测，做出前瞻性的分析和判断，及时评估各种紧急情况发生的可能性及其危险程度，进行预防和警示，并通过分析和判断各种影响因素综合发挥作用的状况及各要素系统自身运行的状况等，制定针对性较强的应对措施的过程。

《中华人民共和国突发事件应对法》规定，国家建立健全突发事件监测制度和预警制度。县级以上人民政府及其有关部门应当根据自然灾害、事故灾难和公共卫生事件的种类和特点，建立健全基础信息数据库，完善监测网络，划分监测区域，确定监测点，明确监测项目，提供必要的设备、设施，配备专职或者兼职人员，对可能发生的突发事件进行监测。可以预警的自然灾害、事故灾难或者公共卫生事件即将发生或者发生的可能性增大时，县级以上地方各级人民政府应当根据有关法律、行政法规和国务院规定的权限和程序，发布相应级别的警报，决定并宣布有关地区进入预警期，同时向上一级人民政府报告，必要时可以越级上报，并向当地驻军和可能受到危害的毗邻或者相关地区的人民政府通报。

5.1 突发事件监测与预警概述

5.1.1 监测的定义与监测机制

（1）监测的定义

监测是指在突发事件发生前后，利用各种仪器、设备与人员等手段对自然灾害、事故灾难、公共卫生事件与社会安全事件的危险要素及其先兆进行持续不断的监视与检测，收集相关数据与信息，分析与评估突发事件的发生可能性及其可能造成的后果，并及时向有关部门汇报监测情况，以便发布预警信息。广义的监测（一般监测）是对潜在风险、危险源、危险区域等进行实时跟踪，获取相关信息后及时报送、处理并发出预警的整个流程。狭义的监测（专业监测）是指以科学的方法，收集重大危险源、危险区域、关键基础设施和重要防护目标等的空间分布、运行状况以及社会安全形势等有关信息，对可能引起突发事件的各种因素进行严密的监测，收集有关风险和突发事件的资料，及时掌握风险和突发事件变化的第一手信息，为科学预警和及时采取有效措施提供重要信息基础。简言之，监测是通过对某些可能引发事故的风险源进行观察和测量，预防不利事件的发生，是一个实时的动态过程。

该定义有以下几层含义：一是监测时间涉及突发事件的事前、事中和事后全过程；二是监测的目的是为决策者提供决策参考，及时发布预警信息；三是监测的手段包括技术与人员两种方式；四是监测的对象是自然灾害、安全生产和公共卫生类突发事件的危险要素及其先兆；五是监测的过程主要是对收集到的数据与信息进行研究判断，上报评估结果；六是监测的特征是实时地、动态地监视与检测。

（2）监测机制

① 监测机制的定义。监测机制是由一定的监测目的决定的监测系统内各组成部分之间的相互关系和运行方式。监测机制的核心是相互关系和运行方式，关联要素是监测主体和监测对象，支持要素是时间、空间以及介质。其中，监测系统是指由监测主体、监测对象和监测介质组成的用于实现监测目的的系统。监测主体是实施监测的个人或者组织；监测对象既可分为直接对象和间接对象，还可分为数据对象和实体对象；监测介质可以分为软介质和硬介质，分别指监测技术和监测设备。

② 监测机制的设计原则。监测机制在应急管理中需要遵循目的性第一原则、及时性原则以及稳健性原则。目的性第一原则要求在进行监测机制设计时首先要明确监测的目的，监测的目的决定了监测机制的设计，从而决定了监测机制的组成和运行模式；及时性原则要求在突发事件发生前，监测机制能及时、快速地识别突发事件的预兆和早期信号，避免事件的发生；稳健性原则要求监测机制的运行不能因某个环节的错误而中断，因而在监测机制的设计环节中要考虑监测信息传递的多渠道模式。

5.1.2　预警的定义与要求

突发事件预警，指根据有关危机现象过去和现在的数据、情报和资料，运用逻辑推理和科学预测的方法、技术，对某些危机现象出现的约束性条件、未来发展趋势和演变规律等做出估计与推断，并发出确切的警示信号或信息，使政府和民众提前了解突发事件发展的状态，以便及时采取应对策略，防止或消除不利后果的一系列活动。预警一词在我国古代最早运用于战争，战事双方为了避免对方突然进攻，往往派人潜入敌方阵营进行军事侦察，在获知敌方情报后，通过秘密手段进行警戒，以应对敌方攻势。我们熟知的典故“烽火戏诸侯”中的烽火，可以算作是我国古代最早的预警信号。随着现代科技的发展，预警技术也快速发展，预警卫星和预警雷达的发明和广泛应用使全球范围内的预警能力大大提高，准确性更高，预警发挥的作用也明显加强。

对突发事件预警的要求：一是快速性，即突发事件预警系统的第一要务就是建立灵敏快速的信息收集、信息传递、信息处理、信息识别和信息发布系统。这一系统的任何一个环节都必须建立在“快速”的基础上，失去了快速性，预警机制就失去了任何意义。二是准确性，现代社会的信息复杂多变，预警不仅要求快速收集和处理信息，更重要的是要对复杂多变的信息做出准确的判断。判断是否正确，关系到整个突发事件应对的成败。要在短时间内对复杂的信息做出正确判断，必须事先针对各种危机制定出科学、实用的信息判断标准和确认程序，并严格按照标准和程序进行判断，避免信息判断及其过程的随意性。三是公开性，即预警信息一经确认，就必须客观、如实地向社会公开发布。因为战胜危机需要动员全社会的力量，隐瞒危机信息必然导致小道消息满天飞，无法形成政府和社会的良性互动，其后果是政府形象受到损害，民众的非理性行为反而会受到变相鼓励。

5.1.3　监测与预警的目标和原则

(1) 监测的目标和原则

监测的目标是加强对各类突发事件发生、发展及衍生规律的掌控和研究，完善监测预警网络，提高综合监测和预警水平，确保风险隐患早发现、早研判、早报告、早处置、早解决。

突发事件监测需要遵循以下工作原则：一是依法监测，要依据与突发事件监测相关的法律、法规、规章开展监测工作；二是客观、公正，不断完善监测标准，如实客观记录风险隐患情况，进行比较分析，真实反映突发事件发生趋势；三是重点监测，由于影响突发事件的因素繁多，因此实际工作时应对那些危害大、出现频率高的风险隐患实行重点监测；四是信息保密，对属于保密信息的监测数据，检测机构及其工作人员不得擅自泄露；五是专业监测与社会监测相结合，在重视基于科学基础的专业监测的同时重视广大群众在风险监测中发挥的重要作用，构建全方位、立体式的监测体系。

（2）预警的目标和原则

预警是应急管理的重要环节之一。科学预警可以使应急管理人员和公众及时了解和掌握灾害的类型、强度及演变态势，为抑制灾害的进一步发展，防范次生、衍生灾害的发生提供客观依据，为实现“预防为主，关口前移”的应急管理提供科学支撑。

开展预警的目的有两个：一是及时收集和发现信息，对收集到的信息进行快速分析处理，然后根据科学的信息判断标准和信息确认程序对暴发突发事件的可能性做出准确的预测和判断；二是及时向有关人员和公众发布突发事件可能发生或即将发生的信息，以引起有关人员和全社会的警惕。

围绕预警的目的，预警的目标主要是及时发布预警信息，确定科学有效的预警措施，有效降低即将发生的突发事件的危害。具体说，是将预警信息迅捷、有效地传递给广大受突发事件影响的区域和人员，提高这些区域和人员在灾情扩大或暴发前采取有效对策的能力，从而实现超前部署、及时部署，防患于未然。

突发事件预警应遵循以下原则：

① 时效性原则。从突发事件的征兆到全面暴发具有很高的不确定性，事态演变极其迅速，需要借助现代先进信息技术，及时、准确、全面捕捉征兆，并对各类信息进行多角度、多层面的研判，及时向特定的群体传递并发出警示。因此预警工作的开展一般需要建立灵敏、快速的信息收集、信息传递、信息处理、信息识别和信息发布系统，这一系统的任何一个环节都必须建立在快速的基础上，失去了时效性，预警就失去了意义。

② 准确性原则。预警不仅要求快速收集和处理信息，更重要的是要对复杂多变的信息尽可能做出准确判断，这关系到整个应急管理的成败。要在短时间内对复杂的信息做出准确判断，必须事先针对各种突发事件制定出科学、实用的信息判断标准和确认程序，并严格按照制定的标准和程序进行判断，避免信息判断及其过程的随意性。

当然，提高预警准确性的关键是提高科学技术水平。

③ 动态性原则。预警信息的收集和发布是一个动态的过程。由于预警信

息采样的时效性特征和突发事件本身的动态性，使得某一时间发布的预警仅针对当时的研判结果。然而突发事件是在不断变化的，因此必须根据动态的研判结论对预警信息进行相应的调整。

④ 多途径原则。突发事件预警机制建设必须综合考虑各种潜在的不稳定因素及其相互关联等复杂问题与状况。同时，突发事件预警涉及政府、企业、公民等多个组织和多个系统，是一个复杂的、综合的系统工程，需要彼此协调配合。以典型气象预报-地质灾害预警为例，气象部门发布预警时应及时向自然资源部门、应急管理部门传递相关气象数据，以便于进行综合预警。建立有效的协同预警机制，开展综合预警，能够提高重大突发事件处置效率。

5.2　突发事件信息系统

5.2.1　突发事件信息监测的主体

信息是管理的基础、依据、媒介甚至手段。突发事件信息监测关乎整个应急管理的全过程，是开展应急管理工作的源头活水。突发事件信息监测的主体来源于突发事件预警机制的主体，按照“专业监测＋社会监测”的模式来确定。

（1）专业监测

专业监测是指政府职能部门和科研机构的工作人员利用专业技术知识，借助特定的设备仪器对各类突发事件及其征兆进行监测。

专业监测对监测人员、技术水平、设备装置、资金来源以及反应速度都有较高的要求，同时也具有许多优势。首先，在人员组织上，负责专业监测的人员一般由专职的政府工作人员或科研人员担任，监测队伍比较稳定，在人员的能力方面具有一定要求；其次，在技术水平上，专业监测需要使用各领域最新的技术知识，监测技术含量较高；再者，在设备装置上，专业监测利用专业的监测仪器，监测效率更高，监测结果更精准、全面；另外，在资金来源上，专业监测通常有稳定的财政或者科研资金支持，可以保障监测工作长期正常进行；最后，在反应速度上，专业监测有规范的管理制度与体系，对反应速度具有严格的要求，可以在较短的时间内完成监测任务。

专业监测同时也有一些不足之处。由于专业监测投入较大，对人员素质与硬件条件要求较高，专业监测很难覆盖所有类别与区域的突发事件，只能对部分地区和领域的突发事件危险要素进行重点监测，而对偏远山区、人口稀少地区和非常见的突发事件则关注不够。

（2）社会监测

社会监测是指在政府主导下，志愿者和普通民众等社会力量利用日常知识，徒手或者借助简单的工具对各类突发事件及其征兆进行监测。无论是在突发事件预警还是防灾救灾中，人民群众都是最直接的参与者。社会监测是专业监测的重要补充，对专业监测的薄弱环节有一定的弥补作用。《中华人民共和国突发事件应对法》第六十条第一款明确规定："县级以上人民政府及其有关部门、专业机构应当通过多种途径收集突发事件信息。"因而，县级人民政府应当在居民委员会、村民委员会和有关单位建立专职或者兼职信息报告员制度。

社会监测依靠社会力量，弥补了很多专业监测存在的不足：首先，监测覆盖面广。突发事件分布复杂，种类繁多。在农村和偏远山区，专业监测网络覆盖率很难达到百分之百。社会监测由于其监测人员多，对当地情况比较了解，可以在很大程度上弥补专业监测的不足。其次，投入成本低。社会监测通常经过简单培训或者配备简易工具就可以对危险源进行监测，资金与设备投入较小。再者，预警效率高。监测人员熟知当地人群与地形，一旦发现危险来临，可以直接警告周围人群，更容易获得受灾群体信任，预警效率较高。另外，对设备依赖度低。社会监测对硬件设备依赖度不高，重大灾害发生时，监测工作不会轻易陷入瘫痪，稳定性好。

但是，社会监测也存在一些不足。社会监测并不是一种正式的组织形式，人员较松散，可用资金少，相对而言缺乏专业知识和必备的技能培训，专业监测设备不足，这将直接导致监测的全面性、准确性降低。

5.2.2 突发事件信息监测的分类

按照不同的分类标准，突发事件信息监测可分为不同的类别。若根据所监测的突发事件的种类划分，突发事件信息监测包括自然灾害、事故灾难、公共卫生事件和社会安全事件等四大类突发事件监测；若根据监测的具体内容划分，突发事件信息监测可分为气象监测、水文监测、地质监测、地震监测、海洋监测、农林病虫害监测、林业火灾监测、交通事故监测、卫生疾病监测、社会舆情监测等；若按照监测的组织层次来看，突发事件信息监测可分为国家综合台站监测、区域监测台站监测和地方监测台站监测等，其分散在不同的部门。因第一种分类较为抽象，以下对其进行阐述。

（1）自然灾害监测

自然灾害风险和损失的控制离不开自然灾害事件的监测。提高自然灾害防治能力，要坚持以防为主、防抗救相结合。在我国，应急管理、自然资源、气象、水利、地震等政府部门对自然灾害进行监测。

在气象监测方面，目前我国建成了由地面气象观测站、海岛站、高空气象观测站、高空大型无人机、天气雷达、风云气象卫星等组成的世界规模最大、覆盖最全的综合气象观测系统，形成地基、空基、天基观测手段互补、协同运行、交叉检验的一体化观测体系。同时，在数值预报模式方面，已建成完全独立知识产权的全球区域一体化数值天气预报业务技术体系，“百米级、分钟级”预报技术有力支撑了防灾减灾和各类重大活动保障。在人工智能应用方面，发布自主研发“风清”“风雷”“风顺”三个气象大模型，部分性能指标达到国际主流大模型水平。在探测技术研发方面，北斗探空系统、三段式探空技术为全球气象探空高质量发展提供中国方案。

在水利监测方面，水文水利监测报警系统主要用于监视河流、湖泊、水库的水利运行情况，及时反映各水域的水文特征，以便相关部门做出安排，防范洪涝灾害的发生。水文水利监测报警系统，通过各种探测器探测水利的温度、湿度、风速、风向、雨量、水质、水流速、水量、视频图像或图片等数字化信息，通过 GPRS/CDMA 通道上传到在线监控中心。监控中心设有 LCD 大屏幕系统，各种在线监测数据、图像、视频和抢修车辆位置等信息能直观显示在大屏幕上，使监控人员能及时监视现场情况，准确判断状态，指挥车辆和专业人员处理各种检修和抢修工作。

在地质监测方面，地质灾害监测方法主要有卫星与遥感监测，地面、地下、水面、水下直接观测与仪器台网监测。不同地质灾害的监测方法和监测的有效程度不同，总的来看，不同地质灾害监测方法的水平差距较大，还不能满足防灾减灾要求。地质灾害监测的发展趋势是全面提高监测能力，丰富监测内容，提高信息处理和综合分析能力；在加强专业监测的同时，在灾害多发区建立群测群防体系，大力推进社会化监测工作；把地质灾害监测同其他一些自然灾害以及环境监测有机地结合起来，形成广泛的综合监测网络。

（2）事故灾难监测

事故灾难多为生产安全事故。生产安全事故主要是人的过失造成的事故，同洪水、泥石流等不可抗力造成的灾害有本质的区别，如因违章作业、冒险作业等造成的生产安全事故。在生产安全事故监测中，人的不安全行为和物的不安全状态是需要监测的对象。对生产安全隐患、存在的薄弱环节和危险源，要及时发布预警信息，落实防范和应急处置措施，做到超前预防，有效防范和遏制重特大事故的发生。对易发重特大事故的行业领域采取风险分级管控、隐患排查治理双重预防工作机制，推动安全生产关口前移。

（3）公共卫生事件监测

突发公共卫生事件，是指突然发生，造成或者可能造成社会公众健康严重损害的重大传染病疫情、群体性不明原因疾病、重大食物和职业中毒以及其他严重影响公众健康的事件。突发公共卫生事件往往具有较强的威胁性和破坏性，不但会给群众生命安全带来威胁，还可能造成社会动荡，影响一个国家的发展。2003 年暴发的“非典”疫情，让人们逐渐认识到构建完善突发公共卫生事件监测预警预报系统的必要性，2020 年新冠疫情的暴发更是为全人类敲响了警钟。在我国，由国家卫健委、疾控部门对突发公共卫生事件进行监测、预警。现阶段，国家卫健委建立的疾病自动预警系统已经全面落实，该系统主要应用了移动百分位数法，结合时间发展情况实现动态计算病患数量，定期进行当日病患数量和历史基线的对比，对病患数量进行观察，一旦病患数量超出预警值，系统将会自动发出预警信息。

（4）社会安全事件监测

社会安全事件预警的前提是对社会潜在风险实行有效的监测，对存在的负面因素、不良因子进行评估。在社会运行达到可能出现社会安全事件的临界值前做出预报，发现事件发生前兆，及时布置应对，将事件发展的势头遏制下去，尽可能地减少社会安全事件对社会稳定的影响和对人民群众生命财产安全的危害，防患于未然。社会安全事件预警需要进行广泛、准确的监测，采集相关信息，以全面了解社会现状，分析和预测发展趋势。

5.2.3 突发事件信息监测的方法

监测通常要经过收集、传输和处理三个步骤，监测过程中各种常规方法常常与新兴科技手段相结合。在传统的信息监测中，如地震监测中的地震仪、水利监测中的水位标尺、山体滑坡监测中的钻孔测斜仪、气象监测中的风速仪等都是进行相关物理监测工作必不可少的工具。监控技术、遥感技术与定位技术的不断发展，使得视频图像监测、卫星遥感监测、雷达遥感监测、地理信息系统（GIS）、全球定位系统（GPS）得到了广泛的应用；伴随着时代的发展，大数据、互联网技术在突发事件监测、预警方面也得到了更多的应用，使得监测、预警更加有效、快捷。

（1）传统的信息监测方法

① 视频图像监测。利用突发事件现场的固定或移动摄像头，对特定区域内的监测对象进行不定期、定期或实时动态监视，将采集到的现场图像、语音或视频等资料通过有线或无线网络迅速传送到后方监视中心，由值班人员进行汇总处理。视频图像监测直观可视，现场情形一目了然，可以提高决策指挥的科学性与效率。摄像机可分为网络数字摄像机和模拟摄像机，用作前端视频图像信号的采集。视频图像监测系统以其直观、准确、及时和信息内容丰富而得到广泛应用。近年来，随着计算机、网络以及图像处理、传输技术的飞速发展，视频图像监测技术也有了长足的发展。

② 卫星遥感监测。卫星遥感技术广泛应用于对各种自然灾害类突发事件的监测，具有范围广、周期短和全天候观测等特点，在灾害的监视评估、预测预警、应急响应、恢复重建等方面发挥了非常重要的作用。我国是世界上少数几个同时拥有极轨气象卫星和静止气象卫星的国家之一，为资源、环境研究和国民经济建设提供了宝贵的空间图像数据。

③ 雷达遥感监测。在事发现场比较混乱、抢险压力极大的情况下，如泥石流、地震、森林草原火灾、洪涝等大型突发性灾害发生时，常规监测手段难以快速、准确、全面地监测预报，而利用雷达遥感技术可以弥补常规监测手段的缺陷，迅速获取灾区的全面景象，及时展开自然灾害成因研究与灾情调查，为抢险救灾行动提供第一手资料。在地震、泥石流等突发性灾害中，有关部门使用雷达遥感技术收集灾区数据信息，为抢险救灾指挥部的决策提供了重要的参考资料。

④ 地理信息系统（geographical information system，GIS）。地理信息系统结合地理学与地图学以及遥感和计算机科学，已经广泛应用在不同的领域，是用于输入、存储、查询、分析和显示地理数据的计算机系统。GIS 是一种基于计算机的工具，它可以对空间信息进行分析和处理（简而言之，是对地球上存在的现象和发生的事件进行成图和分析）。

GIS 技术把地图这种独特的视觉化效果和地理分析功能与一般的数据库操作（例如查询和统计分析等）集成在一起。地理信息系统在与空间信息相关的众多领域应用广泛，如交通运输、资源调查、农林牧业、城市规划等。通过绘制风险地图等行为，地理信息系统在自然灾害和环境类突发事件的风险评估与管理方面有着很大作用。

⑤ 全球定位系统（global positioning system，GPS）。全球定位系统是一种以空中卫星为基础的高精度无线电导航的定位系统，它利用多颗卫星对地面

物体进行测距，经过汇总计算分析之后得出物体具体方位。全球定位系统最初主要用于军事，现广泛应用于民用飞机、船舶、汽车等交通工具的定位导航。全球定位系统具有精度高、实时、多功能、全天候、操作简便等优点，可以很好地监测地壳变动与位移情况。在灾区应急救援中，可以快速定位相关的地理位置与搜索救援目标。

（2）大数据技术在突发事件信息监测中的应用

在信息化和大数据时代，突发事件信息监测较以往有了巨大的改变。突发事件发生后，数量巨大的网民通过微博、微信、百度贴吧、论坛等各种途径方便、快捷、自由地发表自己的言论观点，利用大数据技术采集和分析这些数量巨大且数据价值密度较低的信息，可以帮助政府有关部门掌握突发事件的舆情信息，以及时制定措施去应对突发事件。依托大数据技术建立网络预警平台，能够在舆论风暴生成前期使相关职能部门有目的、有方向地介入，从而在网络舆情应对中建立第一道屏障。当前，优化突发事件网络舆情的监测分析系统已经成为必然趋势。

在大数据技术和互联网技术快速发展的背景下，我国初步完成了网络舆情治理的数据平台搭建，许多地方政府都有自己的突发事件网络舆情数据库和应急平台。

5.2.4 突发事件监测信息的发布

突发事件发生后，由于事件的突然性，人们都面临着信息缺失的问题，都强烈渴望获得准确的第一手消息。因此，与日常信息发布相比，突发事件监测信息的发布具有自身的特征，若处置不得当，会对应急管理主体形象造成极大的伤害。在我国，突发事件监测信息的发布渠道可以分为传统媒体与新媒体两大类。

（1）传统媒体

我国突发事件监测信息主要通过传统媒体进行发布，常见的传统媒体包括广播、电视、报纸、社区宣传栏等，这也是政府进行信息发布的最主要渠道。传统媒体具有时效性和互动性薄弱的缺点，往往发生监测信息发布不及时、传播过程中信息失真等情况，导致监测信息无法准确、快速传递给相关主体，造成信息延误、突发事件扩大等不良影响。因此，必须拓展监测信息的发布渠道，有针对性、准确、及时地将相关信息发送给突发事件当事人，是保证预警机制发挥作用的关键。

（2）新媒体

新媒体可以说是数字化新媒体，即利用数字技术、网络技术，通过互联网、宽带局域网、无线通信网、卫星等渠道，以及电脑、手机、数字电视机等终端，向用户提供信息和娱乐服务的传播形态。一方面，海量的信息融合于网络渠道进行传播，资源丰富，传播方式由单向转向双向、多向，某种信息的碰撞共鸣容易引起互动；另一方面，支持超文本、超链接、多媒体等多种格式，接受方式灵动，时间可碎片化利用，空间上不受限制，个性化极强。

随着互联网的飞速发展和各种客户端的普及，手机和无线网络日益成为人们生活中必不可少的一部分。其中，越来越多的网民倾向于使用手机和平板电脑进行信息的阅览。因此，有针对性地通过手机短信和微信等推送进行监测预警信息的发布，将是更加快速有效地进行信息传播的渠道。在信息技术高度发达的网络社会，人人都可以有麦克风，人人都是新闻传播者。自媒体平台包括微信、微博、抖音、快手等。自媒体是舆情主要的传播途径，颠覆了传统的网络舆情格局。相关工作人员可以利用手中可支配的媒体，针对某一突发事件发表适当合理的建议或者披露相关准确信息，为大众传播正能量。

5.2.5　突发事件信息报告

（1）突发事件信息报告的主体

突发事件信息报告的主体包括政府、企业、媒体、非政府机构、公众等。在突发事件信息沟通机制中处于主导地位的是政府，媒体起着沟通桥梁的作用，民众是风险信息的最终接受者。

一般地说，所有个人和组织都有义务向政府及有关部门报告突发事件信息。从应急管理主体的角度看，突发事件所在地的人民政府是信息报告的主体，专业机构、监测网点和信息报告员是所在地政府及有关部门的重要信息源。《中华人民共和国突发事件应对法》规定：“地方各级人民政府应当按照国家有关规定向上级人民政府报送突发事件信息。”“专业机构、监测网点和信息报告员应当及时向所在地人民政府及其有关主管部门报告突发事件信息。”另外，《中华人民共和国突发事件应对法》还规定：“公民、法人或者其他组织发现发生突发事件，或者发现可能发生突发事件的异常情况，应当立即向所在地人民政府、有关主管部门或者指定的专业机构报告。接到报告的单位应当按照规定立即核实处理，对于不属于其职责的，应当立即移送相关单位核实处理。”也就是说，所有个人和组织都有义务向政府及有关部门报告突发事件信息。

我国突发事件信息报告主体及责任制的建立，为突发事件信息收集的多渠道、责任化提供了保障机制。一方面，分类管理原则和属地管理原则为突发事件信息上报提供了双渠道、双保险，使信息报告主体之间形成一定的竞争关系，确保突发事件信息报告渠道的畅通。另一方面，信息报告主体责任制则明确了信息报告的责任在人民政府渠道，而非有关行政主管部门渠道，行政主管部门渠道上报的信息在一定程度上是对人民政府渠道的督促、补充和核证。

（2）突发事件信息报告的原则

做好信息报告工作是维护社会稳定的重要条件。随着群众安全意识的提高，新闻媒体、社会舆论对突发事件的关注度越来越高，稍有不慎，就有可能造成社会恐慌，影响社会稳定。信息报告处理得当，有利于快速有效处置事件，避免造成严重的不良社会影响。为更好地发挥突发事件信息报告的作用，信息报告应遵循以下五大原则：分级报告原则、主动性原则、准确性原则、时效性原则以及“零报告”原则。

① 分级报告原则。分级报告是指根据突发事件的大小，逐级上报突发事件信息。分级报告原则为突发事件信息报告和管理的程序化奠定了基础。根据《中华人民共和国突发事件应对法》，突发自然灾害、事故灾难、公共卫生事件分为“一般”“较大”“重大”“特别重大”四个级别。特别重大、重大突发公共事件信息要向国务院报告。可能引发特别重大、重大突发公共事件的预测预警信息也要向国务院报告。省级人民政府负责向国务院报告特别重大、重大突发公共事件信息。国务院有关部门按照各自职责，负责向国务院报告相关类别的特别重大、重大突发公共事件信息。

例如我国《自然灾害情况统计调查制度》中要求：“本行政区域内发生自然灾害后，县级应急管理部门应在灾害发生后的 2 小时内，将反映灾害基本情况的主要指标向地（市）级应急管理部门报告（含分乡镇数据），包括灾害种类、发生时间、受灾人口、因灾死亡失踪人口、紧急转移安置人口、需紧急生活救助人口。地（市）级应急管理部门在接到县级报表后，应在 2 小时内审核、汇总数据，并将本行政区域汇总数据（含分县数据）向省级应急管理部门报告。省级应急管理部门在接到地（市）级报表后，应在 2 小时内审核、汇总数据，并将本行政区域汇总数据（含分地市、分县、分乡镇数据）向应急管理部报告。”该要求中从县级至地（市）级再至省级应急管理部门的报告过程正是分级报告原则的体现。

② 主动性原则。主动性原则是指信息报告主体获知突发事件线索后，要及时主动调度核实与上报。对达到或可能达到突发事件标准的情况，要立即电话报告，同时编报书面信息上报；处置过程中，要密切跟踪事态进展，全面掌

握相关情况，加大续报工作力度；处置结束后，要及时核报。对于敏感信息、预警预测信息、可能引发重大以上突发事件的信息，以及社会舆论广泛关注的热点、焦点事件，要加强分析研判并及时报告，不拘泥于分级标准的相关规定。

③ 准确性原则。突发事件信息报告的准确性是指突发公共事件的知情人报告的信息在内容上必须符合完整性、真实性和有效性的要求，不得有重大遗漏、虚假或不可利用性。例如我国《统计法》规定："国家机关、企业事业单位和其他组织及个体工商户和个人等统计调查对象，必须依照本法和国家有关规定，真实、准确、完整、及时地提供统计调查所需的资料，不得提供不真实或者不完整的统计资料，不得迟报、拒报统计资料。"我国《特别重大自然灾害损失统计调查制度》中要求："按照《统计法》的要求，为保障源头数据质量，做到数出有据，调查单位应该设置原始记录、统计台账，建立健全统计资料的审核、签署、交接和归档等管理制度。"以上例子均体现了突发事件信息报告的准确性原则。

④ 时效性原则。时效性原则是指各地区、各部门要确立首报意识，突发事件发生后，要采取一切措施尽快掌握情况，报告信息。根据《中华人民共和国突发事件应对法》《国家突发公共事件总体应急预案》等有关规定，特殊情况下，事发地市、县级人民政府在向上级人民政府报告突发事件信息的同时，可直接向国务院及有关部门报告情况。例如《自然灾害情况统计调查制度》要求，本行政区域内发生自然灾害后，县级应急管理部门应在灾害发生后的 2 小时内向地（市）级应急管理部门报告，地（市）级应急管理部门在接到县级报表后应在 2 小时内向省级应急管理部门报告，省级应急管理部门在接到地（市）级报表后应在 2 小时内向应急管理部报告。以上例子均是时效性原则的体现。思则有备，有备无患。突发事件信息报告在某种程度上就是和时间赛跑。只有更快速便捷地获取信息，才能准确地研判灾情，调度救援力量和资源，降低灾害事故对人们产生的影响。

⑤"零报告"原则。"零报告"是指无论实际是否有新情况、新变化、新进展，都要进行报告。"零报告"原则或制度，一般用于突发事件发生之后到事态稳定之前，进行持续报告阶段。例如《自然灾害情况统计调查制度》要求："在灾情稳定前，省、地（市）、县三级应急管理部门均须执行 24 小时零报告制度。24 小时零报告制度是指在灾害发展过程中，地方各级应急管理部门每 24 小时须上报一次灾情和救援救灾工作动态，即使数据没有变化也须上报，直至灾害过程结束。"

（3）突发事件信息报告的时限与程序

信息报告的时限关系突发事件的应急处置效果，既考验政府的应急管理能力，也衡量政府的公共管理水平，因而有必要规定突发事件信息报告的时限，使应急管理程序化。

在时限上，《中华人民共和国突发事件应对法》规定，地方各级人民政府应当按照国家有关规定向上级人民政府报送突发事件信息。县级以上人民政府有关主管部门应当向本级人民政府相关部门通报突发事件信息。专业机构、监测网点和信息报告员应当及时向所在地人民政府及其有关主管部门报告突发事件信息。有关单位和人员报送、报告突发事件信息，应当做到及时、客观、真实，不得迟报、谎报、瞒报、漏报。《国家突发公共事件总体应急预案》规定，特别重大或者重大突发公共事件发生后，各地区、各部门要立即报告，最迟不得超过 4 小时，同时通报有关地区和部门。应急处置过程中，要及时续报有关情况。《生产安全事故报告和调查处理条例》规定，安全生产监督管理部门和负有安全生产监督管理职责的有关部门逐级上报事故情况，每级上报的时间不得超过 2 小时。

在程序上，突发事件信息报告分为初报、续报和核报，也均具有其相应的报告时限。初报信息包括信息来源、接报时间、发生时间、伤亡人数、财产损失、造成后果、事件过程等基本内容；续报信息包括核实数据、危害程度、影响范围、处置措施、保障情况、事件处置进展情况等基本内容；核报信息包括在初报和续报的基础上汇总事件基本情况、处置情况、目前情况、下一步工作（包括善后、重建及评估）等内容。对突发公共事件及处置的新进展、可能衍生的新情况要及时续报；突发公共事件处置结束后要进行核报。

以《自然灾害情况统计调查制度》为例，初报要求，本行政区域内发生自然灾害后，县级应急管理部门应在灾害发生后的 2 小时内，将反映灾害基本情况的主要指标向地（市）级应急管理部门报告（含分乡镇数据），包括灾害种类、发生时间、受灾人口、因灾死亡失踪人口、紧急转移安置人口、需紧急生活救助人口。地（市）级应急管理部门在接到县级报表后，应在 2 小时内审核、汇总数据，并将本行政区域汇总数据（含分县数据）向省级应急管理部门报告。省级应急管理部门在接到地（市）级报表后，应在 2 小时内审核、汇总数据，并将本行政区域汇总数据（含分地市、分县、分乡镇数据）向应急管理部报告。对于造成 10 人以上（含 10 人）死亡失踪等灾情严重的自然灾害以及敏感灾害信息、可能引发重大以上突发事件的信息、社会舆论广泛关注的热点和焦点灾害事件等，县级应急管理部门应在灾害发生后

2 小时内，同时上报省级应急管理部门和应急管理部。报告方式可通过电话、传真、微信、短信或报灾系统等上报。接到应急管理部要求核实信息的指令，地方各级应急管理机构应及时反馈情况。对具体情况暂不清楚的，应先报告事件概要情况，随后组织调查反馈详细情况。原则上，电话反馈应在接到指令后 30 分钟内完成，书面反馈（包括传真、微信、短信等方式）应在接到指令后 1 小时内完成。

（4）突发事件信息报告的内容与方式

做好信息报告工作是形势需要，其意义重大，影响重大。突发事件一旦发生，信息报告是相关人员务必抓紧、抓实、抓好的一项紧迫任务。切实保证信息渠道的畅通，不断提高信息报告的质量和时效是十分必要的。

开展突发事件信息报告工作是讲政治、讲大局、讲稳定的具体表现。为更好地撰写突发事件信息报告，相关人员要从履行法定职责的角度，充分认识工作的重要性；从及时处置突发事件的角度，理解抓好工作的关键性；从政府履职尽责的角度，抓好工作的紧迫性。

在突发事件信息报告的内容方面，要求突发公共事件信息报告的内容要简明、准确，应包括以下要素：时间、地点、信息来源、事件起因和性质、基本过程、已造成的后果、影响范围、事件发展趋势、处置情况、拟采取的措施以及事发地现场处置负责人及联系方式等。

在信息报告方式或手段方面，一般情况下通过书面形式报告。紧急情况下，可先通过电话口头报告，再书面报告。总的来看，突发事件信息报告的方式或手段有专用报告系统、电话、传真、邮件、短信、微信等，各有特点、优劣势和适用条件。

5.3 突发事件监测与检测技术

在应急管理中，监测检测是指运用传感器、全球定位系统、地理信息系统、视频技术、通信技术、网络以及其他监测检测技术，获得突发公共事件及受灾对象的全方位信息，并综合运用各种智能数据分析技术，及时做出应急响应，从而达到防灾减灾的目的。应急监测检测的常用关键技术包括数据库技术、3S（GIS、RS、GPS）技术、通信技术、视频监控技术、射频识别（RFID）技术、传感器技术、雷达技术等。本节将简要介绍视频监控技术、传感器监测检测技术、光谱监测检测技术、人群监测技术、舆情监测技术、现代监测检测技术。

5.3.1 视频监控技术

视频监控技术作为一种传统视频技术与现代通信技术相结合的技术，广泛应用于安防领域。视频监控的功能包括提供实时监视，对被监视的画面进行录像存储以便事后回放，还可以对监控装置进行远程控制、接收报警信号、进行报警触发与联动等。智能化是视频监控系统的一个发展趋势。图像的智能分析包括运动检测、目标跟踪、生物识别等。其中，生物识别技术利用人体本身的特点进行身份识别，包含人脸识别、指纹识别、掌形识别、声音识别和虹膜识别。通过识别可以发现监控画面中的异常情况，以最快和最佳的方式发出警报并提供有用信息，从而更加有效地协助安全人员处理危机，并最大限度地降低误报和漏报现象。

5.3.2 传感器监测检测技术

传感器是指能感受规定的被测量，并按照一定的规律转换成可用于输出信号的器件或装置。传感器的作用是利用物理效应、化学效应、生物效应，把被测的物理量、化学量、生物量等非电量转换成电量。应急监测检测中常用的几种传感器包括温度传感器、压力传感器、流量传感器、生物传感器、气体传感器等。传感器在监测检测方面的用途非常广泛。例如借助温度传感器可以感知和测定到几百摄氏度到几千摄氏度的温度，借助红外线和紫外线传感器可以感知和测定不可见光，传感器还是构成物联网的核心组件。

5.3.3 光谱监测检测技术

光谱是复色光经过色散系统（如棱镜、光栅）分光后，被色散开的单色光按波长（或频率）大小而依次排列的图案，全称为光学频谱。由于每种原子都有自己的特征谱线，因此可以根据光谱来鉴别物质和确定它的化学组成，这种方法叫作光谱分析。常用的光谱分析技术有红外光谱法、近红外光谱法、紫外光谱法、拉曼光谱法、荧光光谱法、激光光谱法等。光谱分析技术在应急监测和检测中有重要的作用，可以用来定性和定量测定某种物体里某种物质含量的多少，因此可以应用在环境、疫情、食品安全、建筑与工程等方面的监测和检测。

5.3.4 人群监测技术

对人群的流动和行为进行监测，在防止人群拥挤踩踏事故中具有重要的作用。人群监控是指对人群活动进行监视和控制，可以粗略地知道人群整体所处的状态，从而对人群的行为做出判断，以便更安全、更有效地对人群进行管理；通过统计人群人数，可得到不同时间段的人群流量。人群监控的技术包括数据采集技术和数据分析技术两大类。

信息采集主要通过视频监控技术来实现，视频监控技术可用于获取人流量、人群密度等人群状态指标。一个典型的智能化人群监控系统由图像摄取与采集、图像处理和控制单元组成（见图 5.1）。

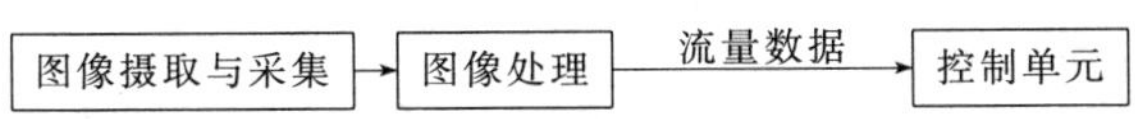

图 5.1　监控系统组成框图

其工作原理为：首先用 CCD 摄像机对人群按一定频率扫描，连续摄取某一场景中的人群图像，用图像采集卡将所摄取的图像数据传输到计算机中，完成图像摄取与采集过程；其次对人群图像用数字图像处理技术进行处理，得到人群的密度或人群的流量数据，实现图像处理过程；最后对于不同的应用场合，根据人群流量做出相应的判断，以便采取措施。

通过数据采集技术，可以得到某地区不同监控位点下不同时刻的人群流量、人群密度、人群速度等数据，对这些数据进行分析的方法主要有统计分析法和模拟分析法。

5.3.5 舆情监测技术

舆情是由个人以及社会群体构成的公众，在一定历史阶段和社会空间内，对自己关心或与自身利益密切相关的各种公共事务所持有的多种情绪、意愿、态度和意见交错的总和。网络舆情则是指通过互联网表达和传播的各种不同情绪、态度和意见交错的总和。

舆情的监测技术包括对相关信息采集技术以及数据分析技术两方面。

（1）信息采集技术

网络舆情的数据采集可以通过舆情智能采集系统实现。所谓舆情采集，就是根据用户信息需求，设定主题目标，使用人工参与和自动信息采集结合的方法完成信息采集任务。用户只需输入一个待采集的目标网址即可将图文结合采集到本地服务器。可以对这些不断采集的新闻信息统一加工过滤、自动分类，保存新闻的标题、出处、发布时间、正文、新闻相关图片等信息，经过手工配置还可以获得本条新闻的点击次数。以社交媒体/自媒体为代表的交互性网络站点，往往是一些突发事件网络舆情的爆发点。互联网舆情管理系统支持采集指定论坛帖子的主题，并记录回帖数量和内容，根据论坛页面表现形式配置获取发帖人的相关信息和发帖人的计算机网络地址；还支持多媒体数据采集，可自动解析 RSS 的 XML 文件，抽取网页的链接、标题、时间等信息，支持网页快照功能等。

用于舆情信息采集的技术主要有搜索引擎技术、Web 数据挖掘技术、全自动生成网页信息抽取方法等。

（2）数据分析技术

数据分析技术有很多种，目前经常用到的数据挖掘技术是指从大量的数据中发现隐含的规律性的内容，而 Web 挖掘是数据挖掘在 Web 上的应用。

舆论数据的分析主要包括话题发现与追踪和网络舆情倾向性分析等步骤。话题发现与追踪是指从海量信息中找到热点、敏感话题，并对其趋势变化进行追踪。目前国内外多是基于数据挖掘技术中的文本聚类方法，即文本的关键词作为文本的特征。网络舆情倾向性分析是指通过倾向性分析可以明确网络传播者所蕴含的感情、态度、观点、立场、意图等主观反应。

由于新闻、帖子、博文等页面都包含着垃圾信息，除了应用数据挖掘技术之外，网络舆情监测分析还常常通过多文档自动文摘等技术，实现对页面内容的过滤，并提炼成概要信息，便于查询和检索。

5.3.6 现代监测检测技术

突发事件本身的特点，使其很难避免。但是随着当今科技的发展，互联网的进步以及万物互联时代的到来，我们通过对新技术的应用，实现对突发事件相关信息的监测，进而实现对突发事件的预测预警成为可能。2020 年 4 月 9 日，新华社受权发布的《中共中央、国务院关于构建更加完善的要素市场化配置体制机制的意见》中明确指出："把要素的应急管理和配置作为国家应急管理体系建设的重要内容，适应应急物资生产调配和应急管理需要，建立对相关生产要素的紧急调拨、采购等制度，提高应急状态下的要素高效协同配置能力。鼓励运用大数据、人工智能、云计算等数字技术，在应急管理、疫情防控、资源调配、社会管理等方面更好发挥作用。"

（1）大数据

根据麦肯锡全球研究所给出的定义，大数据是一种规模大到在获取、存储、管理、分析方面大大超出了传统数据库软件工具能力范围的数据集合，具有海量的数据规模、快速的数据流转、多样的数据类型等特征。随着互联网、社交媒体和人工智能的技术发展和应用普及，大数据在应急管理中发挥的作用将越来越重要，是应急管理未来发展的重要方向之一。

目前，我国经过多年实践，针对常规突发事件的应急管理已经趋于成熟，应急管理未来的挑战主要来自于新兴风险、极端灾害与跨界危机的冲击。大数据在本质上就是一种更高的信息能力，其核心是大数据分析，通过发展大数据分析增进应急管理的信息能力，进而提高应急管理的适应能力，以应对新兴风险、极端灾害和跨界危机的挑战，满足人民群众日益增长的安全需求。

为此，应用大数据分析对于我国的应急管理可实现以下目的。

① 提高减缓或预防效果。自然灾害的减缓关键是要降低脆弱性，既包括物理脆弱性，也包括社会脆弱性。降低物理脆弱性主要依赖于工程性措施，降低社会脆弱性则主要依赖于非工程性措施。大数据分析在这两方面都可以发挥作用。例如通过对极端灾害条件下大规模人群行为规律的大数据分析，既可以优化应急避难场所的设置，也可以优化城市公共基础设施的运营，还可以改进公众自救互救的效率。生产安全事故的预防关键是要加强危险源的管理。在这方面，大数据分析也可以发挥作用。例如可以通过互联网、物联网对重大危险源进行精确标识和动态监控；通过对重大危险源监测大数据与自然灾害监测大数据的关联分析，识别两者之间的规律，以优化重大危险源的储存与运输。

② 改进应急准备针对性。根据《中华人民共和国突发事件应对法》的要求，应急准备主要包括应急预案体系建设、应急物资储备、应急队伍建设、应急演练和培训等。大数据分析可以优化应急物资储备，提升应急演练和培训效果。例如可以通过对自然灾害或生产安全事故条件下应急物资需求的关联分析，优化应急物资储备的数量配置和储存位置；也可以通过对自然灾害或生产安全事故条件下大规模人群行为规律的大数据分析，有针对性地改进应急演练和培训工作。

③ 提升应急响应效率。在实践中，应急响应通常包括十余项子功能。其中，指挥与协调、信息发布、损失评估、救灾物资发放监督与审计等对信息高度敏感，都可以通过大数据分析来加以改进。例如通过对物资储备大数据和资源需求大数据的关联分析，提升指挥与协调的精度；通过对预警信息扩散机制的大数据分析，提升信息发布的效率；通过对网络舆情的大数据分析，改进指

挥与协调、信息发布，对救灾物资发放进行监督等。

④ 促进恢复。无论是自然灾害，还是生产安全事故，恢复的核心都是从中学习。在这方面，网络舆情大数据的作用至关重要。例如通过网络舆情大数据的情感分析、“词云”分析，可以有效挖掘公众对应急管理的态度倾向和议题焦点，为改进应急管理提供精准支持。

（2）云计算

云计算是一种基于互联网的计算方式，通过网络“云”将巨大的数据计算处理程序分解成无数个小程序，然后通过多部服务器组成的系统处理和分析这些小程序，并将得到的结果返回给用户。

云计算的历史可以追溯到 1956 年，Christopher Strachey 发表了一篇关于虚拟化的论文，而后随着网络技术的发展，逐渐孕育了云计算的萌芽。2006 年 8 月 9 日，Google 首席执行官埃里克·施密特（Eric Schmidt）在搜索引擎大会（SES San Jose 2006）首次提出“云计算”（Cloud Computing）的概念，这是云计算发展史上第一次正式地提出这一概念。最近 10 年间，云计算的飞速发展与翻天覆地的变化，已被视为计算机网络领域的一次革命。

与传统网络应用模式相比，云计算因其具有虚拟化、动态可扩展、按需部署、灵活性和可靠性高等特点，已广泛应用于社会的各个方面。在应急管理方面，基于云计算技术可构建云应急系统，通过采用先进的情景感知技术、情景分析技术、资源保障管理技术、在线感知技术、语义网技术，并与云计算、网络通信、资源虚拟化、服务化、智能决策支持等技术相融合，搭建并运营云应急服务平台，为应急需求者提供智慧型定制化的应急服务，从而提高应急资源的可扩展性和可控性，动态进行应急资源发现、匹配、服务封装，全面感知和理解应急管理需求，智能化分析情景变化，动态生成和调整、并行应急管理过程，使应急管理工作协同、有序、高效进行。通过实时采集并集成海量、多源、异构应急数据，对线上多源应急信息进行抽取、过滤、标准化、存储、智能分析与态势研判；基于网络技术进行智能化应急感知、异常探测、预警和应急资源实时定位，智能发掘应急需求，为情景还原和应急需求决策提供坚实的数据基础。

（3）物联网

根据国际电信联盟（ITU）的定义，物联网是指通过二维码识读设备、射频识别（RFID）装置、红外感应器、全球定位系统和激光扫描器等信息传感设备，按约定的协议把任何物品与互联网相连接，进行信息交换和通信，以实现智能化识别、定位、跟踪、监控和管理的一种网络。

物联网概念最早出现于比尔·盖茨 1995 年《未来之路》一书，只是当时受限于无线网络、硬件及传感设备的发展，并未引起世人的重视。此后，随着传感技术研究的进步，1999 年在美国召开的移动计算和网络国际会议以及 2003 年美国《技术评论》杂志分别提出“传感网是下一个世纪人类面临的又一个发展机遇”“传感网络技术将是未来改变人们生活的十大技术之首”。2005 年 11 月 17 日，在突尼斯举行的信息社会世界峰会（WSIS）上，国际电信联盟（ITU）发布了《ITU 互联网报告 2005：物联网》，正式提出了“物联网”的概念。2009 年 8 月党和国家领导人考察无锡时明确提出要落实“感知中国”的国家战略，为迎接新一波信息技术革命，将物联网产业作为战略性新兴产业，加快物联网技术研究与发展，就此掀起了我国物联网技术应用浪潮。

物联网的主要研究内容包括全面感知、可靠传输、智能处理三个方面。与传统互联网相比，其具有以下鲜明特征。

① 物联网是各种感知技术的广泛应用。物联网上须部署海量的多种类型传感器，每个传感器都是一个信息源，不同类别的传感器所捕获的信息格式不同，且获得的数据具有实时性，按一定频率周期性地采集环境信息并不断更新数据。

② 物联网是一种建立在互联网上的泛在网络。物联网技术的重要基础和核心仍然是互联网，通过各种有线、无线网络与互联网融合，将物联网传感器定时采集的信息通过网络传输实时准确地传递出去。

③ 物联网具有智能处理的能力，能对物体实施智能控制。物联网将传感器和智能处理相结合，利用云计算、模式识别等各种智能技术，从传感器获得的海量信息中分析、加工和处理有意义的数据，以适应不同的需求。

作为沟通客观物理世界和主观感知世界的载体与桥梁，物联网通过一组大冗余、低成本的传感器协同事务，以更直接、更精确的方式做到对环境信息进行全面监测，进而实现对复杂环境或复杂事件的精确感知。因此，将物联网应用于应急管理，通过运用现代信息技术，创新应急管理模式，推进城市精细化管理，实现智能感知，使各级政府、企事业单位能够做到快速、高效地预防，指挥相应应急事件，达到防灾、减灾目的。

（4） 5G 技术

5G 即第五代移动通信技术的简称，是最新一代蜂窝移动通信技术。相较于以前的蜂窝网络，5G 网络具有以下优势。

① 传输速度快。5G 技术的数据传输速度最高可达 10Gb/s，比当前的有线互联网要快，是先前 4G LTE 蜂窝网络的 100 倍。因此，5G 技术应用在文件的传输过程中，传输速度的提高会大大缩短传输过程所需要的时间，对于工作效率的提高具有非常重要的作用。

② 低时延。5G 技术具有更快的响应时间，其网络延迟低于 1ms，而 4G 为 30～70ms，这意味着 5G 技术在安全领域有广阔的应用前景。

③ 低功耗。所有的物联网产品都需要通信与能源，虽然通信可以通过多种手段实现，但是能源的供应只能靠电池。通信过程若消耗大量能量，就很难让物联网产品被用户广泛接受。如果能把功耗降下来，将能大大改善用户体验，促进物联网产品的快速普及。

毫无疑问，社会、经济发展过程中出现了许多复杂且难以控制的突发事件，而监视系统是可以提高人民生活安全性的技术解决方案之一。这就需要快速而庞大的网络来连接数据库、相机、传感器和其他设备。而 5G 技术可为紧急系统中的监控体系提供快速庞大的网络，支撑其设备和数据库。同时，5G 技术提供的边缘计算技术、实时传输技术又能支撑原始数据的快速处理和发布。这些高新技术的快速发展，使突发事件监测与预警系统的发展随之变得飞速与快捷。

突发事件监测与预警系统是一个集多种技术于一体的系统工程，它由突发事件风险信息采集系统、数据处理分析系统、预警评价系统、预警信息传输和实时发布系统、预警防范措施系统等子系统构成。

突发事件风险信息采集是指根据系统收集、归纳的风险信息类型，把某一突发事件的风险信息录入，系统依据该突发事件的详细风险信息主动归类突发事件类型，不断丰富和完善突发事件风险信息数据库的过程。

数据处理分析系统数据库的信息采集和比对为数据处理分析过程完成了数据的正确处理流向，数据输入分类处理系统为数据的预评价工作做好了准备。

预警评价系统对已分类的数据信息进行量化，依据量化结果输出定性评价信息。预警信息传输和实时发布系统连接预警评价系统与预警防范措施系统，是实现数据处理端和措施提出端的桥梁。预警信息传输和实时发布系统将突发事件风险信息的定量和定性评价结果链接到可视化平台，便于人们掌握详细的突发事件风险信息，及时做出正确的决策。

预警防范措施系统依照预警信息传输和实时发布系统传送的定性定量数据给出合理具体的突发事件防范措施，并投射到可视化平台，以便人们将客观和主观防范措施进行有效结合，及时准确地做出突发事件处理决策。

5.4 突发事件分级预警

突发事件的早发现、早报告、早预警是及时做好应急准备、有效处置突发事件、减少人员伤亡和财产损失的前提，因而近年来突发事件预警得到政府的普遍重视。突发事件预警是指根据突发事件的预测分析和风险评估结果，依据突发事件可能的危害程度、紧急程度和发展态势，确定相应预警级别，标示预警颜色，并向社会发布相关信息。换言之，突发事件预警是在突发事件监测中的信息采集、信息研判和信息编报三个环节后，根据突发事件监测的结果来确定预警级别，发布相关信息，并采取相应措施的活动。

5.4.1 突发事件预警概述

（1）突发事件预警的要素

突发事件预警之所以能够起到警示作用，是由突发事件规律决定的。人们能够通过对事物内在矛盾的认识和量变质变关系的把握以及对事物表象和事物之间联系的分析，了解事物各发展阶段量的状态和表象特质。想要通过预警来认识和掌握突发事件的状态、特性和态势等内容，首先需要了解突发事件预警包含哪些要素。突发事件预警的要素包括警情、警源、警兆、警度和警限。

① 警情。警情又名“警义”。在突发事件预警中，警情就是社会发展过程中出现的异常情况。《中华人民共和国突发事件应对法》中规定的自然灾害、事故灾难、公共卫生事件和社会安全事件四大类，以及各小类，如干旱、地震、交通事故等，都是警情。

② 警源。警源是指某种警情发生的根源，同时也是影响社会稳定的根源。弄清警源是应急管理活动中突发事件预警的基础。明确警源是指在突发事件预兆出现之前就对运行状态进行监测，发现突发事件发生的根源。

③ 警兆。警兆是能够直接提供预警信号的一类预警指标。一般而言，在社会发展发生异常变化导致警情暴发之前，总有一定的先兆，如“蚂蚁搬家”就是“天要下雨”的先兆。警兆就是警情暴发之前的先兆性指标，应急管理工作人员可以根据警兆预知、预测尚未发生的事情，以便做到及时预警。任何突发事件的发生都具有一定的必然性，而这些必然因素就是我们要发现的警兆，同时也是对突发事件进行预测和预警的前提。

④ 警度。警情的轻重程度称为警度，又称“警级”。警度是突发事件信息

研判的结果，也是突发事件预警的最终产出形式。警度不仅反映警情的变化程度或强度，而且还间接反映警情可能造成危害的程度。《中华人民共和国突发事件应对法》规定，突发事件分为四个级别，即特别重大（Ⅰ级）、重大（Ⅱ级）、较大（Ⅲ级）和一般（Ⅳ级）。相应地，警度也分为四个级别，即巨警警度、重警警度、中警警度和轻警警度。

⑤ 警限。警区和警点统称为警限。警区就是预警区间，即警兆指标的变化范围；警点是预警的分界点，是突发事件由量变转化为质变的临界点。

（2）突发事件预警的功能

突发事件预警从广义上讲是从突发事件信息监测到突发事件预测，并根据预测结果制定突发事件预警决策，发出预警警告，其目的是化解危机或缓解危机带来的损害。因此，掌握突发事件预警的功能能够更好地认识突发事件预警的流程和内涵。

① 预测功能。预测是突发事件预警的首要功能，其他功能皆为预测功能的衍生。科学的预测是危机管理的前提，主要预测危机爆发的可能性及危害程度，预测危机的演变、发展和趋势等，为突发事件预警提供科学依据。

② 警示功能。预测可以实现对突发事件发生的概率、可能的发展趋势以及造成的社会危害等做出估计。政府依据预测的结果快捷、高效地向相关部门或社会公众发出警示，以引起有关人员和全社会的警惕，提醒各方做好准备，即起到突发事件预警的警示功能。

③ 化解、缓解危机功能。突发事件预警的化解、缓解危机功能主要体现在两个方面：首先，突发事件预警的目标就是化解危机，阻止突发事件的发生。在突发事件出现征兆的时候就通过监测、预警等一系列活动来了解可能发生的突发事件，并发出警示，指导相关单位积极采取应对措施，将突发事件扼杀在萌芽状态。其次，某些突发事件从出现征兆到爆发的时间很短（如交通事故），或是人类难以规避（如自然灾害），因而不可能留有足够时间应对。政府及时向相关部门或社会公众发出警示，提醒人们避开危险，这样就可以缓解危机带来的伤害，起到缓解危机的作用。

④ 信息沟通、发布功能。突发事件预警的另一个功能就是信息沟通、发布功能。一方面可以使政府部门、社会团体及利益相关者之间进行有效的信息沟通，促成不同主体间的协调配合和统一指挥；另一方面，向全社会发布突发事件预警信息，不仅保障了社会大众的知情权，而且还可以安抚民心，维持社会生活的正常秩序。

5.4.2　突发事件预警的种类与分级

（1）预警的种类

按照不同的划分标准，预警的种类有多种形式。根据《中华人民共和国突发事件应对法》规定，按照突发事件的性质来分，预警分为自然灾害、事故灾难和公共卫生事件三大类预警，不包含针对社会安全事件的预警；按照灾害是否有人类活动参与来分，预警可以分为自然灾害预警与人为灾害预警两种；根据所属专业领域不同，涉及气象灾害、汛情、旱情、地震、地质灾害、海洋灾害、森林火灾、草原火灾、生物灾害等多种预警；根据突发事件的发展阶段不同，预警可以分为早期预警、临灾预警和突发事件发生过程中的动态预警。

（2）预警的分级

由于事件突发，人们难以在短时间内对突发事件的严重性、紧急程度和可能波及的范围做出准确的判断，导致预警行动的过度或不足。预警等级过高，会造成人力、物力、财力的浪费；预警等级过低，则会对预防和控制突发事件造成延误，因此需要对预警进行分级管理。

突发事件预警分级是指根据有关突发事件的预测信息和风险评估结果，依据突发事件可能造成的危害程度、紧急程度和发展态势，确定相应预警级别，标示预警颜色，并向社会发布相关信息。《中华人民共和国突发事件应对法》第六十三条第二款和第三款规定："可以预警的自然灾害、事故灾难和公共卫生事件的预警级别，按照突发事件发生的紧急程度、发展势态和可能造成的危害程度分为一级、二级、三级和四级，分别用红色、橙色、黄色和蓝色标示，一级为最高级别。预警级别的划分标准由国务院或者国务院确定的部门制定。"由于不同突发事件的性质、机理、发展过程不同，难以对各类突发事件预警级别规定统一的划分标准，因此预警级别的划分标准由国务院或者国务院确定的部门制定。通常情况下，同一种类的预警与突发事件在分级数量、分级对象和分级标准上保持一致。

在实际工作当中，由于不同种类与区域的突发事件在发生特征、预警能力等方面存在较大差异，因此某些突发事件的预警级别并没有严格按照四级的标准进行划分，最少的仅设有一个级别，最多的可有五个级别。

5.4.3　突发事件预警的内容

突发事件预警的主要内容包括以下几点。

（1）预警信息的处理与发布

这个阶段的任务是在各部门与各专业的专家参与下，根据特定的预警现象收集有关信息，对收集的全部信息进行多次分析研究，完成筛选工作，之后进行评价，来确定这些信息的实际重要性。在确定信息的准确性与重要性后，会同有关专家，根据经验和理论来确定预警指标的临界值。当先兆信息的某些参数接近或达到阈值时，就意味着将有突发事件发生。一旦特性参数接近或达到阈值时，系统就在合适的时点上发出某时间即将发生突发事件的警告。采用传统方法与科技方法相结合的手段，向工作人员和公众发出警报。

（2）预警级别的划分

完善现有的预警级别划分标准，对各类突发事件的预警级别加以细化和规范化。完善预警级别的动态调整、重新发布和预警解除机制，提高预警信息的连续性。规范预警标志，多渠道设置规范而直观的预警标志。将突发事件进行更加科学合理的分类并逐步实现数字化，提高根据综合研判结果快速确定事件预警级别的能力，实现对分级指标进行检索、添加、修改、查看、删除等功能。

（3）预警发布制度的完善

根据即将或可能发生的突发事件的类型和特征，参照相关预案规定和预警级别，启动相应的预警信息发布流程。依据“属地管理为主、权责一致、接受上级领导统一指挥”原则，进一步明确预警警报的发布权和授权制度。规范预警信息的发布内容，如突发事件的类别、预警的级别、起始时间、可能影响的范围、警示事项、应采取的措施和发布机构等。扩大预警发布的渠道，充分利用广播、电视、报纸、电话、手机短信、街区显示屏和互联网等多种形式发布预警信息，确保广大人民群众第一时间掌握预警信息，使他们有机会采取有效防御措施。建立针对特殊群体的预警发布渠道，如对老、幼、病、残、孕等特殊人群以及学校等特殊场所和警报盲区应采取有针对性的公告方式。

（4）落实发布预警信息后的预警措施制度

根据风险评估和预警措施评估结果，深入分析风险隐患产生的主客观原因，及时修订、完善相关规章制度，有针对性地制定和完善切实可行的预警措施，提高预警措施的针对性、可行性、规范性和科学性。完善预警措施实施后的反馈和评估机制，适时对预警措施进行监督检查和评估，建立预警措施更新调整机制，根据措施的实际效果不断完善预防预警措施。

5.4.4 突发事件预警的信息

全面、准确地收集、传递、处理和发布突发事件预警信息，有利于应急处置机构对事态发展进行科学分析和最终做出准确判断，从而采取有效措施将危机消灭在萌芽状态，为突发事件发生后具体应急工作的开展赢得宝贵的准备时间；也有利于社会公众知晓突发事件的发展态势，以便及时采取有效防护措施避免损失，并做好有关自救互救准备。

（1）预警信息构成

预警信息包括发布机关、发布时间、可能发生的突发事件类别、起始时间、可能影响范围、预警级别、警示事项、事态发展、相关措施、咨询电话等。有些预警信息比较简洁，一般只包含向社会公众发布的警报信息图标，即预警信号，由预警名称、预警图标和预警含义三部分构成。

（2）预警信息要求

① 语言表述必须简练、清晰、易懂。避免使用冗长、晦涩、难懂的专业性语言，否则公众在短时间内难以理解预警信息内容，会延误逃生避险时间。

② 内容表述要准确无误。根据科学监测得出的结论，尽可能客观准确表述可能发生的突发事件的类别、预警级别、可能性大小、严重程度、影响范围等事项，以供公众做出正确的选择。

③ 预警内容要以受众为导向。充分考虑预期受众的民族、语言、文化、教育程度、性别、区域等背景差异，有针对性地发布具有不同语言、方言等版本的预警信息。

（3）预警信息发布

及时、快速、准确地发布预警信息能让政府和民众获取宝贵的时间来应对各种灾害，是应急管理体系中的重要环节，建立权威统一、协同联动、随需应变、及时高效的突发事件预警信息发布体系是提升政府应急管理水平的重要手段。

政府部门是发布预警信息的合法主体，同时在预警传播的过程中会有多个主体参与其中，比如电视台、广播、报纸、网络等。政府发布预警的渠道主要是各级政府突发事件预警信息发布平台。国家预警信息发布中心成立于 2015 年 2 月 26 日，挂靠中国气象局公共气象服务中心。中心是国务院应急管理部门面向政府应急责任人和社会公众提供综合预警信息的权威发布机构，是国家应急管理体系的重要组成部分，主要承担国家突发事件预警信息发布系统（简称“国家预警发布系统”）建设及运行维护管理，为相关部门发布预警信息提供综合发布渠道，研究拟定相关政策和技术标准，开展预警信息科普与宣传等工作。

① 预警信息发布流程。包括关键点监控、风险研判、预警信息形成、信息传播及效果评估。关键点监控指实时监控可能引发突发事件的关键部位，如暴雨洪涝灾害的水位、泥石流灾害的易滑坡点位；风险研判指通过构建模型对收集关键点监控信息进行研判分析，判断风险级别及范围；预警信息形成指按照风险研判分析情况生成预警信息并明确风险级别；信息传播指通过各类渠道将生成的预警信息传播出去；效果评估指对应急预警信息发布全流程的效果进行评估。

② 预警信息发布手段。为提高预警信息的可靠性，杜绝各种流言与谣传，需要由社会公众信赖的权威机构统一对外发布原始预警信息，同时预警信息的传播还可以通过电视台、广播、报纸、手机短信、LED 显示屏、微博、微信、邮件、传真、喇叭、警报器、宣传车或组织人员逐户通知等方式进行，对老、幼、病、残、孕等特殊人群以及学校等特殊场所和警报盲区应当采取有针对性的公告方式。多种信息发布手段的使用可以充分利用社会资源的发布终端，减少信息覆盖盲区，降低通信基础差、灾害频发的偏远农村、牧区、山区、渔区预警信息接收不到的风险，同时充分考虑不同人群获取信息方式的差异性。

③ 预警信息发布原则。预警信息发布工作遵循“政府主导、部门联动、社会参与、统一发布、分级负责、纵向到底”的原则，做到“健全制度、落实责任，依靠科技、手段多样，整合资源、强化基层，流程顺畅、安全高效”。

④ 预警信息发布与管理制度。预警信息实行分级发布、报告和通报制度。可以预警的自然灾害、事故灾难或公共卫生事件即将发生或发生的可能性增大时，县级以上人民政府要向社会公开发布相应级别的预警信息，决定并宣布有关地区进入预警期，同时向上一级人民政府报告，必要时可以越级上报，并向当地驻军和可能受到危害的毗邻或者相关的县级以上人民政府通报。通常，二级以上预警信息，由省级政府应急管理部门根据省级人民政府授权负责发布。特殊情况下，省级人民政府认为有必要发布的预警信息，可不受预警级别限制。三级预警信息，由各地市级以上、省直管县（市、区）政府应急管理部门根据本级人民政府授权负责发布。四级预警信息，由县级政府应急管理部门根据本级人民政府授权负责发布。县级以上人民政府有关单位启动应急响应后，可以根据需要和有关规定发布专项预警信息。

⑤ 预警信息动态管理制度。发布预警信息的人民政府要根据事态的发展，

适时调整预警级别和宣布解除警报，并重新发布、报告和通报有关情况。上级人民政府认为下级人民政府发布的预警信息不恰当的，要及时责令下级人民政府改正或直接发布有关预警信息。

5.4.5　突发事件预警的程序

预警程序分为发布预警、激活应急响应、调整预警和终止预警四个步骤。

（1）发布预警

对于自然灾害、事故灾难和公共卫生事件来说，根据监测得出的分析结果，如果事件即将发生或者发生的可能性增大，在接到相关监测站点与研究机构发出的警告建议之后，县级以上地方各级人民政府要依据预警发布程序，做好以下三项工作：

① 发布相应级别的警报，决定并宣布有关地区进入预警期；

② 向上一级人民政府及其有关主管部门报告；

③ 根据突发事件的发展态势，如果认为有必要，可以越级上报，同时向当地驻军和可能受到危害的毗邻或者相关地区的人民政府通报。

（2）激活应急响应

发布预警信息以后，需要及时对突发事件做出反应，激活有关各方的应急响应，否则监测预警工作就失去了实际意义。《中华人民共和国突发事件应对法》第六十六条规定："发布三级、四级警报，宣布进入预警期后，县级以上地方人民政府应当根据即将发生的突发事件的特点和可能造成的危害，采取下列措施：（一）启动应急预案；（二）责令有关部门、专业机构、监测网点和负有特定职责的人员及时收集、报告有关信息，向社会公布反映突发事件信息的渠道，加强对突发事件发生、发展情况的监测、预报和预警工作；（三）组织有关部门和机构、专业技术人员、有关专家学者，随时对突发事件信息进行分析评估，预测发生突发事件可能性的大小、影响范围和强度以及可能发生的突发事件的级别；（四）定时向社会发布与公众有关的突发事件预测信息和分析评估结果，并对相关信息的报道工作进行管理；（五）及时按照有关规定向社会发布可能受到突发事件危害的警告，宣传避免、减轻危害的常识，公布咨询或者求助电话等联络方式和渠道。"

《中华人民共和国突发事件应对法》第六十七条规定："发布一级、二级警报，宣布进入预警期后，县级以上地方人民政府除采取本法第六十六条规定的措施外，还应当针对即将发生的突发事件的特点和可能造成的危害，采取下列一项或者多项措施：（一）责令应急救援队伍、负有特定职责的人员进入待命状态，并动员后备人员做好参加应急救援和处置工作的准备；（二）调集应急救援所需物资、设备、工具，准备应急设施和应急避难、封闭隔离、紧急医疗救治等场所，并确保其处于良好状态、随时可以投入正常使用；（三）加强对重点单位、重要部位和重要基础设施的安全保卫，维护社会治安秩序；（四）采取必要措施，确保交通、通信、供水、排水、供电、供气、供热、医疗卫生、广播电视、气象等公共设施的安全和正常运行；（五）及时向社会发布有关采取特定措施避免或者减轻危害的建议、劝告；（六）转移、疏散或者撤离易受突发事件危害的人员并予以妥善安置，转移重要财产；（七）关闭或者限制使用易受突发事件危害的场所，控制或者限制容易导致危害扩大的公共场所的活动；（八）法律、法规、规章规定的其他必要的防范性、保护性措施。”

（3）调整预警

预警发布以后并不是一成不变的。单一事件在发生发展到应对完毕的整个过程中，存在预警级别动态变化的情况。突发事件初起时的预警级别可能较低，随着事态的进一步扩大，其预警级别可能上升，反之亦然。如果有关部门不及时更新、调整预警级别，很可能造成重大损失或付出不应有的代价。随着突发事件的演变及相关处置手段的干预，突发事件的发展态势可能逐渐变弱，这就需要及时解除预警，减少或避免对公众生产生活产生影响。预警级别的调整不仅是应对突发事件的需要，也是降低应急管理成本、保障公众权益的措施之一。

（4）终止预警

预警发布以后，如果经过核查，发现原先的监测判断有误，或者预先采取的针对性措施已经将危险隐患排除，近期不可能发生突发事件，或是在突发事件发生以后，人们及时投入抢险救灾行动等，使得突发事件的危险得到解除，在这两种情况下，负责发布预警的人民政府应当立即宣布解除警报，终止预警期，并解除已经采取的有关措施。

5.5 突发事件预警技术

5.5.1 突发事件预警的渠道

（1）政府部门是发布预警信息的合法主体

根据《中华人民共和国突发事件应对法》规定，在自然灾害、事故灾难或者公共卫生事件即将发生或者发生的可能性增大并且可以做出预警的情况下，由县级以上地方各级人民政府发布相应级别的预警。由权威机构统一对外发布原始预警信息，可以有效杜绝各种流言与谣传。

（2）非政府组织和志愿者机构等社会力量在传递预警信息过程中发挥重要作用

非政府组织和志愿者机构组织体系庞大，人员队伍众多，反应及时灵活，可以在政府部门发布预警信息之后及时地将警报传递给组织成员，并经组织成员向周围人群传播。非政府组织和志愿者亲和力强，经其传播的预警信息更容易得到广大社会民众的理解与接受。

5.5.2　突发事件预警的手段

（1）互联网

与传统媒体相比，互联网具有实时动态、简单方便、覆盖范围广、互动性强等特点，因而在发布预警信息方面具有得天独厚的优势。通过互联网发布预警信息时，可以充分利用图片、动画、文字等方式对预警信息进行解释，让公众能够准确地掌握预警信息内容，及时采取有效的逃生避险措施。

（2）手机等移动终端

手机等移动终端具有覆盖范围广、携带方便、沟通及时等特点，为社会公众接收短信型预警信息提供了良好的便利条件。

（3）电视

电视媒体具有观众数量庞大、收视率高、图像清晰生动、直播实时性强、可以长时间持续播出等特点。通过电视发布预警信息是发达国家常用的方法。

（4）广播

广播曾经是普及程度最高的媒介传播方式，受到广大人民群众的喜爱。虽然广播的作用与地位现在逐渐削弱，但是它在传播预警信息方面仍然具有重要价值，尤其是在灾害发生时，在电视、固定电话等通信设施陷入瘫痪的状态下，收音机因其体积小、不受空间限制等特点就显示出了巨大的优越性。另外，在日常生活中，广播听众主要是司乘人员和离退休老人等群体。在通过广播发布预警时，要充分考虑到这些人群收听广播的需求特点。

（5）微博

微博是电子信息化时代的新兴媒体，借助互联网和手机上网的广泛普及，受到越来越多人的欢迎。微博具有实时互动性强、内容短小灵活、受众定位明确、发布简便易行等特点，在发布预警信息方面具有巨大的优势与潜力，逐渐受到应急管理部门的高度重视。

（6）报纸

报纸发行量大，覆盖面广，但是存在一定的滞后性，不能实时动态发布信息。因此，报纸适合发布时间跨度比较大、时效性不强的预警信息，比如常规性的气象灾害预警、洪水汛期预警、流行病预警等。

（7）其他方式

除了上面列举的六种预警方式之外，还有室外电子显示屏、流动车辆广播、人工传达、高音喇叭、预警专用接收机等多种手段。一般来说，室外电子显示屏适用于重大室外活动的预警，可以让现场人员及时获知相关预警信息；流动车辆广播和人工传达适用于出现“最后一公里”信息梗阻问题的预警发布，针对接收信息不便的农村偏远地区、打工者聚集的城乡接合部、行动不便的老年人群体等发布预警信息；高音喇叭适用于在地域广阔、人员稀少、信息落后的农村地区发布预警；预警专用接收机是安装在居民家中和工矿企业、政府机关等单位专门用来接收预警的小装置，在欧美、日本等发达国家使用较多。

5.5.3 突发事件预警的技术

目前，人们开始高度重视对预警理论和方法的研究与应用。突发事件预警的技术主要包括传统方法和技术方法。传统的预警方法是在没有或是较少技术设备支撑的基础上，根据简单目测或是观察获得突发事件相关信息，以口头、广播、电话等形式通知相关人员的预警方法。相较于传统的预警方法，基于专业科学技术的预警方法，其预警信息具有更为精确、可考证等特点，但由于预警信息的研判需要一定的时间，因此会损失一定的时效性。具体来看，专业的预警技术方法包括指数预警技术、统计预警技术、模型预警技术。

（1）指数预警技术

该方法是通过制定综合指数来评价检测对象所处的状态。目前主要应用于宏观公共安全领域，用于预测公共安全周期的转折点。

（2）统计预警技术

该方法主要通过统计方法来发现监测对象的波动规律，它的使用变量少，数据收集容易，操作比较简单，如多元判别分析法、Logistic 回归分析法等。

（3）模型预警技术

该方法是通过建立数学模型来评价监测对象所处的状态，因而在监测点比较多、比较复杂时广泛用到。模型分为线性模型和非线性模型，主要灾害变量之间有明确的数量对应关系时就用线性模型预警，非线性模型预警则对处理复杂的非线性系统具有较大的优势。如何对监测对象的复杂表现状态进行有效预警评价是目前预警的难点。

本章思考题

① 简述突发事件监测与预警的重要性及其在应急管理中的作用。
② 简述监测的定义和要求以及如何建立有效的监测机制。
③ 简述预警的定义和目标以及如何制定合理的预警原则。
④ 简述突发事件信息系统的构成和运行机制。
⑤ 分析突发事件监测与检测技术的发展及其在实际应用中的挑战。
⑥ 简述突发事件分级预警的依据和实施过程。
⑦ 讨论突发事件预警技术的发展趋势及其在提高预警效率中的作用。
⑧ 分析如何通过监测与预警提高对突发事件的响应速度和处置能力。
⑨ 讨论在不同类型突发事件中监测与预警系统的差异和特点。
⑩ 论述如何通过跨部门合作提升突发事件监测与预警系统的整体效能。

第6章

突发事件应急处置与救援

应急处置与救援属于应急响应的重要内容，人们经常将应急响应、应急处置与救援相提并论，实际上两者是有区别的。从时间上来看，应急处置与救援是在突发事件发生后采取的行动，应急响应则不一定发生在突发事件发生之后。如当气象预警台风即将来临时，公众疏散到避难场所，就属于应急响应的内容。从活动内容上看，应急响应不仅包括应急处置与救援，还包括突发事件预警之后、突发事件发生之前的活动以及信息公开、危机沟通等多方面的活动。从组织主体来看，应急响应主体可以是政府、专业力量、公众、志愿者等，而应急处置与救援工作主要是由行政机关主导的。

6.1 突发事件应急处置与救援概述

6.1.1 应急处置与救援的概念

国内有学者认为，应急处置与救援主要是指在突发事件发生后采取行动对其影响进行处置和救援。应急响应的核心功能和任务包括接警与通知、指挥与控制、警报和紧急公告、通信、事态监测与评估、警戒与治安、人群疏散与安置、医疗与卫生、公共关系、应急人员安全、消防和抢险等。这些核心功能具有一定的独立性，但相互之间又密切联系，构成了应急响应的有机整体。

米切尔·K·林德尔（Michael K Lindell）、卡拉·普拉特（Carla Prater）、罗纳德·W·佩里（Ronald W Perry）认为，处置紧急事件是有组织的应急响应，包括四项基本职能：应急评估（威胁探测与紧急事件分级、致灾因子监测与环境监测、人员检测与评估、损失评估）、致灾因子作业（如用水灭山火、修补或堵塞存储设备的漏洞以阻止危险物质泄漏）、人员保护（保护行动选择、人群报警、保护行动的实施、影响区进入控制与安全、搜救、灾民的接收与关爱、应急医疗服务、致灾因子暴露的控制、环境保障）和突发事件管理（机构通知与动员、应急设施与装备的动员、沟通/文件记录、分析/规划、内部指导与控制、外部协调、公共信息发布、行政支持与后勤支持）。

《中华人民共和国突发事件应对法》规定："突发事件发生后，履行统一领导职责或者组织处置突发事件的人民政府应当针对其性质、特点、危害程度和影响范围等，立即启动应急响应，组织有关部门，调动应急救援队伍和社会力量，依照法律、法规、规章和应急预案的规定，采取应急处置措施，并向上级人民政府报告；必要时，可以设立现场指挥部，负责现场应急处置与救援，统一指挥进入突发事件现场的单位和个人。"根据该规定，可以把应急处置与救援定义为：在突发事件发生后，根据突发事件的级别与类别，相应的人民政府与相关的突发事件分类管理部门，立即组织有关部门，调动应急救援队伍和社会力量，采取有效措施，最大限度地减少损害，防止突发事件的扩大和次生灾害的发生。

6.1.2　应急处置与救援的特点

相比应急管理的其他流程，应急处置与救援处于应急管理的核心位置，具有以下特点。

（1）高度不确定性、紧迫性

应急处置的紧迫性和不确定性主要表现在两个方面：一是在毫无预见的状态下事件突然发生，用常规性规则很难判断；二是事件发展迅速，瞬息万变，在各种诱因的作用下，突发事件可出现次生、衍生、耦合、变异等变化，几乎没有规律可循和经验性的知识可用，一旦触发，蔓延迅速，甚至失控而造成更大危害。

（2）非常规行政管理行为

为迅速控制事故，防止事态扩大，应急管理部门在政府授权下采取紧急状态行为，如征用民间物资、动员公众力量、限制人身自由和实行新闻管制等。事件突然发生，且必须紧急处置，应急管理人员必须在信息欠缺、资源有限和时间紧迫的条件下做出非程序化决策，还要使突发事件得到有效控制并迅速将形势恢复为常态。同时，在非常严重的局势和非常紧迫的情况下，现场应急指挥也可能实行临机决断，事后补办授权的程序。但即使在应急状态下，任何非常规行政管理也必须依法行事。

(3)核心是控制

突发事件的后果一般很难预测，尤其是在应急救援过程出现反复或应急周期过长的情况下，公众失去耐心易产生急躁恐慌心理，也可能在社会上诱发流言，导致不正常的社会冲动；应急队伍长期作战，或损失、伤亡过重，都会影响士气；突发事件影响扩散蔓延也可能造成大量物资、资金的投入和设施的破坏，给恢复重建增加困难等等。突发事件还常常产生次生和衍生灾害。如2005年11月13日中石油吉林石化公司双苯厂一化工车间连续发生爆炸。爆炸事故发生后，消防水连带苯类污染物流入松花江，松花江发生重大水污染事件。因此，要尽量在突发事件的先期处置阶段，采取有效措施控制事态，在时间上要迅速，越快越好，在空间上要控制规模和影响范围，越小越好，防止事态升级失控。

6.1.3 应急处置与救援的原则

(1)安全第一，以人为本

应急处置与救援最重要的原则是保证人的安全。坚持以人为本，坚持人民至上、生命至上，就是坚持“先救人、后救物”，在任何情况下都要确保人的生命安全和身体健康，绝对不能拿生命冒险。在应急救援过程中，最优先的目标和最重要的举措都要首先保证人身安全。同时，要十分注意保护应急救援队伍自身的安全，实际上在极端危难的情况下，保护不了自己的安全，就无法救助别人。每一位应急指挥员，都有责任保障应急救援队伍的安全，任何一级指挥员都没有权力因为财产等物质原因让应急救援人员冒生命危险。

(2)属地为主，先期处置

不论发生哪一个级别的突发事件，各级政府都要遵循属地为主的原则，及时展开先期处置，以防止突发事件事态进一步扩大、升级，尽可能减少突发事件给公众生命、健康安全和财产带来的损失。突发事件一旦发生，时间就是生命，事故后果的严重度与应急响应速度密切相关，对事件受害人早期的抢险救治，对保障生命、减轻伤害具有决定性意义。同时，如果先期处置不够及时，就可能导致事件扩大和激变。属地政府熟悉事发地情况，属地应急力量可以在第一时间赶到突发事件现场，有助于突发事件的先期处置。

(3)统一指挥，协调一致

应急指挥在组织结构上可分为多种形式，但无论采用哪一类指挥系统都必须坚持统一指挥的原则，无论涉及的应急救援活动单位的行政级别和隶属关系如何不同，都必须服从应急指挥部的统一指挥协调，统一号令，步调一致，令行禁止。应急指挥的最基本功能就是统一指挥协调执行应急救援任务，使各参与单位既能充分发挥自己的作用，又能相互配合，提高整体效能。一般情况下，在同一时间、同一地区执行应急任务的各专业队伍，都应紧密配合执行主要任务的队伍行动，尤其是在跨行业、跨领域、跨地区乃至跨国界的重大突发事件中，更应强调在一个共同的指挥系统内实现高度统一的协调指挥。

（4）政府主导，多方协作

“政府主导，多方协作”已经成为发达国家应急管理工作的基本原则。政府应急处置工作需要整合和协调机制：从协调对象上看，包括其他地方政府、军队、企业、公共服务组织、运输经营单位以及参与应急处置工作的社会公众等各方面力量；从协调内容上看，有应急处置所需设备、设施、场地、交通工具和其他物资的征用。

（5）依靠科学，专业处置

应急处置必须科学有序进行。一是必须充分利用各种高科技成果，特别是发挥先进信息技术和有效应急装备在应急处置中的重要作用；二是要充分发挥各类应急专家的作用，制定科学合理的应急处置方案；三是要充分发挥专业应急处置力量的作用，专业应急处置力量具有丰富的处置经验和熟练使用各种救援装备的能力。

6.1.4　应急处置与救援的基本任务

对于事故灾难而言，应急处置与救援的基本任务一般包括以下几项。

① 立即组织营救受害人员，组织撤离或者采取其他措施保护危害区域内的其他人员。抢救受害人员是应急救援的首要任务，在应急救援行动中，快速、有序、有效地实施现场急救与安全转送伤员是降低伤亡率、减少事故损失的关键。重大事故发生突然、扩散迅速、波及范围广、危害大，应及时指导和组织群众采取各种措施进行自身防护，并迅速撤离危险区或可能受到危害的区域。在撤离过程中，应积极组织群众开展自救和互救。

② 迅速控制危险源，并对事故造成的危害进行检验、监测，测定事故的危害区域、危害性质及危害程度。及时控制造成事故的危险源是应急救援工作的重要任务。只有及时控制住危险源，防止事故的继续扩大，才能及时有效地进行救援。特别对发生在城市或人口稠密地区的危化品事故，应尽快组织专业

救援队、工程抢险队与事故单位技术人员一起及时控制事故以防继续扩大。

③ 做好现场清洁，消除危害后果。针对事故对人体、动植物、土壤、水源、空气造成的现实危害和可能的危害，迅速采取封闭、隔离、洗消等措施。对事故外溢的有毒有害物质和可能对人和环境继续造成危害的物质，应及时组织人员予以清除，防止对人的继续危害和对环境的污染。对危险化学品事故造成的危害进行监测、处置，直至符合国家环境保护标准。

④ 查清事故原因，评估危害程度。事故发生后应及时调查事故的发生原因和事故性质，评估出事故的危害范围和危险程度，查明人员伤亡情况，做好事故调查。

6.2 突发事件先期处置原则与方法

6.2.1 先期处置的定义

先期处置是指在突发事件即将发生或刚刚发生后初期，有关部门对事件性质、规模等只能做出初步判断或还不能做出准确判定的情况下，对事件进行早期应急控制或处置，并随时报告事态进展情况，最大限度地避免和控制事件恶化或升级的一系列决策与执行行动。先期处置的主要任务包括启动现场处置预案、成立现场处置指挥机构、封闭现场、疏导交通、疏散群众、救治伤员、排除险情、控制事态发展、上报信息等。

突发事件的先期处置是应急管理“战时”工作的首要环节。及时、快速而有效地处置可以争取时间，能以尽可能少的应急资源投入，最有效地控制事态扩大和升级并减少损失。

6.2.2 先期处置的目标与原则

先期处置的目标，是在突发事件发生的第一时间开展先期处置工作，按照边处理、边报告的原则，及时有效地控制事态、防止事态的升级和扩大，并将了解的情况和所采取的措施立即反馈给有关部门和地区。

先期处置应当遵循如下基本工作原则。

① 统一现场指挥。必须建立应急处置现场指挥员制度，确定越级指挥、先期处置的原则与权限，落实并完善应急管理行政领导负责制和责任追究制。

② 根据事态性质决定处置方式。先隔离事态，后控制处置，对性质比较确定的突发事件以控制与限制为主，对原因不明的突发事件要一边隔离事态和

控制处置，一边及时判明事件性质和发展趋势。

③ 边处置、边报告。必须坚持边处置、边报告的原则，对没有明确规定、把握不准的问题，应当及时请示，情况紧急来不及请示时应当边处置、边报告或边报告、边处置。

6.2.3　先期处置的主体

《中华人民共和国突发事件应对法》第七十二条规定："突发事件发生后，履行统一领导职责或者组织处置突发事件的人民政府应当针对其性质、特点、危害程度和影响范围等，立即启动应急响应，组织有关部门，调动应急救援队伍和社会力量，依照法律、法规、规章和应急预案的规定，采取应急处置措施，并向上级人民政府报告；必要时，可以设立现场指挥部，负责现场应急处置与救援，统一指挥进入突发事件现场的单位和个人。"由于我国建立的是以"属地管理"为主的应急管理机制，这就意味着基层政府除做好应由本级政府组织处置的突发事件外，还应依法依规、迅速高效地做好需由上级政府组织处置的各类突发事件的先期处置工作。

6.2.4　先期处置的工作内容

（1）在事件发生的第一时间，及时采取临时性的应急控制措施

强化属地管理为主、充分授权、及时决策的原则，提高当地应急指挥机构的就近决策与处置权，以保证突发事件能够得到及时而有效的处置。细化突发事件发生后第一时间的先期处置措施，规范突发事件发生地应急管理部门进行临时性前期应急控制的权责，防止事态进一步扩大，尽可能减小危害。建立先期处置队伍和后期增援队伍的工作衔接机制，提高科学处置的水平。

（2）在了解现状的基础上明确支援内容与要素

向有关部门和领导报告事态进展情况，必要时可向上级有关部门和领导请求支援。明确先期处置队伍向有关部门和领导报告事态进展的内容、程序、方式、时限，规范越级报告制度，提高信息报送的质量。明确先期处置队伍向上级有关部门和领导请求支援以及上级有关部门和领导提供支援的条件、方式和内容，建立情况紧急时上级部门和领导进行越级指挥的制度。

（3）重视基层在突发事件先期处置中的作用

基层是信息报送的第一来源，也是先期处置的重要主体，而且往往是出现

在先期处置第一时间的群体。由于基层离现场近、熟悉现场情况，因此是先期处置的最佳主体。突发事件发生后，只有基层才能做到见事早、行动快，及时开展先期处置，才能为整个事件的成功处置赢得宝贵时间，将事件解决在初发阶段，控制事态扩大，避免造成更大的人员伤亡和财产损失。同时，事发当地的基层组织也是协助大规模应急处置的第一帮手。基层组织和群众可以积极配合上级、外部专业救援队伍开展处置工作，在现场取证、道路引领、后勤保障、秩序维护等方面充分发挥协助处置的作用。同时，要建立政府、企业、社团和个人之间"自救、互救、公救"相结合的合作关系，明确彼此的权利、职责和义务。区域之间也要加强协作，相互援助，共同防灾救灾，防止灾情的扩大。

（4）注重媒体应对，提高舆论引导能力

作为先期处置的主体要善于同媒体打交道，强化舆论引导：一是充分尊重，要与媒体保持及时沟通与联系，让其参与其中，自觉接受媒体监督；二是真诚面对，对事故采取实事求是的态度；三是正确引导，事故发生后要及时公布有关事故原因和救援进展等方面舆论关注的信息，因条件限制不便召开新闻发布会的，也要拟出权威的新闻通稿，供媒体采用，或充分利用新媒体，如官方微博、微信公众号，从而及时有效发布有关信息，主动引导舆论走向。

6.2.5 先期处置措施

（1）自然灾害、事故灾难、公共卫生事件的应急处置措施

《中华人民共和国突发事件应对法》规定，自然灾害、事故灾难或者公共卫生事件发生后，履行统一领导职责的人民政府应当采取下列一项或者多项应急处置措施：

① 组织营救和救治受害人员，转移、疏散、撤离并妥善安置受到威胁的人员以及采取其他救助措施。如在汶川地震中，救援人员实施"先多后少、先近后远、先易后难、先轻后重、优先医务人员"的救助原则，为更多、更快地展开营救创造了良好的条件。

② 迅速控制危险源，标明危险区域，封锁危险场所，划定警戒区，实行交通管制、限制人员流动、封闭管理以及其他控制措施。该措施的目的是防止突发事件进一步蔓延扩大，将人员伤亡与财产损失降到最低限度。

③ 立即抢修被损坏的交通、通信、供水、排水、供电、供气、供热、医疗卫生、广播电视、气象等公共设施，向受到危害的人员提供避难场所和生活必需品，实施医疗救护和卫生防疫以及其他保障措施。

④ 禁止或者限制使用有关设备、设施，关闭或者限制使用有关场所，中止人员密集的活动或者可能导致危害扩大的生产经营活动以及采取其他保护措施。如2003年“非典”疫情期间，为防止疫情扩散，国务院果断地取消了“五一”长假，暂停全国性比赛，一些地区的学校停课，有的地区关闭了娱乐场所。这些措施对保护人民的生命健康是完全必要的。

⑤ 启用本级人民政府设置的财政预备费和储备的应急救援物资，必要时调用其他急需物资、设备、设施、工具。

⑥ 组织公民、法人和其他组织参加应急救援和处置工作，要求具有特定专长的人员提供服务。对现场情况进行初步评估后，应根据相关应急预案组织应急响应的人力资源。人员集结要方便应急处置与救援工作，核心力量和现场急需的专业力量要接近现场，组织调度过程要科学有序，避免现场内外交通堵塞。

⑦ 保障食品、饮用水、药品、燃料等基本生活必需品的供应。

⑧ 依法从严惩处囤积居奇、哄抬价格、牟取暴利、制假售假等扰乱市场秩序的行为，维护市场秩序。

⑨ 依法从严惩处哄抢财物、干扰应急处置工作等扰乱社会秩序的行为，维护社会治安。

⑩ 开展生态环境应急监测，保护集中式饮用水水源地等环境敏感目标，控制和处置污染物。

⑪ 采取防止发生次生、衍生事件的必要措施。突发事件发生后，往往会带来一系列的次生事件和衍生事件，有时候，次生、衍生事件带来的危害和损失比原生事件要大得多。如汶川地震发生后，针对堰塞湖和震损水库，各地完善应急避险预案，对大型和特大型地质灾害隐患点实行24小时动态监测、建立群测群防网络。为防止疫病发生，各地组建专业卫生防疫、消杀和保洁队伍，进村入户、不留死角，分片包干、落实责任，全力做好防疫消杀和卫生保洁。由于措施得当，汶川地震后，唐家山等地的100多座堰塞湖和1900多座在地震中受损的水库没有发生次生事件，灾区没有发生疫情。

根据这一规定，我们认为，自然灾害、事故灾难和公共卫生事件的处置措施包括以下六个方面。

① 救助性措施。我国突发事件处置坚持“以人为本”的原则，将社会公众的生命安全放在首位。因此，上述措施中①的规定，在突发事件已经发生或即将发生时，应急管理部门必须有效地组织人员对伤者进行救治，组织受到或可能受到突发事件影响的社会公众进行安全疏散，并予以妥善安置。因此，我们在突发事件的处理过程中，要先避险、后抢险，先救人、后救物。

② 控制性措施。根据上述措施中②的规定，突发事件发生后，应急管理部门应当对危险源、危险区域和所划定的警戒区，逐层实施有效的静态控制，同时进行交通管制以实施有效的动态控制。这样，应急处置活动就会有一个比较有利的外部环境，突发事件的扩散和升级就能够得到有效的遏制，应急救援队伍、装备和物资也能够顺利地到达事发现场。

③ 保障性措施。根据上述措施中③和⑦的规定，突发事件发生后，基础设施部门应当及时修复被灾害损毁的公共设施，如公路、机场、码头、铁路等。现代社会的正常运转高度依赖于基础设施。为了恢复社会生产、民众生活的正常秩序，在应急处置过程中对基础设施应该格外加以重视。不仅如此，基础设施的修复还可以稳定社会公众情绪，并有力保障应急救援队伍、装备和物资的运输。此外，在处置的过程中，应急管理部门还要确保食品、饮用水、燃料等基本生活必需品的供应，使社会公众有水喝、有饭吃、有地方住，患病可及时得到医治，实现大灾之后无大疫。这些都是民生保障的基本措施，可防止受灾地区社会矛盾激化。2008 年年初，南方雨雪冰冻灾害期间，保供电、保交通、保民生的“三保”政策有效地防止了这一突发事件的扩大升级。

④ 预防性措施。根据上述措施中④和⑩的规定，在突发事件处置的过程中，应急管理部门不仅要着力减轻已经造成的损害，而且还要对有关的设备、设施以及活动场所潜在的风险进行排查，并采取有效的预防性措施，防止社会公众遭受新的损失。比如，2005 年伦敦地铁爆炸案发生后，在场的应急管理人员要求禁止使用手机，目的是防止手机信号引爆未被发现的炸弹。此外，人员的密集活动和某些生产生活活动可能会加剧突发事件的影响或成为突发事件新的诱因，比如传染性疾病的扩散。为此，我们在必要的情况下，可取消、终止人员密集活动或停止某些生产活动。比如在 2003 年“非典”疫情期间，为了减少人员的流动与聚集，我国临时性取消了劳动节长假。2008 年三鹿奶粉事件发生后，国务院相关部门对此高度重视，第一时间提醒公众，立即停止使用该品种奶粉并全面召回受污染的奶粉，已食用该奶粉的婴幼儿如出现小便困难等异常症状，要及时就诊。此外，应急管理部门还要注意防止各种次生、衍生事件的发生，比如自然灾害引发的群体性突发事件等。

⑤ 动员性措施。突发事件的处置，不能缺少强有力的资金、物资和人力保障。根据上述措施中⑤和⑥的规定，应急管理部门需要启用本级政府的财政预备和应急物资储备。必要时，应急管理部门可展开社会动员，紧急征用企业、社会所储备的物资、设备、设施、工具。当然，应急活动结束后，政府应给予被征用单位和个人以适当的补偿。这样，紧急征用活动才具有可持续性。此外，社会公众有义务参与突发事件的处置工作。特别是有特定技术专长的社

会公众，更应在突发事件处置的过程中发挥个人的独特作用。

⑥ 稳定性措施。突发事件发生后，商品供应可能出现问题。一些人可能会囤积居奇、哄抬物价、制假售假，扰乱市场秩序；还有些不法分子趁火打劫，利用突发事件造成的混乱局面进行违法犯罪活动。这些都会造成社会混乱，干扰应急处置工作的开展。因此，根据上述措施中⑧和⑨的规定，应急管理部门应协助国家执法机关，采取有效的稳定性措施，严厉打击违法犯罪活动，为突发事件的应急处置创造一个良好的外部环境。

（2）社会安全事件的应急处置措施

《中华人民共和国突发事件应对法》第七十四条规定，社会安全事件发生后，组织处置工作的人民政府应当立即启动应急响应，组织有关部门针对事件的性质和特点，依照有关法律、行政法规和国家其他有关规定，采取下列一项或者多项应急处置措施。

① 强制隔离使用器械相互对抗或者以暴力行为参与冲突的当事人，妥善解决现场纠纷和争端，控制事态发展。这是针对群体性事件等社会安全事件采取的措施。隔离就是要使相互冲突和对抗的当事人置于不可能再发生冲突的地方。当突发群体性事件等社会安全事件时，对于冲突的当事人，公安机关要依法律赋予的职权，采取相应的措施，进行强制干预，隔离冲突双方，控制局势，平息事态，恢复正常秩序。

② 对特定区域内的建筑物、交通工具、设备、设施以及燃料、燃气、电力、水的供应进行控制。这是对重点设备设施的安全保护措施。在社会安全事件发生后，在特定区域内的一些建筑物、交通工具、设备、设施等可能会受到威胁，燃料、电力、水等能源供应系统也可能受到威胁。因此，组织处置工作的人民政府应当组织政府有关部门对这些特定建筑物、设备、设施和能源供应系统进行必要的控制，予以安全保护，防止因社会安全事件的发生而造成的损坏。

③ 封锁有关场所、道路，查验现场人员的身份证件，限制有关公共场所内的活动。在社会安全事件发生后，为了维护社会治安秩序，必要的时候需要实行现场管制，限制人员进出被封锁管制的场所、道路，对出入封锁区域人员的证件、车辆、物品进行检查，禁止或者限制有关公共场所内的聚集等活动。

④ 加强对易受冲击的核心机关和单位的警卫，在国家机关、军事机关、国家通讯社、广播电台、电视台、外国驻华使领馆等单位附近设置临时警戒线。这是对首脑要害部位加强保护的规定。

⑤ 法律、行政法规和国务院规定的其他必要措施。处置社会安全事件的措施有多种，有的措施在有关法律、行政法规中也有规定，无法全部列出。

6.2.6 先期处置的一般流程

先期处置的一般流程可归纳如下。

① 采取现场直接观察、访问等方法，核实和收集情报信息并随时报告。

② 对事件概况（详细地点、规模、事因、类型、特点等）及发展趋势做出初步判断。

③ 与已到达现场的协同单位取得联系，互通情报。

④ 实地勘察现场环境状况，对后续处置力量（该起事件的负责人和相关单位）进入路线、控制范围等工作提出初步设想。

⑤ 尽可能抢占有利空间，为指挥部的建立和后续处置力量的展开创造有利条件。

根据这一规定，社会安全事件处置的措施包括以下四种。

① 强制隔离措施。当社会安全事件发生时，应急管理部门应协调公安机关根据事件的性质和危害程度，依法采取果断行动，进行强制干预，将冲突双方隔离，有效地控制现场事态，维持正常的社会秩序。

② 保护控制措施。社会安全事件发生后，特定区域内的建筑物、交通工具、设备、设施等可能会成为破坏对象，需要进行重点保护。燃料、燃气、电力、水等供应关系着千家万户，涉及国计民生，应急管理部门应协调公安部门，对其采取必要的控制性措施，避免社会安全事件影响的扩大。

③ 封锁限制措施。社会安全事件发生后，公安部门要实施现场管制，对出入封锁区域人员的证件、车辆、物品进行检查，限制有关公共场所内的活动。这有助于及时维持现场秩序，抓获犯罪嫌疑人，避免新的社会安全事件的发生。

④ 重点保卫措施。国家机关、军事机关、国家通讯社、广播电台、电视台、外国驻华使领馆是易受社会安全事件冲击的关键部门。这些部门经常是群体性突发事件中公众表达利益诉求、发泄不满情绪的对象；它们还因具有较高的象征性价值，容易成为恐怖袭击等暴力活动的对象。为此，在处置社会安全事件的过程中，我们要重点加强对以上机关的保卫工作。

6.3 突发事件应急救援

“应急救援”有多种理解：一种是“紧急的或急需的帮助”（emergency assistance）；另一种是“搜索与营救”（search and rescue），简称搜救；还有一种称为“灾害救援”(disaster relief)。另外，我国也有人将急救医疗救援作为“应急救援”来看待。但国外对灾害事故的医疗急救有不同于应急救援规范的理解，即急救医疗服务（emergency medical service，EMS)，无论怎样理解应急救援，都离不开EMS。从以上的几种观点来看，“紧急的或急需的帮助”含义的范围较广，理解更为全面。它几乎可以包含所有类型的事件，规模可大可小，涉及的人数也可多可少，难度可大可小，可以采用有偿的商业运作方式，也可以采用政府运作的方式，全面体现了现代“应急救援”的丰富内涵和发展趋势。其他的几种理解仅体现了现代“应急救援”的一部分内涵。

6.3.1 应急救援的重要性

应急救援是应急管理的重要组成部分。灾害事故的应急救援是指通过灾害事故发生前的准备，在灾害事故发生后充分利用一切可能的力量和手段，迅速控制事态的发展，保护现场和场外人员的安全，将灾害事故对人员、财产和环境造成的损失降低到最小。安全的本质含义应该包括预知和预测危险，也包括控制和消除危险。由于灾害事故发生的偶然性和复杂性，以目前安全科学的发展水平来看，还不能达到有效预防和预测所有灾害事故，灾害事故的发生难以完全避免。科技和经济的发展，现代工业生产中新工艺、新能源、新材料的应用，以及现代生产过程的大规模化、复杂化和高度自动化，一方面增加了安全工作的未知领域，另一方面也使事故的后果更为严重。另外，城市化是现代社会发展的必然趋势，城市是人口、产业、财富聚集的地区，对各种自然灾害和重大事故有放大作用，随着城市人口数量和人口密度的增高，事故发生的频率越来越高，危害后果也越来越大。以上几点对应急管理工作提出了更高的要求，应急救援是必不可少的。

工业化国家的统计资料表明，有效的应急救援系统可以将灾害事故的损失降低到无应急救援系统的6%。事实上，应急救援系统的建立与有效运转不仅是社会文明的象征，也是国家综合实力的体现。有效的应急救援，除了能迅速控制事态发展和减少灾害事故以外，对预防灾害事故有着重要作用，也有助于提高全社会的风险防范意识。

近年来，尽管经过不断努力，各类事故的发生率在逐年下降，但应急救援任务依然繁重。特别是2020年发生的新冠疫情，对我国的经济和人民的生活产生了巨大的冲击，我国应急救援系统经历了巨大考验。

长期以来，我国政府不断总结经验，完善应急救援体系，整合应急救援力量，提升应急救援能力。2018 年 4 月 16 日，应急管理部组建。此后的一年时间里，共启动应急响应 50 余次，召开了百余次应急处置视频调度会，派出了 60 多个联合工作组赴各地指导防灾减灾救灾和事故处置工作，成功应对了各种灾害事故，应急救援在其中发挥了重要作用。

6.3.2 应急救援的指导思想与原则

（1）应急救援的指导思想

应急救援的指导思想是“先救人、后救物和先控制、后处置”。救援时要牢固树立“以人民为中心”的理念，坚持人民至上、生命至上，本着对人民生命财产高度负责的精神，迅速、有序、高效地实施应急救援行动，及时、妥善地处置，最大限度地减少人员伤亡和危害，维护国家安全和社会稳定，促进经济社会全面、协调、可持续发展。

（2）应急救援的基本原则

① 集中领导、统一指挥的原则。突发事件具有突发性、随机性、难以预见性、不确定性、非常规性和公共性等特点，因此应急救援工作必须坚持集中领导、统一指挥的原则。在紧急情况下，多头领导只会造成救援人员无所适从、贻误战机的不利局面。

② 充分准备、快速反应、高效救援的原则。针对可能发生的突发事件，应做好充分准备，一旦发生要快速做出反应，尽可能减少应急救援组织的层次，以利于救援信息的快速传递，减少信息的失真，提高救援的效率。

③ 生命至上的原则。应急救援的首要任务是不惜一切代价，保护人员的生命安全。突发事件发生后，要全力抢救受伤人员，努力减少人员伤亡，保护老弱病残人群，将所有无关人员安全撤离转移到安全地点，并确保应急救援人员的安全。

④ 自救和社会救援相结合的原则。受灾的个人和相关单位应立足自救、与社会救援相结合。尤其是相关单位熟悉各方面情况，处在突发事件现场，便于初期救援，将事故消灭在初始状态。单位救援人员即使不能完全控制事态，也可为外部救援赢得时间。事发初期，相关单位必须按照本单位的应急预案积极组织抢险救援，迅速组织遇险人员疏散撤离，防止事态扩大，这是其法定义务。

⑤ 分级负责、协同作战的原则。各级地方政府、有关单位应按照各自的职责分工，实行分级负责、各司其职、各尽其能，做到协调有序、资源共享、

快速反应，建立企业与地方政府、各相关方的应急联动机制，实现应急资源共享，共同积极做好应急救援工作。

⑥科学研判、规范运行、措施果断的原则。科学、准确地分析、预测、评估事态发展趋势、后果，科学研判是做好应急救援的前提。加强管理、规范运行可以保证应急预案的有效实施。在突发事件现场，果断决策，采取适当、有效的应对措施是保证应急救援成功的关键。

⑦安全抢险的原则。在抢险救援过程中，采取有效措施，积极采用先进应急技术及设备，确保抢险救援人员的安全，严防次生、衍生灾害事故发生。

6.3.3　应急救援目标与要求

（1）应急救援的目标

① 抢救受害人员，减少人员伤亡。

② 减少财产损失。

③ 控制、减轻和消除突发事件造成的危害。

（2）应急救援的要求

为尽可能降低重大突发事件的后果及影响，减少损失，应急救援行动必须做到迅速、准确和有效。

① 迅速，就是要求建立快速的应急响应机制，能迅速准确地传递事故信息，迅速地调集所需的应急力量、设备、物资等资源，迅速地建立统一指挥与协调系统，开展救援活动。

② 准确，要求有相应的应急决策机制，能基于突发事件的规模、性质、特点、现场环境等信息，正确地预测突发事件的发展趋势，准确地对应急救援行动和战术进行决策。

③ 有效，主要指应急救援行动的有效性，很大程度上取决于应急准备的充分性，包括应急队伍的建设与训练、应急设备（施）和物资的配备与维护、应急预案的制定与落实，以及有效的外部增援机制等。

6.3.4　应急救援行动

一般情况下，应急救援行动的优先原则是受害人员和应急救援人员的安全优先；防止事故蔓延优先；保护环境优先。应急救援的现场主要任务包括现场初始评估、辅助逃生与隔离危害、伤情检查和院前急救、现场区域划分、伤员搜救、医疗救治、保护重要财产、事态控制和心理调适。

（1）现场初始评估

应急救援的第一步是现场初始评估。“第一响应人”到达现场后，对突发事件现场情况和危险源状况进行初始评估，形成清晰、正确的行动方案，降低救援风险，提高救援效率。其中，现场情况初始评估包括准确判断事件发生的时间、位置、造成事件的原因，根据事件的特征判断事件类型，并初步判断人员伤亡与财产损失情况，是否需要外界援助。危险源状况初始评估主要是对引起人员伤亡和财产损失的危险源进行测评，确定危险源的准确位置和影响范围，防止其影响和阻碍应急救援行动的开展。

现场初始评估有助于基本掌握突发事件的整体规模、影响范围、损失大小等情况，从而预判突发事件等级，与应急预案所规定的应急响应分级相对应，从而决定启动何种级别的应急预案和相应的反应机制，确定应急救援行动的规模和级别。对此，应将现场初始评估的结果及时上报给相关政府部门和单位，通知政府力量和专业救援队伍前往事故现场开展应急救援。

（2）辅助逃生与隔离危害

辅助逃生和隔离危害的目的是尽量减少人员伤亡，将处于危险环境中的群众进行有效疏散，遵循先近后远、先易后难的原则，将群众紧急转移到安全地带并开展好临时安置工作。安全地带主要指避难场所或者事故周边的空旷地带。与此同时，注意隔离危害（最主要的是对火灾危害的隔离），以不引发二次损失为目标。通过鉴别危害物品和熟练使用工具，确保安全疏散地点远离危害、安全可靠，并在条件允许的情况下进行现场保护。

进行辅助逃生时一般可借鉴以下七个步骤。

① 在紧急情况下估计灾害损害程度和发展趋势，决定是否需要疏散人员。

② 作出疏散决定后，尽可能地汇总相关信息，选出较优的疏散路线和适当的疏散工具。

③ 告知疏散决定。采取多种方式告知受害人群撤离时间、撤出路线和适当的自救互救方式，确保每一个需要撤离的人按建议的最优路线撤出。

④ 协助指导疏散交通，避免因拥挤堵塞而耽误撤离时间或造成不必要的人员伤亡。

⑤ 密切关注人员身体情况，对疏散撤离中的伤病者给予基础的紧急医疗救护。

⑥ 维持治安和秩序，确保疏散路线安全畅通。

⑦ 检查是否有落伍者并及时营救这些人。

（3）伤情检查和院前急救

在条件允许的情况下，应由具备专业技能的急救人员或医护人员，对伤员迅速开展伤情检查、实施院前急救。在此过程中应注意把握以下要点：一是条件允许的情况下，尽快转移伤员脱离险区；二是先复苏后固定，先止血后包扎，先重伤后轻伤，先救治后运送；三是急救的同时进行呼救，搬运时同步开展医护。

伤情检查是指确认并立即处理威胁生命的情况。一般步骤和方法包括：检查伤者的意识、气道、呼吸情况、循环体征、瞳孔反应等，对伤员的头部、颈部、胸部、腹部、盆腔和脊柱、四肢进行检查，看有无开放性损伤、骨折畸形、触痛、肿胀等体征。同时，还要注意伤员的总体情况，表情淡漠不语、冷汗口渴、呼吸急促、肢体不能活动等现象为病情危重的表现。

院前急救的常用救护技术主要是指现场外伤救助技术，包括止血、包扎、固定、搬运等最基本的紧急救助技术，以及休克、呼吸困难、呕血、咯血、过敏反应、抽搐等的简单处理方式。在现场特殊条件下，不管什么性质、什么部位的外伤，若能及时、正确、有效地应用这些技术，在挽救被救助者生命、防止病情恶化、减少被救助者痛苦以及预防并发症等方面，均起着重要作用。

（4）现场区域划分

现场区域划分的目的是保障人员和财产安全，提高紧急救助的效率，其前提是有利于施救、有利于疏散。为实现其目的，应遵循规避潜在危险源、因地制宜、资源优化使用三大原则。在遵循现场区域划分原则的基础上，可以利用现场有限空间，尽快按功能划出特定工作区域，为有序开展施救活动提供前期保障。

根据实际需要，可将现场区域划分为人员聚集区、设备存放区、临时医疗救护区、心理辅导区、物资储备区、隔离警戒区、遗体临时存放区、现场指挥区等功能区，分别对人员、设备、医护、心理辅导、物资等方面进行集中管理和安排，并根据现实情况的需要适当增添、合并功能区。在设定功能区的同时，需要对功能区进行一定的规划，对各功能区的容纳量有一定的把握，确保在容纳负荷范围内使用。功能区的使用原则应根据不同区域的功能而定，总体原则是保障各区域顺利运转。例如，人员聚集区应注意现场秩序的维护；设备存放区应注意按照设备储存要求存放，为设备存放提供适宜的条件；临时医疗救护区应注意保持环境的无菌化、保持人员的隔离；心理辅导区应注意营造轻松、安静的环境；物资储备区应注意保持干燥，保障物资的合理、正确储存。

（5）伤员搜救

伤员搜救由专业救援队伍确定涉灾人员的位置，紧急搜救被困人员和受灾群众。

搜救人员应综合经验、设备、技术，快速有序地组织和实施搜寻工作。就现代搜寻技术而言，一般可分为物理搜寻、生物搜寻和高科技搜寻三类。物理搜寻可营救那些能看见或通过呼叫能够找寻并救助的涉灾人员；生物搜寻主要是通过搜救犬搜寻废墟中的幸存者；高科技搜寻需利用红外线、微波、声呐等技术，但需要专业技术人员和特殊设备的配套。例如地震生命救援过程中，需根据地震级别派遣国家综合性消防救援队伍、地震和地质灾害救援队伍、医疗卫生救援队伍等各类专业抢险救援队伍，协调解放军和武警部队派遣专业救援队伍，调配大型吊车、起重机、千斤顶、生命探测仪等救援装备，抢救被压埋幸存者和被困群众。

（6）医疗救治

在院前急救的基础上，医疗队伍赶往灾区进行现场救护或将伤员运往医院或医疗点救助。其中，现场救护的一般原则是先救命后治伤，先重伤后轻伤，先抢后救，抢中有救，尽快脱离事故现场，先分类再运送。医护人员以救为主，其他人员以抢为主，各负其责，相互配合，以免延误抢救时机。同时，现场救护人员应注意自身防护。例如，地震应急的生命救援工作主要包括迅速组织协调应急医疗队伍赶赴现场抢救受伤群众，必要时建立战地医院或医疗点，实施现场救治；加强救护车、医疗器械、药品和血浆的组织调度，特别是加大对重灾区及偏远地区医疗器械、药品的供应，确保被救人员得到及时医治，最大程度减少伤员致死或致残；统筹周边地区的医疗资源，根据需要分流重伤员，实施异地救治等。

（7）保护重要财产

重要财产是指价值贵重、无法再生、数量稀少甚至独一无二，或者关系到国家利益的财产，如档案、文物、历史资料等。进行救助时，紧急救助人员需要对重要财产密切关注，寻找时机把财产转移到安全地带，隔离危害，保护好重要财产。一般情况下，重要财产受到威胁时，需要筹备将重要财产进行转移，放置于安全地点，并着重进行保护。如果不具备转移重要财产的条件，则需要高级紧急救助员根据具体情况对重要财产存放地点进行重点保护。

(8) 事态控制和心理调适

在进行人员搜寻和财产保护的同时，通过对现场秩序的维护和对现场各方面人员的心理调适，营造安全和稳定的环境。现场秩序维护工作主要包括以下五项内容：

① 保持人群秩序，避免因拥挤而发生踩踏等额外损伤。

② 协助现场治安管理工作，防止盗窃等行为影响现场秩序。

③ 为重点特殊人群提供专门环境。例如大灾之后可能有大疫，因此安置伤员、患病人员时要注意空气流通。

④ 把握现场宣传纪律，避免因信息报道不实导致不利于紧急救助工作开展的局面。

⑤ 宣传安全知识，通过涉灾人员了解现场状况，开展有针对性的预防，增强其自救和求助能力。与此同时，需要针对涉灾人员的具体情况，对其开展心理调适，应用沟通技术与倾听技术进行心理辅导，从而帮助涉灾人员尽快恢复正常生活，缓解其恐惧、焦虑、痛苦、紧张、愤怒等情绪。

6.4 典型突发事件应急处置与救援

6.4.1 避灾自救

(1) 避灾自救原则

① 迅速报警，及时求救。事故发生后要迅速报警求救，不能拖延不报，更不允许隐瞒谎报。

② 确保安全，迅速施救。要在确保自身安全的前提下，展开救援工作，不提倡盲目施救。

③ 保持冷静，客观分析。事故发生后，不要惊慌失措，要弄清事故的类型和性质，采取正确的避险方法。

④ 正确使用避险资源。发生事故后要利用好一切可以利用的避险资源，包括各种防护设备设施、消防器材、避险硐室、急救药品等。

⑤ 服从指挥，科学逃生。按照事先应急预案要求，服从相关人员的统一协调指挥，针对不同的事故采取正确的逃生方法。

(2) 避灾自救基本要求

首先要求现场人员熟悉各种不同性质的事故特点和规律，因为不同的事故避险自救方法不同。

在确保自身安全的前提下，积极抢险救灾。因为事故发生以后，如果现场人员能够采取正确措施，往往可以把事故消灭在萌芽状态，减少更大损失，更大限度地挽救他人的生命。如果确实无法处理，必须依据事故性质类型及时撤离。

要熟悉避灾路线，不同事故采取的避灾路线可能不同，需要认真分析，如果避灾路线遇阻，应就近寻找避灾硐室或设施，等待救援，不要盲目逃生。

节约用电、水和食物，事故发生后如果随身携带照明设施，应该节约用电，不要随意开启。如果几个人一起逃生，可以轮流使用照明设施。另外，应急资源水和食物的使用一定要有计划，尽可能延长使用时间。

熟悉应急设备设施存放位置和使用方法。一般事故现场附近都有必要的应急设备，要熟悉这些设备的存放位置和数量，事故发生时要充分利用。另外，必须掌握应急设施器材的正确使用方法。

要求现场人员熟悉事故应急预案，生产经营单位对于相应事故，都有对应的应急预案，特别是现场预案必须熟悉，在事故发生后按照预案要求进行避险自救。

6.4.2 典型突发事件避灾自救措施

（1）火灾爆炸事故避灾自救措施

如果现场有火灾或爆炸事故发生，应立即电话报警求助，报警时，要讲清楚着火处的地址或地理位置及周围明显标志、并说明起火部位、面积、燃烧物质、有无人员被困等情况。同时，要派人到路口迎候、引导救援队伍到达现场。

火灾爆炸事故发生的可能地点繁多，但主要的逃生方法有类似之处，下面以建筑火灾爆炸事故逃生为例，介绍主要的逃生方法。

① 火灾或爆炸事故主要逃生方法。

a. 利用门窗逃生。在火场受困时，大多数人采用这个办法。利用门窗逃生的前提条件是火势不大，还没有蔓延到整个单元区域，同时受困者较熟悉燃烧区内的通道情况。具体方法：把被子、毛毯或褥子用水淋湿裹住身体，俯身冲出受困区。或者将绳索一端系于窗户横框（或室内其他固定构件上，无绳索可把床单或窗帘撕成布条代替），另一端系于两腋和腹部，沿窗放至地面或下层的窗口，然后沿绳索滑下。

b. 利用阳台逃生。如果火势较大，无法利用门窗逃生，可利用阳台逃生。

如果是高层建筑从第七层开始每层相邻单元的阳台相互连通，在此类楼层中受困，可拆破阳台间的分隔物，从阳台进入另一单元，再进入疏散通道逃生。如果楼道走廊已被浓烟充满无法通过，可紧闭与阳台相通的门窗，站在阳台上避难。

c. 利用空间逃生。在室内空间较大而火灾不大时可利用这种方法。其具体做法：（卫生间、厨房都可以，室内有水源最佳）把可燃物清除干净，同时清除与所在室相连的室内的可燃物，消除明火对门窗的威胁，然后紧闭与燃烧区相通的门窗，防止烟和有毒气体的进入，等待火势熄灭或消防部门的救援。

d. 善用通道，勿入电梯。客用电梯在火灾时是禁止使用的，由于其封闭不严，容易成为烟火蔓延的主要通道。为避免伤亡，决不要乘坐电梯，应选择消防楼梯和消防电梯，疏散到安全地带。

e. 不入险地，不恋财物。不要浪费时间去穿衣物或搜寻值钱的东西。时间宝贵，生命重要，没有什么东西值得拿生命去冒险。千万记住，既已逃出决不重返火场险地。

f. 保持镇静，迅速撤离。面对浓烟和烈火，要强令自己保持镇静。当火势不大时，要尽量往低楼层跑。若通道被烟火封阻，则应背向烟火方向离开，逃到天台、阳台处。

g. 发出信号，等待救援。在逃生无门的情况下，努力争取救援不失为上策，被困者要尽量待在阳台、窗口等易于被人发现和能避免烟火近身的地方，及时发出求救信号，引起救援人员的注意。在将要失去知觉前应努力滚到墙边，以便消防人员寻找、营救，因为消防人员进入室内都是沿着墙壁摸索前进的。

h. 简易防护，不可缺少。家庭、单位、酒店应备有防烟面罩，以便逃生时使用。必要时可用最简单的方法，如用毛巾、口罩蒙鼻，用水浇身，匍匐前进。因为烟气较空气轻而飘于上部，贴近地面逃离是避免烟气吸入的最佳方法。

i. 缓降逃生，滑绳自救。高层建筑应备有高空缓降器或救生绳，以便火灾时人员通过这些设施安全离开危险楼层。必要时也可用窗帘、衣服等连接成简单救生绳，并用水打湿，从窗台或阳台沿绳缓滑到下面楼层。

j. 争分夺秒，扑灭小火。当发生火灾时，如果火势不大，应奋力将小火扑灭。千万不要惊慌失措，置小火于不顾而酿成大灾。

k. 大火袭来，固守待援。大火袭近时，假如用手摸到房门已感烫手，此时开门，火焰和浓烟将扑面而来。这时，一定要关紧门窗，用湿毛巾、湿布塞堵门缝，或用水浸湿棉被，蒙上门窗，防止烟火侵入，等待救援人员到来。不要盲目冒险跳楼。

② 身上着火时如何灭火自救。火灾发生时，如果身上着火，千万不要惊慌失措、东奔西跑或胡乱拍打。因为奔跑时形成的小风会使火烧得更旺，同时跑动还会把火种带到别处，引燃周围的可燃物；胡乱拍打，往往顾前顾不了后，在痛苦难熬中，一旦支持不住，就会造成严重烧伤，甚至丧失生命。所以，一旦不幸身上着火，首先应该设法脱掉衣帽。如果来不及脱掉，可以把衣服撕破扔掉。若这都来不及做，可以在没有燃烧物的地方倒在地上打滚，将身上的火苗压灭；如果有其他人在场，可用麻袋、毯子等把着火人的身体包裹起来，就能使火熄灭；或向着了火的人身上浇水，或帮着将烧着的衣服撕下来，但切记不可用灭火器直接向着了火的人身上喷射，以免其中的药剂引起烧伤者的伤口感染。

如果火场周围有水缸、水池、河沟，可以取水浇灭，不要直接跳入水中。因为这样虽然可以尽快灭火，但对后来的烧伤治疗不利。同样，头发和脸部被烧着时，不要用手胡拍乱打，这样会擦伤表皮，不利于治疗，应该用浸湿的毛巾或其他浸湿物去拍打。

（2）毒物泄漏事故避灾自救措施

大量事故案例可以得出，凡是特大重大化学事故，多数是因为有毒有害气体的意外泄漏。毒物的意外泄漏可能产生有毒气体、爆炸产生的超压冲击波和火灾的连锁反应，给广大人民群众生命安全带来威胁。尽管如此，如果人们能够熟悉化学物质的毒性和危险性，判断泄漏量和挥发范围，掌握事故现场的气象、地形、风力速度和扩散范围，果断采取正确的逃生方法，就可以有效逃生自救，避免和减少人员伤亡。

毒物泄漏事故危害的避灾自救方法主要包括以下方面。

① 呼吸防护。有毒有害气体主要从呼吸道进入导致中毒，那么控制毒物对生命和健康产生影响的浓度和对人类与动物的最低致死浓度就特别重要。具体措施包括：在防护条件下实施关闭阀门或堵漏手段，启动事故应急通信设备，及时排除或降低现场毒物浓度，为逃生创造机会，立即用湿毛巾或多层纱布捂住口鼻，迅速撤至安全地区，戴上防毒口罩或面具效果更佳，如毒气浓度高或缺氧，必须使用自给式正压呼吸器，以保证供氧，并与外界毒物完全隔离，接触腐蚀性刺激性气体，应撤至安全区，呼吸新鲜空气。如果同时污染眼睛和皮肤，则应用大量流动洁净水彻底冲洗污染部位，冲洗时间约 15min，以终止化学烧伤和吸收中毒；逃生过程中救助他人时，应注意加强自我保护，才能避免无谓的牺牲，达到救人目的。

② 疏散防护。应判明化学物质泄漏的地点、毒气飘逸的方向，如殃及自身安全，立即向安全地带疏散。毒物在空气中扩散时，一般从发生地点顺风向下风向由小面积到大面积呈喇叭形扩散，浓度由高到低变化。

正确的疏散方向应该选择从自身位置向侧风方向（即与风向垂直方向）撤离，可以使自己用最短时间逃出有毒有害气体危害区域，减少滞留时间和减轻伤害程度。当身处源点时，可向侧风向或侧上风向转移。在离开源点较远后采取上风向疏散，是不可取的，因为这样一则需要较长时间，二则距离发生地点越近毒物浓度越高，因此侧风向转移为正确方法。采取就地躲避、上风向或下风向疏散均为错误选择。事故发生地点周边人群的疏散距离十分重要，原则是要处于相对安全，又不能无限扩大。不同的紧急隔离半径和下风向防护距离，可以参考美国、加拿大和墨西哥联合编制的《应急救援指南》（ERG）中的数据。

③ 隐蔽防护。许多有害有毒气体具有易燃易爆的特性，在毒物泄漏时会混合爆炸，产生超压冲击波，6.9～13.4kPa（1～2psi）时房屋会被破坏，16.5～84.1kPa（2.4～12.2psi）时90%户外人员耳朵鼓膜破裂，当事故初期出现泄漏气体“尖叫”声，设备摇晃不止时，要警惕爆炸先兆，附近人员应该利用地形地物或坚固建筑物就近隐蔽防护，方法是背向爆心卧倒、头夹于两臂之间、双手交叉胸下、两腿并拢夹紧、双肘前伸支起、闭嘴闭眼憋气、胸部离开地面、重点保护头部。

④ 火场逃生。有毒有害气体泄漏常伴有大火，人们在防毒时候也要学会防火。毒物泄漏时火灾逃生要点有：保持冷静，积极互救自救；选择几个不同的疏散路线，安全有序疏散；不可强行拥挤；火势不大时披上浸湿的衣服或毛毯、湿被褥冲出火场；浓烟中要尽量俯身低姿进行，并用湿毛巾、纱布等捂住口鼻；不要盲目跳楼，可以利用绳子或将床单、被套撕成布条结绳，紧拴在门窗框等牢固处顺势而下，也可以充分利用天窗、阳台、落水管等逃生自救；若逃生线路被火封锁，应立即退回室内，关闭门窗，堵住缝隙，向门窗浇水；高层失火可以到楼顶呼救或发出求救信号，如果身上着火千万不要奔跑，要就地打滚压灭身上火苗。可以参考上面火灾爆炸事故的避灾自救措施。

（3）踩踏事件避灾自救措施

① 易发踩踏事件的场所——人员密度高空间有限之处。易发踩踏事件的场所主要是空间有限而人群又相对集中的场所，例如球场、商场、狭窄的街道、室内通道或楼梯、影院、酒吧、歌舞娱乐场所、彩票销售点、超载的车

辆、航行的船舱等都隐藏着危险。人群的情绪如果因为某种原因而变得过于激动，置身其中的人就可能受到伤害。

② 遇拥挤人群的对策——勿逆流而行，远离玻璃窗：

a. 发觉拥挤的人群向着自己行走的方向拥来时，应该马上避到一旁，但是不要奔跑，以免摔倒。

b. 切记不要逆着人流前进，那样非常容易被推倒在地。

c. 若已经陷入人群之中，一定要先稳住双脚。切记远离玻璃窗，以免因玻璃破碎而被扎伤。

d. 一定不要采用体位前倾或者低重心姿势，即便鞋子被踩掉，也不要贸然弯腰提鞋或系鞋带。

③ 出现混乱局面的对策：

a. 当发现前面有人突然摔倒了，马上要停下脚步，同时大声呼救，告知后面的人不要向前靠近。

b. 当带着孩子遭遇拥挤的人群时，最好把孩子抱起来，避免其在混乱中被踩伤。

c. 若被推倒，要设法靠近墙壁。面向墙壁，身体蜷成球状，双手在颈后紧扣，以保护脆弱部位。

④ 已发生踩踏事故的自救对策：

a. 两手十指交叉相扣、护住后脑和颈部；两肘向前，护住双侧太阳穴。

b. 不慎倒地时，双膝尽量前屈，护住胸腔和腹腔的重要脏器，侧躺在地。

c. 在拥挤人群中，左手握拳，右手握住左手手腕，双肘撑开平放胸前，形成一定空间保证呼吸。

6.4.3 典型突发事件急救

(1) 中毒急救

① 中毒急救治疗的一般原则：

a. 急性皮肤吸收的中毒。对经皮肤吸收毒物或腐蚀造成皮肤烧伤的毒物，应立即脱去受污染的衣物，用大量清水冲洗，也可用温水，禁用热水。

b. 误服吞咽中毒。对误服吞咽中毒，除及时反复漱口，除去口腔毒物外，还应采取以下方法：

催吐。催吐在服毒后4h内有效，简单的办法是用手指、棉棒或金属匙柄刺激咽部舌根，这种方法对昏迷、痉挛发作，吞强酸、强碱等腐蚀品及汽油、煤油等有机溶剂者禁用或慎用。

洗胃。洗胃是常规治疗，有催吐禁忌者慎用。用清水、生理盐水或其他能中和毒物的液体洗胃。洗胃液每次不超过 500mL，以免把毒物冲入小肠，反复洗，直到洗出液几乎无毒物为止。

导泻。经口服或胃管送入大剂量的泻药，如硫酸镁、硫酸钠等。

应用解毒、防毒及其他排毒药物。

② 中毒急救要领：

a. 安全进入毒物污染区。对于高浓度的硫化氢、一氧化碳等毒物污染区及严重缺氧环境，必须立即通风，参加救护人员须佩戴供氧式防毒面具。其他毒物也应采取有效防护措施方可入内救护。

b. 迅速抢救生命。中毒者脱离染毒区后，应在现场立即着手急救。心脏停止的，立即拳击心脏部位的胸壁或做胸外心脏按压，直接对心脏内注射肾上腺素或异丙肾上腺素，抬高下肢使头部低位后仰。呼吸停止者赶快做人工呼吸，最好用口对口吹气法，对剧毒品不适宜用口对口法，可用其他人工呼吸法，直至恢复自主心搏和呼吸。急救操作不可动作粗暴，以免造成新的损伤。眼部溅入毒物，应立即用清水冲洗或将脸部浸入满盆清水中，睁眼并不断摆动头部稀释洗去毒物。

c. 彻底清除毒物污染，防止继续吸收。脱离污染区后，立即脱掉受污染的衣物，对于皮肤、毛发甚至指甲缝中的污染，都要注意清除。对能由皮肤吸收的毒物及化学烧伤，应在现场用大量清水或其他备用的解毒、中和液冲洗。对毒物经口侵入体内看，应及时彻底洗胃或催吐，除去胃内毒物，并及时以中和、解毒药物减少毒物的吸收。

d. 经过初步急救，快速送医院继续治疗。

（2）窒息急救

人体的呼吸过程由于某种原因受阻或异常，所产生的全身各器官组织缺氧，二氧化碳滞留而引起的组织细胞代谢障碍、功能紊乱和形态结构损伤的病理状态称为窒息。当人体内严重缺氧时，器官和组织会因为缺氧而广泛损伤、坏死，尤其是大脑。气道完全阻塞造成不能呼吸只要 1min，心跳就会停止。只要抢救及时，解除气道阻塞，呼吸就会恢复，心跳随之恢复。但是，窒息是危重伤员最重要的死亡原因之一。主要窒息类型如下：

① 机械性窒息，因机械作用引起呼吸障碍，如绞/扼颈项部、用物堵塞呼吸孔道、压迫胸腹部及患急性喉头水肿或食物吸入气管等造成的窒息。

② 中毒性窒息，如一氧化碳中毒，大量的一氧化碳由呼吸道吸入肺，进入血液，与血红蛋白结合成碳氧血红蛋白，阻碍了氧与血红蛋白的结合与解

离，导致组织缺氧造成的窒息。

③ 病理性窒息，如溺水和肺炎等引起的呼吸丧失：

a. 脑循环障碍引起的中枢性呼吸停止。

b. 空气中缺氧的窒息（如关进箱、柜内，空气中的氧逐渐减少等）。其症状主要表现为二氧化碳或其他酸性代谢产物蓄积引起的刺激症状和缺氧引起的中枢神经麻痹症状交织在一起。

按照时间发展可以将窒息分为如下阶段：

① 窒息前期。机体发生呼吸障碍，首先是氧气吸入的障碍，因机体内还残留一些氧，所以短时间机体无症状。此期一般持续仅 0.5～1min，身体虚弱的人难以支持，而身健或训练有素的登山、潜水运动员，则可延长 3～5min。

② 吸气性呼吸困难期。机体新陈代谢耗去体内的残余氧并产生大量二氧化碳潴留，使体内缺氧加重，在二氧化碳的刺激下，呼吸加深加快，但以吸气过程最为明显，呼吸呈喘气状，此时心跳加快，血压上升。此期持续 1～1.5min。

③ 呼气性呼吸困难期。此期体内二氧化碳持续增加，呼吸困难，出现呼气强于吸气运动。此时机体颜面紫绀肿胀，颈静脉怒张，呈典型的窒息症状。并可能出现意识丧失、肌肉痛，甚至出现排尿排便现象。此时为呼吸暂停期。此期呼吸中枢由兴奋转为抑制，呼吸变浅、变慢，甚至暂时停止，心跳微弱、血压下降，肌肉痛消失，状如假死，此期持续约 1min。

④ 终末呼吸期。由于严重缺氧和过多的二氧化碳积蓄，呼吸中枢再度受刺激而兴奋，呼吸活动又暂时恢复，呈间歇性吸气状态，鼻翼扇动。同时血压下降，瞳孔散大，肌肉松弛。此期持续数分钟。

⑤ 呼吸停止期。此期呼吸停止，但尚有微弱的心跳，可持续数分钟至数十分钟，最后心跳停止死亡。需要说明的是，在上述窒息过程的任何阶段，皆可因心跳停止而突然死亡。表现为呼吸极度困难，口唇、颜面紫绀，心跳加快而微弱，伤员处于昏迷或者半昏迷状态，窒息明显，呼吸逐渐变慢而微弱，继而不规则，到呼吸停止，心跳随之减慢而停止。瞳孔散大，对光反射消失。

窒息的原因很多，窒息的急救应根据其病因进行救护。解除了气道阻塞和引起缺氧的原因，部分伤员可以迅速恢复正常呼吸。具体措施如下。

① 呼吸道阻塞的救护。将昏迷伤员下颌上抬或压额抬后颈部，使头部伸直后仰，解除舌根后坠，使气道畅通。然后用手指或用吸引器将口咽部呕吐物、血块、痰液及其他异物挖出或吸出。当异物滑入气道时，可使伤员俯卧，

用拍背或压腹的方法，拍挤出异物。

② 颈部受扼的救护。应立即松解或剪开颈部的扼制物或绳索。对呼吸停止者立即进行人工呼吸，如伤员有微弱呼吸可给予高浓度吸氧。

③ 胸部严重损伤的救护。采用半卧位法，进行吸痰及吸血块，保持呼吸道通畅，吸氧，止痛，封闭胸部开放伤口，固定肋骨折，速送医院急救。

（3）溺水急救

在溺水事故中，当救护者到达现场时要尽快检查伤员的呼吸，如果伤员没有呼吸，就应立即口对口人工呼吸，不要等到伤员脱离水中或从伤员肺中倒出水后再进行人工呼吸。

一旦伤员已恢复呼吸并已离开水中，则置伤员于保护体位，覆盖毛毯或衣服给予保暖，并寻求医疗帮助。

迅速从伤员口鼻中清除污泥杂草及呕吐物等阻塞物，使其保持呼吸道通畅，并将其头低脚高俯卧位置于抢救者的大腿上，按压背部，迫使呼吸道及胃内的水倒出，注意倒水时间不宜过长，如呼吸、心跳停止或极其微弱者，立即口对口人工呼吸和心脏按压。如果伤员在水中，而水面又低于救护者的身高，可用一只手托住溺水者的头部，并捏住他的鼻子。

对溺水者应就地积极抢救，进行有效的心肺复苏，切勿将存在极微弱呼吸、心跳的假死状态误认为真正死亡而放弃抢救。溺水者大多有严重的病理生理变化，如并发肺部感染、急性呼吸窘迫综合征等，因此在复苏初步成功之后应迅速转送上级医院继续抢救。

人淹没于水中因为水、污泥和杂草堵塞呼吸道或因反射性喉、气管、支气管痉挛引起窒息称为淹溺或溺水。此外，水大量吸收到血液循环中可引起血浆渗透压改变、电解质紊乱和组织损伤。对溺水者，若急救不及时可造成呼吸和心搏骤停而死亡。

溺水可根据其发生机理分为两种类型：干性溺水和湿性溺水。

① 干性溺水。人落水后，因惊慌、恐惧或骤然寒冷等强烈刺激而引起喉痉挛，以致呼吸道完全梗阻造成窒息和反射性心搏骤停而死亡。据估计，溺水死亡者有10%～40%属于此型。

② 湿性溺水。人淹没于水中，本能引起憋气，避免水进入呼吸道，但由于缺氧，屏气不能坚持很久而被迫做深呼吸，使水大量进入呼吸道和肺泡，水经肺泡迅速吸收入血液循环。根据吸收入血液的是淡水还是海水，其病理生理过程不同。

若为淡水，可产生：

a. 水对呼吸道、肺泡壁具有直接损伤作用，引起肺泡塌陷，进一步阻碍气体交换。

b. 水进入血液循环后引起血浆渗透压降低，使红细胞膨胀而溶解，细胞内钾离子和血红蛋白溢出，引起高钾血症和急性肾功能不全。

c. 循环血量骤增，可引起肺水肿。

若为海水，因含3.5%氯化钠和大量钙盐、镁盐，可产生：

a. 对呼吸道和肺泡有化学性刺激作用，肺泡上皮细胞和毛细血管内壁细胞受损后大量血浆向肺泡腔和肺泡间质渗出，引起肺水肿。

b. 高钙血症可引起心动过缓，甚至心搏骤停。

c. 高镁血症可抑制中枢神经和周围神经功能，使肌肉收缩力减弱、血管扩张、血压降低。

不论海水与淡水，都可引起各种并发症，如脑水肿、肺部感染，进而发生急性呼吸窘迫综合征（ARDS）、弥散性血管内凝血（DIC）和急性肾衰竭；若跌入粪池、污水池，可同时引起硫化氢或其他化学物中毒。

临床特征与识别：尚处于濒死期溺水者获救后，往往表现为神志不清、呼吸停止、心跳脉搏微弱、四肢冰冷、血压下降或测不到、上腹部膨隆、双眼结膜充血，甚至心跳停止。患者面色紫绀或灰白，面部膨胀浮肿，口周及鼻腔内充满泡沫状液体。有的溺水者还有合并颅脑及四肢损伤。经心肺复苏后常有呛咳、呼吸急促，重者可出现肺水肿、脑水肿及心搏骤停等。根据溺水史和打捞经过，这些症状不难诊断，但应迅速评估溺水者生命状态，如呼吸是否停止、心搏有无、血压及意识状态等。

溺水时可采用如下自救措施：

① 不会游泳者落水后，一定要保持冷静，设法呼吸，等待他救机会。自救方法：采取仰面体位，头顶向后，口鼻向上露出水面则可进行呼吸，切不可将手上举或挣扎，否则更易下沉。

② 会游泳者溺水常因为小腿腓肠肌痉挛而引起，应及时浮出水面，深吸一口气，把脸浸入水中，将痉挛（抽筋）下肢的拇指使劲向前上方拉，持续用力，痉挛也就停止了。反复吸气和按摩痉挛疼痛部位，慢慢向岸边游。

溺水时可采用如下互救措施：

① 发现有人溺水时，救护者应镇静，尽可能脱去外衣裤，尤其是鞋靴，迅速引导溺水者向安全方向移动。

② 对挣扎中的溺水者，救护者应从其背后接近，用一只手从背后抱住溺水者头颈，另一只手抓住溺水者手臂，游向岸边。救护时应防止被溺水者紧紧抱住，如已被抱住，应放手自沉，使溺水者手松开，再进行救护。

③ 如救护者游泳技术不熟练，最好携带救生圈、木板或小船进行救护，或投下绳索、竹竿等，让溺水者抓住，再拖上岸。

对溺水者的医疗急救主要包括：立即清除口鼻中的杂草、污泥，保持呼吸道通畅。迅速将溺水者置于抢救者屈膝的大腿上，头向下，按压其背部使呼吸道和胃内水倒出。注意，一般肺内水分吸收很快，残留不多，因此倒水时间不宜过长，以免耽误复苏时间。对呼吸、心搏停止者，应立即进行心肺复苏术。尽快进行口对口人工呼吸和胸外心脏按压。如无效，应尽早气管插管，使用人工呼吸器进行间断正压呼吸或呼气末期正压呼吸，使塌陷的肺泡重新张开，改善供氧和气体交换环境。

复苏成功者，应积极防治并发症，如脑水肿、肺水肿、肺部感染、ARDS、DIC、急性肾衰竭、电解质紊乱等。

因溺水者大多数有复杂且严重的病理生理变化，常常引起严重的并发症，故复苏初步成功后，仍需转院进一步观察和治疗。在转院和搬运过程中，应保持呼吸道通畅，继续吸氧，维持静脉通道，密切观察生命体征。送达医院时，认真向接诊医生交班，汇报水中急救和医院医疗急救经过。

（4）触电急救

触电急救应分秒必争，已经明确心搏、呼吸停止的，立即就地迅速用心肺复苏术进行抢救，并坚持不断地进行，同时及早与医疗急救中心（医疗部门）联系，争取医务人员接替救治。在医务人员接替救治前，不应放弃现场抢救，更不能只根据没有呼吸或脉搏的表现，擅自判定伤员死亡，放弃抢救。只有医生才有权做出伤员死亡的诊断。与医务人员接替时，应提醒医务人员在触电者转移到医院的过程中不得间断抢救。

① 迅速脱离电源：

a. 触电急救，首先要使触电者迅速脱离电源，越快越好。因为电流作用的时间越长，伤害越重。

b. 脱离电源，就是要把触电者接触的那一部分带电设备的所有断路器（开关）、隔离开关（刀闸）或其他断路设备断开；或设法将触电者与带电设备脱离开。在脱离电源过程中，救护人员也要注意保护自身的安全。

低压触电可采用下列方法使触电者脱离电源：

a. 如果触电地点附近有电源开关或电源插座，可立即拉开开关或拔出插头，断开电源。

b. 如果触电地点附近没有电源开关或电源插座，可用有绝缘柄的电工钳或有干燥木柄的斧头切断电线，断开电源。

c. 当电线搭落在触电者身上或压在身下时，可用干燥的衣服、手套、绳索、皮带、木板、木棒等绝缘物作为工具，拉开触电者或挑开电线，使触电者脱离电源。

d. 如果触电者的衣服是干燥的，又没有紧缠在身上，可以用一只手抓住触电者的衣服，拉离电源。

e. 若触电发生在低压带电的架空线路上或配电台架、进户线上，对能立即切断电源的，应迅速断开电源；对不能立即切断电源的，救护者应迅速登杆或登至可靠地方，并做好自身防触电、防坠落安全措施，用带有绝缘胶柄的钢丝钳、绝缘物体或干燥不导电物体等工具将触电者脱离电源。

② 高压触电可采用下列方法使触电者脱离电源：

a. 立即通知有关供电单位或用户停电。

b. 戴上绝缘手套，穿上绝缘靴，用相应电压等级的绝缘工具按顺序拉开电源开关或熔断器。

c. 抛掷裸金属线使线路短路接地，迫使保护装置动作，断开电源。

③ 脱离电源后救护者应注意的事项：

a. 救护人不可直接用手、其他金属及潮湿的物体作为救护工具，而应使用适当的绝缘工具。救护人最好用一只手操作，以防自己触电。

b. 防止触电者脱离电源后可能的摔伤，特别是当触电者在高处的情况下，应考虑防止坠落的措施。

c. 救护者在救护过程中特别是在杆上或高处抢救伤者时，要注意自身和被救者与附近带电体之间的安全距离，防止再次触及带电设备。

d. 如事故发生在夜间，应设置临时照明灯，以便于抢救，避免意外事故，但不能因此延误切断电源和进行急救的时间。

④ 现场就地急救。触电者脱离电源以后，现场救护人员应迅速对触电者的伤情进行判断，对症抢救。

⑤ 伤员脱离电源后的处理：

a. 判断触电者的意识。

b. 通畅呼吸道。当发现触电者呼吸微弱或停止时，应立即通畅触电者的呼吸道以促进触电者呼吸或便于抢救。

c. 判断呼吸。在通畅呼吸道之后，可以明确判断呼吸是否存在。

d. 判断触电者有无脉搏。在检查触电者的意识、呼吸道之后，应对伤员的脉搏进行检查，以判断触电者的心脏跳动情况。

⑥ 转移和终止：

a. 转移。在现场抢救时，应力争抢救时间，切勿为了方便或让伤员舒服去移动伤员，从而延误现场抢救的时间。

b. 终止。何时终止心肺复苏是一个涉及医疗、社会、道德等方面的问题。

c. 电击伤员的心脏监护。被电击伤并经过心肺复苏抢救成功的电击伤员，都应让其充分休息，并在医务人员指导下进行不少于 48h 的心脏监护。

（5）烧伤急救

烧伤救治最早一个环节就是现场急救，其基本原则是迅速使伤者脱离致伤源，立即冷疗，就近急救和分类转送专科医院。

① 迅速脱离致伤源：

a. 火焰烧伤。迅速采取脱去着火的衣服或用水浇湿或卧倒打滚等方法，扑灭火焰。切忌奔跑喊叫，以防增加头面部、呼吸道损伤。

b. 热液烫伤。脱去热液浸湿的衣服（尽可能避免将疱皮剥脱，可先用冷水冲洗带走热量，然后剪开热液浸湿的衣服）。

c. 化学烧伤。脱去致伤物质浸湿的衣服，迅速用大量清水长时间冲洗，尽可能去除创面上的化学物质。注意，生石灰烧伤应先用干布擦净，再用水冲洗；磷烧伤要用大量水冲洗浸泡或用多层湿布包扎创面（禁用油质敷料包扎），防止磷自燃。

d. 电烧伤。立即切断电源，再接触伤者。如伤者出现心搏停止、呼吸停止，应立即进行胸外心脏按压和人工呼吸，待呼吸、心搏恢复后及时送附近医院进一步治疗。对电弧烧伤，切断电源后，按火焰烧伤处理。

② 冷疗处理。用冷水冲洗、浸泡或湿敷是烧伤早期最为有效而经济的手段。

③ 保护创面。现场烧伤创面无需特殊处理，尽可能保持水疱完整，不要撕去腐皮，同时要外裹一层敷料或清洁的被单、衣服等进行简单的包扎。创面忌涂有颜色药物及其他物质，如龙胆紫、酱油等，也不要涂膏剂，如牙膏等，以免影响对创面深度的判断和处理。

④ 液体治疗。当烧伤面积达到一定程度时，患者可能发生休克。轻者可口服含盐饮料防治；重者需静脉补液。忌大量饮水，尤其白开水，一般一次口服不宜超过 50mL，谨防呕吐。

⑤ 转送治疗。原则是就近、及时转送至有条件医治的医院。

（6）踩踏事件急救

① 在救治中，要遵循先救重伤者、老人、儿童及妇女的原则。判断伤势的依据：神志不清、呼之不应者伤势较重；脉搏急促而乏力者伤势较重；血压下降、瞳孔放大者伤势较重；有明显外伤、血流不止者伤势较重。

② 当发现伤者呼吸、心跳停止时，要赶快做人工呼吸，辅之以胸外按压。

（7）心肺复苏

① 心肺脑复苏定义。心搏、呼吸骤停和意识丧失的意外情况发生时，在迅速而有效的人工呼吸和心脏按压使呼吸循环重建的同时，积极保护大脑，最终使大脑智力完全恢复。这一系列的抢救措施和复苏过程称为心肺脑复苏（CPCR）。

② 心肺脑复苏的紧迫性。大脑是高氧耗的组织，对缺氧最敏感。一般脑缺氧 4～6min 后可出现不可逆的大脑损害，故心搏停止时间越长，进行复苏越加困难，成功希望亦越小。复苏每晚 1min 则存活率下降 3%，除颤每晚 1min 则存活率下降 7%～8%。因此尽快实施高质量胸外按压和通气至关重要。

③ 判断心搏骤停的方法。伤者突然意识丧失，颈动脉搏动消失。喘息、发绀、瞳孔扩大、呼吸停止。

具体操作如下：

a. 立即用双手拍伤者双肩，在伤者耳边问："先生（女士）！你怎么了？"若无反应，判断为意识丧失。

b. 触摸颈动脉搏动，观察胸廓起伏，判断心跳和呼吸。颈动脉位置：用右手的中指和食指从气管正中环状软骨移开 2 横指滑向近侧颈动脉搏动处，数 1001，1002，1003，1004，1005……（判断 5s 以上 10s 以下），同时观察伤者胸部起伏，若无搏动和呼吸，判断为颈动脉搏动消失和呼吸停止。

c. 立即呼叫：来人啊，帮忙急救！拨打急救电话！取除颤仪！

④ 心肺脑复苏的顺序。《2024 AHA 心肺复苏及心血管急救指南》明确建议当伤者心脏停搏时，应立即启动心肺复苏，予以胸外按压。在心肺复苏时，应首先进行胸外心脏按压，而非首先进行人工通气，要强调的是，对于因窒息导致的心脏停搏，开放呼吸道、通气和按压同样重要，首先应迅速去除口腔或咽部异物，解除气道梗阻再进行心脏按压。通常正确的顺序是胸外按压—开放气道—人工呼吸。

a. 胸外按压。要实现高质量心肺复苏，需注意实施地点、伤者体位、按压部位和施救者的手法、按压频率和深度、胸廓回弹、按压周期等方面，并控制中断时间，避免过度通气。

首先要确保伤者的现场周围环境是安全的。接着将伤者平卧于硬质平面上，取仰卧位，松解衣领及裤带。最后施救者双手重叠，掌根部放在患者胸部中央（两乳头连线的中点，即胸骨中下 1/3 处）；按压频率 100～120 次/min，按压深度至少 5cm。

需要注意的是，心肺复苏中尽量缩短中断按压时间，保证每次按压后胸廓完全回弹至原状，避免通气过多、过快，图 6.1 为胸外按压法示意。

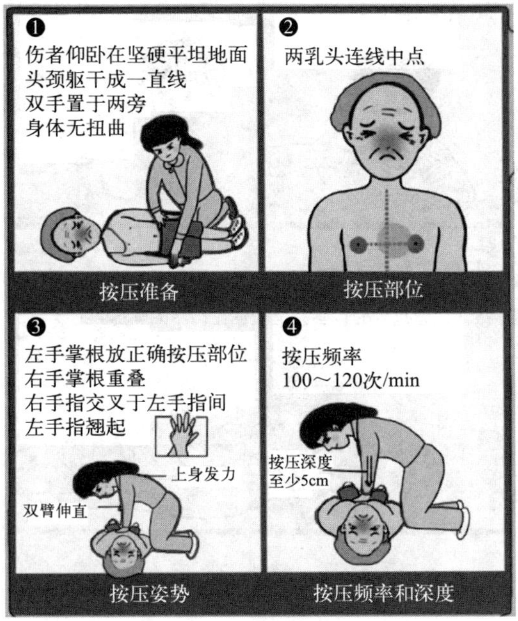

图 6.1　胸外按压法

b. 开放气道。清除伤者口腔、鼻腔的异物和分泌物，若有假牙应取下。对无颈椎损伤者给予仰头提颏法开放气道，即操作者将一手置于伤者前额使头向后仰，另一手的食指和中指抬起伤者下颏，使下颌角与耳垂的连线与地面成垂直状态，保持气道通畅。

需要注意的是：对合并颈椎损伤者予以托下颌法开放气道并避免颈部过伸；对于合并头颈部有创伤者，如采用托下颌法结合人工通气道（口咽通气道或鼻咽通气道）仍不能开放，应给予仰头提颏法开放气道；对于异物窒息患者，条件许可情况下应首先采取海姆利克法清除异物。

c. 人工呼吸。在确保气道通畅后，施救者左手的拇指与食指捏住伤者鼻孔，深吸一口气，用口唇完全包绕伤者的嘴部，然后缓慢吹气，每分钟进行 10～12 次，每次吹气时长约为 1s，观察胸廓是否起伏，确保足量的气体进入伤者肺部，同时观察伤者脸色，判断呼吸是否有效。图 6.2 为人工呼吸方法示意。

⑤ 再次判断自主心跳和呼吸。进行 5 个循环的心肺复苏（约 2min）后，通过触摸颈动脉搏动、看胸廓起伏、感觉呼吸的方法，判定自主心跳及呼吸是否恢复，评估在 10s 内完成。如果伤者复苏成功，取平卧位，头偏向一侧，等待 120 救护车送至医院进一步救治；如果复苏不成功，再次进行 5 个循环的心

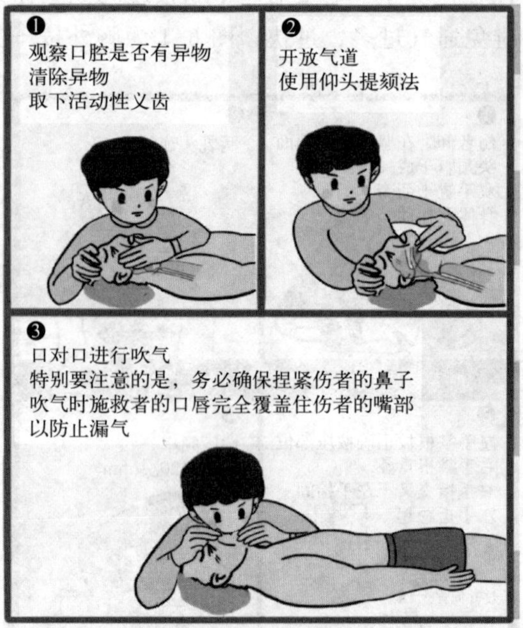

图 6.2　人工呼吸

肺复苏，直至 120 医疗急救人员的到来。

⑥ AED 电除颤。对心搏骤停伤者，应通知在场的其他人以最快的速度取来 AED 设备，AED 可自动分析心律，并根据需要提供电击，如及时取来除颤仪，并且伤者为心律失常，应尽早尽快进行电除颤，并遵循设备使用说明，电除颤越早，抢救成功率越高。在除颤的同时，要继续进行高质量的心肺复苏，包括胸外按压和人工呼吸，直到专业医护人员到达，医护人员到达后，会进行高级生命支持，包括药物治疗、气道管理和心血监测，以进一步改善伤者状况。

需要强调的是，在心搏骤停抢救中，心肺复苏和 AED 除颤应协同配合，AED 虽然被称为“救命神器”，但并不能代替心肺复苏，要尽量缩短除颤导致的按压中断。

⑦ 判断心肺复苏是否有效的方法：

a. 脉搏恢复：伤者双侧颈动脉的搏动恢复表明患者自主循环恢复。

b. 瞳孔反射正常：伤者双侧瞳孔由散大逐渐缩小，而且对光反射存在。

c. 口唇红润：伤者口唇、甲床、皮肤的颜色由紫绀逐渐转变为红润。

d. 测量血压：收缩压大于 60mmHg 以上。

e. 神志恢复正常：再次呼叫伤者，神志逐渐苏醒，有回应，四肢可稍作活动。

f. 恢复自主呼吸：伤者恢复自主呼吸、鼻腔有气流呼出，胸廓有起伏。

（以上指标只要有 1～2 项出现，就不要放弃抢救，不可强求上述指标同时出现。）

⑧ 特殊情况下的心肺复苏：

a. 溺水：溺水者可能吸入了大量的水，需要格外注意清除呼吸道中的水。

b. 心搏骤停伴有胸部创伤：需要谨慎进行胸外按压，避免加重胸部损伤，同时要注意处理潜在的并发症。

c. 妊娠期心搏骤停：孕妇的心肺复苏需要特殊技巧，例如将孕妇侧卧，并注意保护胎儿安全。

d. 电击伤：应首先确保现场安全，移除电击源，再进行心肺复苏。

本章思考题

① 简述突发事件应急处置与救援的概念及其在应急管理中的核心地位。

② 分析先期处置原则与方法在突发事件应对中的重要性。

③ 简述应急救援工作的重要性和指导思想。

④ 简述应急救援任务的确定和行动方案的制定过程。

⑤ 分析典型突发事件自救及急救措施的有效性和普及性。

⑥ 讨论如何通过跨部门协作提高应急处置与救援的效率。

⑦ 论述在不同类型突发事件中，应急处置与救援策略的差异。

⑧ 分析应急救援行动中的资源调配和人员协调问题。

⑨ 讨论如何通过科技手段提升应急处置与救援的能力。

⑩ 讨论在国际突发事件中，跨国救援队伍的合作与协调方式。

第 7 章

事后恢复与重建

7.1 恢复与重建的基本概念

《中华人民共和国突发事件应对法》规定：突发事件应急处置工作结束后，履行统一领导职责的人民政府应当立即组织对突发事件造成的影响和损失进行调查评估，制订恢复重建计划，并向上一级人民政府报告。

根据现有资料来看，国内外学者对突发事件恢复重建的理解与界定，往往将其作为突发事件应对的一个阶段、一个环节、一个组成部分和一个连续的系统工作过程，既包括物质层面，又包括社会层面和心理精神层面。另外，和恢复与重建密切相关的还有“后期处置”“善后处理”或者“善后处置”等概念。后期处置主要针对重大突发事件发生后的处置，包括的事项主要有善后处置、社会救助、保险和灾后恢复。对于“有恢复无重建”这种相对简单的事故灾难应急处置之后的工作，用“善后处理”或者“事后管理”代替“恢复与重建”可能更合适。一般说来，恢复与重建是事后管理的一个组成部分。

突发事件的恢复与重建的含义是对突发事件发生后为社会生产和社会秩序的恢复与重建工作提供必要的组织保障；对突发事件发生后不稳定的社会状态起到缓解和消除的积极作用；为进一步提高政府危机管理能力提供经验和实践机会。

7.2 恢复与重建的内容

恢复与重建的工作内容主要包括以下四个方面：一是对突发事件及其应对进行调查评估，为恢复与重建等工作打下基础；二是对受损的群众进行赔偿、补偿和救济；三是进行心理危机干预；四是进行突发事件应急处置后的恢复重建工作，帮助群众恢复正常生活。另外，恢复正常的社会秩序、总结经验教训、改进突发事件应对系统等也是事后管理的重要工作内容。

7.2.1　调查评估

调查评估是应急管理过程中不可或缺的环节。突发事件发生后，会造成人员伤亡和财产损失，另外受灾人员的心理创伤同样不可忽视，因此事后的调查评估很有必要。它是指对突发事件事前的预防机制、事中的处置机制进行一个综合评估，如寻找监控系统漏洞、应急预案实施过程中遇到的问题等。通过调查评估总结，调整完善预防机制和处置机制，以便更好地应对突发事件。

突发事件应急处置与救援工作结束后，政府应当按照国家规定，及时组织相关部门和专业技术力量组成突发事件评估工作组，统计、核实和评估所辖行政区域内因突发事件造成的损失，并向政府提出评估报告。根据损失评估报告，制订救助、抚慰、抚恤、安置等善后工作计划并组织实施。

对突发事件造成的损失进行评估，是恢复与重建工作的前提与基础。损失评估的内容主要包括直接损失和间接损失，如突发事件中伤亡的人员、各种设施设备的损失、公私财物损失等；除了物质损失外，还有目前难以量化的精神创伤。同时，组织专家科学评估重建能力和可利用资源情况，为恢复与重建方案的制定和具体实施提供数据支持，以确定恢复与重建所需资源与救助的种类与数量。

在突发事件评估的基础上由政府编制以权限、范围、目标、内容等为重点的恢复与重建方案，用以指导恢复与重建实践。

7.2.2　救助补偿

《中华人民共和国突发事件应对法》第八十九条规定：受突发事件影响地区的人民政府应当根据本地区遭受的损失和采取应急处置措施的情况，制订救助、补偿、抚慰、抚恤、安置等善后工作计划并组织实施，妥善解决因处置突发事件引发的矛盾纠纷。具体而言，主要包括救助和补偿两个方面。

（1）救助

对受突发事件影响的群众实行救助措施，属地政府应该及时制订这方面的安置计划，提供最基本的生活条件，以尽快满足灾区群众最基本的生活需求。对受突发事件影响的孤儿、孤老和孤残人员进行积极的救助。公民参加应急救援工作或者协助维护社会秩序期间，其在该单位的工资待遇和福利不变。没有工作单位的，由所在地区、县级人民政府给予补贴。属地政府对在应急救援工作中伤亡的人员，依法给予抚恤。属地政府及其部门应当将突发事件损失情况及时向保险监督管理机构和保险服务机构通报，协助做好保险理赔工作。

（2）补偿

建立完善的应急资源征收、征用补偿制度，解决基层群众和综合应急队伍的实际困难和后顾之忧。属地政府因应对突发事件采取措施造成公民、企事业单位和其他组织财产损失的，应当按照国家规定给予补偿；国家没有规定的，属地政府应当组织制定补偿办法。根据有关规定，结合政府实际情况，暂时制定补偿标准和补偿办法，完善补偿程序，建立补偿评估机制，必要时召开由受损者参加的听证会，确定补偿方式、补偿标准和补偿数额，并进行公示。审计、监察等部门应当对补偿物资和资金的安排、拨付和使用进行监督。

（3）救助补偿的法治保障

由于在突发事件发生以后，救助与补偿具有及时性、应急性甚至强制性等特点，并且政府在救助补偿中具有特殊性，因此必须通过立法的形式来保障。很多国家都制定了专门的法律，如日本制定了专门的《灾害救助法》，目的是灾害发生后给受灾民众紧急提供食品以及其他生活必需品，对民众因灾害导致的伤病进行紧急治疗，为住房损坏的灾区民众提供临时性住处，并发放一定的救助金等。我国于 2010 年颁布、2019 年修正后的《自然灾害救助条例》规定：自然灾害救助工作实行各级人民政府行政领导负责制。国家减灾委员会负责组织、领导全国的自然灾害救助工作，协调开展重大自然灾害救助活动。国务院应急管理部门负责全国的自然灾害救助工作，承担国家减灾委员会的具体工作。县级以上人民政府应当将自然灾害救助工作纳入国民经济和社会发展规划，建立健全与自然灾害救助需求相适应的资金、物资保障机制，将人民政府安排的自然灾害救助资金和自然灾害救助工作经费纳入财政预算。国家鼓励和引导单位和个人参与自然灾害救助捐赠、志愿服务等活动。

7.2.3 心理危机干预

心理危机干预是事后管理的重要工作之一。突发事件会对受害者及其家属甚至救援者的心理造成极大的影响，进而引起焦虑、恐惧、抑郁、脾气暴躁、过度警觉等心理反应，有人还因此留下终生挥之不去的心理创伤。

根据国外学者的研究，突发事件与心理的关系有以下几点：首先，突发事件对人的心理造成负面影响，也产生正面影响。波林和波尔顿在 1986 年发现，在“德克萨斯”风灾害之后，灾害造成了负面影响，如人们缺少耐心、家庭关系紧张等。但是，风灾害也产生了正面的影响，如人们不再看重物质财富、家庭幸福感增强等。其次，突发事件一般不会给人造成重大的心理问题，但许多人会出现中度的心理紧张，在恢复与重建的过程中感到沮丧。随着时间的流逝，大部分人能进行很好的自我调节，心理压力趋缓。另外，精神卫生部门应该特别关注的对象包括：灾前有精神疾病患者、目睹亲人死亡或严重受伤者、单身女性家长、儿童、参与艰难搜救任务的应急响应者、工作负担沉重的医务人员。1999 年 8 月，土耳其发生强烈地震，造成灾区人员重大伤亡。多年后，伦敦大学的精神病学家对土耳其地震的 769 名幸存者进行了调查。这些幸存者已经从震中地区迁居到了为无家可归者修建的永久住所中。81%的幸存者接受调查的时间距离地震发生 3.1 年，其余的为 3.9 年。调查结果显示，40%的人患有创伤后应激障碍（post-traumatic stress disorder，PTSD），18%的人患有应激障碍与抑郁并发症。他们通过线性回归分析得出结论：创伤后应激障碍与地震中受到惊吓有关，而抑郁与失去亲人有关。因此，突发事件的心理干预是一项长期而艰苦的工作。在美国，红十字会、救世军和其他志愿者组织以及教会等均在灾害应对与恢复阶段开展心理干预活动。此外，突发事件由于经常导致群死群伤，现场应急救援人员也可能成为 PTSD 患者。消防队员、医疗工作者和警察由于职业原因目睹了许多残酷的场景。每天，他们都会在社会中甚至在自己的部门中看到恐怖、惊人的伤亡。反复发生的创伤事件将产生一种积累效应。因此，应急救援人员出现体重减轻、愤怒、抑郁、酗酒、愧疚、胸痛、头疼、记忆减退、失眠等症状，也许就是 PTSD 的征兆。在灾难发生后，需要心理危机干预的对象包括：第一级受害者，指第一现场亲身经历灾难事件者；第二级受害者，指有亲属在灾难中遭受伤亡者；第三级受害者，指与前两级人群有关的人；第四级受害者，指参与营救与救护的人员，主要有消防队员、医疗工作者、战士、警察、受灾区域的公务人员、报道灾难事件的记者等。

在突发事件的事后管理阶段，应急管理部门应动员全社会的精神卫生资源，特别是发挥心理专家、红十字会及慈善组织的作用，对社会公众特别是受害者及家属进行必要的心理干预和疏导。一方面，我们要通过媒体等手段对灾区公众的心理进行整体性引导；另一方面，我们要对重点人群，如应急救援人员进行特殊的心理干预。为此，可以采取以下措施：① 将心理承受能力的培养作为公共安全教育的一项长期内容。通过公共安全教育，有效地增强社会公众的心理承受能力，减缓突发事件的冲击。② 鼓励社会公众灾时开展自救、互救活动，使人们相互激励，实现社会的集体理性，减轻突发事件对个体心理的冲击。③ 对突发事件中心理脆弱的群体给予物质和精神上的特殊关爱。特别是，我们要利用学缘、事缘、血缘、业缘、地缘的关系，疏导、安慰这些人，减小他们的精神压力，缓解心理伤害，帮助他们渡过难关。④ 开展专业心理咨询和治疗。应急管理部门应建立心理救援队伍，设立心理医生档案库。在突发事件发生后，利用专业人士的科学知识和技能，排解心理脆弱者的精神压力，帮助他们客观、冷静地看待现实。⑤ 做好长期心理恢复的准备。由于突发事件的心理问题可能会有很长的间歇期，因而对患者的干预必须持之以恒。

近年来，我国应急管理也开始重视突发事件的公众心理干预。比如，2007 年 7 月，河南省三门峡市陕州区支建煤矿发生特大淹井事故，69 名矿工被困井下。现场采取了“一堵二排三通风”的救援策略，成功将井下矿工全部救出，之后矿工均接受了康复治疗和心理干预。

7.2.4 恢复重建

根据受灾地区恢复重建计划组织实施恢复重建工作。

灾后恢复重建从时间顺序上虽然在突发事件发生后，但随着应急管理的发展，人们越来越认识到事前制订恢复计划也属于灾后恢复重建的重要组成部分。因为在灾难袭来后，人们往往出于恐慌，加上时间紧迫，很难科学地制订恢复重建计划。因此，事前的恢复重建计划应包括短期内如何安置避难者、长期内如何支持重建，以及公共基础设施重建地址的选择。恢复重建计划能帮助政府官员在巨大压力下使社会恢复正常，有利于提高社会在无援助的情况下的恢复能力。

当突发事件发生后，应急管理部门还要根据损失评估报告，再次制订出更为详细的恢复重建计划。该计划执行完毕后，应急管理部门应及时反思，总结教训，制定新的防灾减灾方案，并修改和完善准备阶段制订的恢复重建计划。

可见，恢复重建并不是开始于灾后，而是开始于灾前。在突发事件发生前的准备阶段，应急管理部门就要根据风险评估的情况，考虑制订灾后恢复重建计划。比如，如果某座城市附近火山有喷发的风险，那么应急管理部门就要在准备阶段制订恢复重建计划，思考灾后如何处理火山灰。这体现了预防在先的原则。

恢复计划制订的目的是对恢复进行管理，加快恢复的进程。具体而言，恢复计划应符合以下要求：有利于实现恢复过程管理的正规化；有利于加快恢复的进程；有利于确定恢复活动的组织网络，明确每个组织的责任和任务；有利于将各方面的力量吸纳到恢复进程之中，确保社区参与；尽量简洁，但联系方式、资源列表要详细；由提供恢复服务的各相关机构共同制定；以各机构的日常职能为基础；经常进行评估；明确恢复管理的结构和过程；规定适当的资源安排制度。

恢复管理的目标是增强恢复活动参与各方的合作与协调。恢复管理主要包括以下内容：第一，进行恢复准备。应急管理部门要与各相关机构保持动态联系，制订并不断更新恢复计划，促使恢复活动参与人员随时保持待命状态。第二，促进协调。恢复阶段的任务繁重，涉及资源动员、捐赠管理、废墟管理等方面。应急管理部门要保持内部的有力指挥和控制，同时促进各机构的合作与协调。第三，管理资源。应急管理部门要在需求评估的基础上，保证恢复资源的供给充足。这涉及场地、装备、运输工具、资金、队伍等方面。第四，管理信息。恢复过程中，应急管理部门要保持公共信息的及时更新和发布，特别要告知灾民恢复的政策和程序，同时也要向其他公民通报灾区恢复的进展。此外，应急管理部门还要收集、加工信息，为资源供给与需求搭建一个有效的平台。

7.3　恢复重建的关键问题

7.3.1　设施修复

突发事件通常伴随着物质和经济的损害，尤其是与我们生活密切相关的住房、基础设施等的破坏，恢复重建的第一步就是设施修复。设施修复主要包括以下几个方面：

（1）住房修复

在突发事件后的恢复重建中，政府应采取积极主动的措施，修复灾害带来的有形物质伤害，首先考虑的就是住房重建。

① 住房恢复重建的选址。住房恢复重建阶段面临的首要问题就是选址。有三种解决方案：一是原地原址修建，是指在废墟上重新建设，不改变其土地用途；二是原地异址修建，是指在灾害发生区域，重新选址，改变了土地用途；三是异地重建，是指在一个全新的区域进行重建。

选址主要以是否有利于降低未来突发事件发生的可能性为依据。

② 住房恢复重建的阶段。美国学者认为，住房的恢复重建有四个阶段：

a. 应急住所。应急住所指的是突发事件受害人员在灾后紧急安身、躲避风雨的场所，如许多家庭在地震、洪水等灾害发生后暂时在汽车内休息。

b. 临时住所。临时住所指的是避难场所，不仅能够休息，而且还能满足灾民的饮食需要。比如受灾人员投靠亲友或在宾馆、体育馆中暂时安身。国外的教堂经常成为灾民的临时住所。

c. 临时住房。临时住所是多人共有的，带有避难场所的色彩。而临时住房则是灾民个人拥有、非长期的安身场所。但许多事后、临时住房的选址并不理想。

d. 永久住房。永久住房是指选择理想的地方重建住宅，项目完工后，灾民乔迁新居并长期居住。

一般而言，国外的住房恢复重建有四种形式：一是完全依靠自己的力量，没有接受任何的补助；受灾人员自己出钱、找人、买材料重建住房。二是借助亲朋好友的力量，在他们的帮助下重建住房。三是根据国家制定的援助制度，在政府与非政府组织的帮助下重建住房。四是依靠保险赔付。突发事件受害群众在事发前曾买过保险，灾后可向保险公司提出理赔申请，以获得的赔偿金重建住房。

在我国，突发事件大多造成房屋的损毁，灾后救助迫在眉睫。针对城乡居民住房建设不同的特点，应制定不同的政府补助政策。对于损毁不大还可以修复的房屋，应尽快鉴定查验，抓紧维修加固；对于损毁严重、需要重新建造的房屋，应遵循科学选址、节约用地的原则，尽快开工建设，让受灾群众尽快住上安全、经济、舒适的住房。同时，我国也应借鉴国外的经验，实现灾害损失补偿渠道的多样化，如大力推行灾害保险，尤其是在突发事件频发的地区。

根据政府主导、政策支持、市场运作、群众自助的原则，城镇居民住房的恢复重建实行原址重建、异地新建和维修加固相结合的方式，优先安排维修加固损坏轻微和损坏中等的住房。按照现行城镇住房供应体系，基于城镇总体规划，以满足受灾群众多层次住房需求为原则，抓紧建设廉租住房、经济适用住房和普通商品住房。

农村居民住房的恢复重建，要结合扶贫开发和乡村振兴战略，在符合民众意愿的基础上，实行农户自建、政府补助、社会帮扶相结合的方式；不仅要改进建筑结构、提高建筑质量，使其符合抗震防灾要求，而且还要满足现代生活的需要，体现地方特色和民族传统风貌，节约用地，保护生态。灾区各级政府要积极指导农村建房的安全选址问题，组织规划设计力量，为农村居民免费提供多样化的住房设计样式和完善的施工技术指导。

（2）公共设施修复

重大突发事件经常导致公共设施损毁，而现代社会的运转离不开公共设施，包括交通、排水、供电、供气、供暖、通信、广播、电视、学校、医院等设施。因此，恢复重建的重要工作应包括各类公共设施的恢复。

① 公共服务设施修复。优先对学校、医院等公共服务设施进行恢复重建，严格执行强制性建设标准规范，保证建筑的安全性、牢固性，让群众放心。要整合资源，优化布局，实行标准化建设，提高建筑质量。

合理调整规划学校布局，整合教育资源，提高教学质量。原则上，农村地区普通高中、中等职业（技工）学校建在县城，初中建在中心乡镇，小学布局相对集中。

重点恢复重建县乡两级医疗卫生机构，全面恢复市县乡村基本医疗和公共卫生服务体系。加强基层妇幼保健、医疗服务资源的有效整合。

注重对民族文化的抢救和保护，及时修缮世界文化遗产、重要文物保护单位，保护具有历史价值和少数民族特色的建筑物，建设地震遗址和相关纪念设施。

恢复重建社会福利、社会救助、优抚安置和残疾人服务、劳动就业、社区管理等设施。

基于公共服务设施基本完成，按照节俭实用的要求，恢复重建各级行政机关办公设施。

② 基础设施修复。恢复重建各类基础设施时，首先注重的是恢复功能。参考当地经济社会发展规划、城乡建设规划、土地利用规划，根据地质地理条件和城乡分布合理调整布局，远近结合，确定合理的建设标准，增强安全保障能力。

交通设施的恢复重建，目标是完善综合交通体系，重点恢复重建干线铁路、干线公路、农村公路和通往重要工矿企业、重点林区的专用道路以及受损民航设施，抓紧恢复旅游交通。

通信设施的恢复重建，要满足资源共享、先进实用、安全可靠的要求，重点加强通信干线网的恢复重建，加强公众通信网和应急通信能力建设，恢复重建邮政设施。

能源设施的恢复重建，须按照节约资源、保护环境、安全生产的原则，重点恢复重建高压输变电设施、城乡低压配电网和油气管线，修复重建水电、火电、油库、加油站和符合建矿标准的大中型煤矿。

水利设施的恢复重建，要统筹考虑防洪安全、饮水安全、恢复生产等需求。重点放在水库工程及河道淤堵处理工程、堤防工程、乡村供水设施、灌排水利设施、水文水资源设施等的恢复重建上面。

市政公用设施的恢复重建，是在城镇总体规划的基础上，恢复重建城镇供水、排水、污水处理、燃气、供热、垃圾处理、公园绿地和避难场所等设施。

7.3.2 救助补偿

(1) 救助补偿的定义

救助主要是指对突发事件中的伤残人员给予一定的物质支援或精神安慰，保证其基本生活和心理安定。补偿就是对在突发事件中受影响的民众或其他人员进行一系列的补助，弥补他们的损失。救助补偿就是为了维持在灾难中受到影响的群众的基本生活，采用各种方式，为他们提供衣、食、住、行、医疗等基本生活资料，并且以一定的财政资金、必要的行政手段、正确的市场行为为工具，对灾难造成的损失进行补偿的应急管理机制，尽量把突发事件的影响降到最低。

从古至今，救助补偿在保障受灾民众基本生活需要、维护社会稳定、体现政府责任方面起着积极的作用。汉代就很重视对灾民的救助，采取了很多措施补偿。比如“赈济”，即向灾民提供粮食、衣服和钱；“养恤”则包括施粥和设置各种临时收容机构和场所；还有“赈贷”“免赋税”等政策，以减轻受灾群众的压力。古代尚且如此，现代更应该努力做好这项工作，对突发事件中的受灾群众进行及时有效的救助补偿。这不仅是政府应尽的法律责任，而且还是对宪法所确定的公民的生命权和财产权等基本权利的必然承诺。

(2) 救助补偿的目的与原则

救助补偿的目的是降低突发事件对民众的影响和损害。救助补偿应当提供多种解决措施，并采取最大限度保护公民、企业及其他组织利益的措施，最重要的是要与突发事件造成的社会危害的性质、程度和范围相适应。

救助补偿所遵循的工作原则：一是要以救助重点受灾对象为主，兼顾其他受灾面；既要减轻受灾最严重对象的负担，又要考虑其他救助对象的情况，使所有救助对象能够获得基本的救助服务。二是掌握好救助补偿比例和程度，按照国家规定，结合现实需要，确定救助补偿标准。三是逐步调整、确定合适的补偿标准，既不能补偿过高、增加政府负担，又不能补偿过低、无法满足受害群众基本生活需要。四是要做到科学管理、专项管理、定期审计、民主监督，严格控制补助资金和物资的使用范围，防止滥用。

(3) 救助补偿主体

救助补偿主体是政府。《中华人民共和国突发事件应对法》对各级人民政府应急、善后、救助的职责和相关内容做出了规定：国务院负责出台扶持优惠政策，受影响地区的人民政府负责实施救助和抚恤。政府为受灾人员提供避难场所和生活必需品，提供实施医疗救护和卫生防疫等保障措施的费用；上一级人民政府为受影响地区提供资金、物资和技术支持，必要时寻求其他地区帮助。

政府在救助补偿方面起到主导作用，并不代表政府是唯一主体，我国的救助补偿主体是多元化的。社会组织、单位和个人也可以通过捐赠物品、志愿活动等形式参与善后救助工作。社会力量可以举行募捐活动或者参与“三孤人员”安置等工作，在政府善后救助过程中能发挥补充性、辅助性的作用。他们对保障灾民生活、稳定灾民情绪、维护社会稳定可以起到积极的作用。

2013 年“4·20”芦山强烈地震发生后，大量社会组织和志愿者迅速赶赴灾区，开展抢险救援、物资搬运、心理辅导、儿童关爱、医疗卫生、维护社会秩序等志愿服务。不仅如此，社会组织还在灾后重建中建功立业，发挥了动员、凝聚社会力量参与灾后重建的作用。一些基金会在雅安参与困难群体关爱、生计发展帮扶、设施设备捐助、基础设施援建等工作。一些社会组织在雅安建立服务站点，大量社会工作者和志愿者扎根基层，长期开展就业创业帮扶、心理咨询、义务支教、儿童关怀、社区治理等常态化服务。某基金在灾区 8 个县区建设 100 所具有国内领先水平的减灾示范校园，提高学校师生应对灾害的综合能力。中国扶贫基金会按照“互联网＋扶贫”的方式，依托电子商务等技术手段促进农产品（农户）和市场（消费者）的链接，在贫困村建立电商销售平台，帮助贫困村开发特色农产品，带动贫困群众脱贫致富。社会组织参与灾后重建，满足了灾区群众多元化、多层次的服务需求。

2017 年 8 月 8 日，四川省北部阿坝州九寨沟县发生 7.0 级地震，给 12 个乡镇 130 多个村舍造成不同程度的损伤。地震发生后，国务院立即组织力量抗震救灾，许多企业单位也加入抗震救灾行列，各方爱心人士也纷纷献出自己的一份力量，给灾区送去温暖。

7.3.3　心理干预

（1）心理干预的定义

心理干预指的是针对突发事件中受影响的个体或群体采取有效措施，比如认知干预、心理介入等，帮助他们战胜精神压力，恢复正常的生活。许多事例和研究已经表明，突发事件发生后，心理干预在缓解情绪、鼓舞士气、降低痛苦、引导正确态度、整合人际系统、塑造社会认知、调整社会关系等方面具有很强的正向作用。

（2）心理干预的重要性

突发事件给人的心理带来不可磨灭的创伤。据世界卫生组织（WHO）调查，在发生自然灾害或重大突发事件后，20%～40%的受灾群众有轻度的心理失调现象，这类人不需要特别的心理干预，他们的症状会在几天至几周内得到缓解。30%～50%的人有中度至重度的心理失调现象，及时采取心理干预和救助能够有效地缓解症状。而在灾难发生后的一年时间里，20%的人可能患有严重的心理疾病，他们的情况较复杂，需要长期的心理干预治疗。我国对“5·12”汶川大地震后受灾群众的心理疾患发病情况进行了调查，结果表明，受灾人群的心理疾患发病率较高，仅创伤后应激障碍（PTSD）的发病率就超过10%，有的甚至达到45.5%。因此，我们必须重视心理干预这一工作，帮助受灾人员尽快恢复健康，实现心理重建。

突发事件发生后，灾民的心理过渡有三个阶段。第一个阶段是灾难发生和之后很短时间内的应激阶段。此时段生存第一，灾民实施自救、他救，并尽可能抢救财产。这一阶段心理问题并不明显。第二个阶段是灾后几天到几周之内。这一阶段各种各样的心理问题凸显出来，如果没有相应的心理援助，灾民会因为灾难的损失和重建的困难而产生强烈的失落情绪。研究表明，只有保证“物质救灾”与“心理救灾”同步进行，救灾效果才能达到最佳。第三个阶段的时间较长，发生在灾后的几个月甚至几年的时间内。尤其是重大灾害，给人们心理带来的创伤往往是长期的。例如1996年，在唐山大地震发生20周年后，唐山开滦精神卫生中心曾做过一次调查，在接受调查的1813人中，有402人患有延迟性应激障碍，占22.1%。因此，灾后的心理系统重建和物质系统重建同等重要。

（3）心理干预的目标和原则

① 心理干预的目标。心理干预的总目标是恢复受灾群众的心理健康，建立长期的心理援助工作机制，降低灾民的心理创伤，帮助他们恢复自信心，培养积极向上的心态，提高承受灾难和挫折的能力，使他们认识到生命的意义，保证健康发展。

② 心理干预的原则。根据灾害对人类心理的影响及文化特点，结合实际的心理干预和援助经验，心理干预要坚持以下原则：

a. 正常化。恰当合适地告诉幸存者，灾后的情绪反应是正常的，大多数受害者都会出现这种现象，这是一种正常反应，不要过于担心；帮助他们用正确的态度来面对这个问题。

b. 个性化。要求心理援助者换位思考，设身处地地为心理干预对象考虑，结合他们的身体、心理、社会层面的具体情况做出正确的评估。个性化原则还指要尊重幸存者当地的风俗习惯。

c. 区分重点人群。进行心理干预工作时，要重点关注儿童、老人、妇女、丧亲、残疾人和受伤较重的救助对象。另外，还要重视在一线工作的救灾人员。

d. 选择科学的理论和技术。心理干预系统性很强，对工作要求也很严格，技术性较强。必须遵循灾后心理健康的发展阶段和过程，理论与技术相结合，有序进行，避免二次伤害。

（4）心理干预的对象

灾难发生后，需要心理干预的对象有以下四类人员：①第一级受害者：亲身经历灾难的人群；②第二级受害者：亲属在灾难中遭受伤亡的人群；③第三级受害者：与前两级人群有关的人；④第四级受害者：参与营救与救护的人员，包括医生、护士、战士、警察和记者等。这四类人员都需要进行心理干预，尤其是第四级受害者，他们每天目睹现场，情绪也受到一定的冲击；他们还要完成自己的工作任务，心情易出现波动，所以也要对他们进行心理干预。表 7.1 是我国灾难心理抚慰目标人群分级标准，表 7.2 是 WHO 建议的灾难心理抚慰目标人群分级标准。

表 7.1　我国灾难心理抚慰目标人群分级标准

级别	中国分级标准
第一级	亲历灾难的幸存者，如死难者家属、伤员、幸存者
第二级	灾难现场的目击者（包括救援者），如目击灾难发生的受灾群众、现场指挥、救护人员（消防、武警人员、医护人员等）
第三级	与第一级、第二级人群有关的人，如幸存者和目击者的亲人等
第四级	后方救援人员、灾难发生后在灾区开展服务的人员或志愿者

表 7.2　WHO 建议的灾难心理抚慰目标人群分级标准

级别	WHO 建议分级标准
第一级	直接卷入大规模灾难的幸存者，除个人受创伤外，往往还有亲人丧生和财产损失，需要得到及时的心理援助
第二级	与第一级受害者有密切关系的个人或家庭联系，可能承受严重的内疚和悲痛反应；需要心理工作队的帮助，缓和继发的应激效应
第三级	灾难中从事搜寻或救援的工作人员，以及帮助康复或重建的工作人员和志愿者
第四级	在后方向受灾者提供物资与救援的人员
第五级	未在现场，但通过直接途径目击灾难场景时心理失控的个体；他们通常易感性高，可能原来有不同程度的心理异常
第六级	其他各种人群，主要是在处境安全、家中等候消息的，与第三级受灾者关系密切的亲属或朋友，如救援或搜寻工作的家属

(5) 心理干预体系

应着力建立多元化的灾害心理救助和干预体系。

一是设立评估指标体系。要想获得准确的心理灾害评估结果，必须要有一套完善的评价指标体系。政府要组织心理咨询专家，结合理论与实践完成指标设计并尽早开始评估工作，对包括军人、公安人员、消防人员、志愿者、应急工作人员及突发事件目击者等在内的人群开展心理咨询、安抚救援工作，努力消除突发事件造成的心理创伤。

二是培训心理救助志愿者，建立援助共同体。专业干预人员毕竟数量有限，必须培训大批能力强、素质高的志愿者，这有助于心理援助工作的顺利进行。最重要的是，心理救助专业干预人员要具备合作精神，与志愿者协同形成有效的专业人才共同体。

三是提高心理救助队伍的专业水平。在整个技术培训系统中，既要注重技术层面，又要注重心理层面，给社会工作者和志愿者提供全面的技术督导和支持，使其掌握各种心理救助的专业技术和方法，增加心理救助工作的科学性和有效性。

四是完善心理救助人力资源管理系统。国家应对心理救助工作统一部署和管理，建立专门的灾害心理救助部门，掌握心理救助人员的分配和调遣，对受灾人群进行适时的心理救助。国家还应建立不同层次的心理救助管理部门，对中央和地方的心理救助队伍开展统一管理和培训，使灾害心理救助工作得以持续开展。

五是制定心理救助人员资格审核标准。例如美国创伤应急障碍中心对心理救助人员有明确的规定：具备心理健康医生执照，时间充足，保证接到通知后能够马上提供10～14天的服务。个人品质优秀，具有良好的沟通能力、较强的组织能力，能够忍受恶劣的工作条件等。

7.3.4 事后调查评估

(1) 调查评估的定义

“调查”就是进行了解、考察，“评估”就是评价估量。显然，不经过考察和了解也就谈不上给予评价、进行估量。因此“调查评估”本身就成为同一活动的两个阶段或步骤（调查和评估），是集实证性与规范性内容于一体的操作过程。调查是指在一定的流程指导下，由特定的人或者小组、委员会等，获得被调查事件、部门、项目、政策等相关信息的过程。获取信息并非目的，而是一种手段，通过获取相关信息，进而可对这些信息加以规范性判断，这一判断的过程就是评估。调查评估是一种非常普遍的社会活动，在应急管理工作中，也广泛应用调查评估，并贯穿于多项应急管理工作中。综合而言，可以给应急管理调查评估做如下定义：为了增强应急管理能力、了解突发事件发生原因和损失情况、借鉴突发事件应急处置和救援中的经验教训以及其他目的，按照一定的流程、依据一定的指标体系以及遵循相关法律法规，进行数据收集、信息获取及情况调查等活动，进而根据相关要求对应急能力、突发事件性质和责任认定、突发事件处置的经验教训以及其他需要评估的问题给出明确结论。

（2）调查评估的分类

调查评估在应急管理的多项工作中都有应用。《中华人民共和国突发事件应对法》《生产安全事故报告和调查处理条例》等应急管理法律法规，以及《国家突发公共事件总体应急预案》和地方应急预案对应急管理不同工作环节中的调查评估都有规定。总体而言，可以将应急管理调查评估分为以下三种类型。

① 与应急管理能力和应急管理工作相关的调查评估。这一类调查评估主要是针对各级政府及其相关部门应对突发事件的能力及其常态应急管理工作的开展情况进行调查评估。评估的目的是监督，检查、考核和推动政府及其相关部门的应急管理工作的开展，促进其应急能力的提高。

② 与突发事件相关的调查评估。这一类评估的对象直接与突发事件相关，既包括突发事件发生的经过、原因、人员伤亡情况、直接经济损失等，也包括突发事件事前、事中、事后全过程的应对和处置工作。这类评估又分为两个子类：一是针对突发事件本身的调查评估，以事件定性、责任认定、损失补偿为目的；二是针对突发事件应急处置的调查评估，目的在于改进应急处置的各个环节，包括预案编制、组织体制、程序流程、预测预警、善后措施、保障准备以及其他相关工作。

③ 与其他应急管理工作相关的调查评估。这一类评估包括所有其他与应急管理工作相关的各类评估，其对象多样，如风险、危险源、突发事件所造成的社会影响和环境损害等。这一类评估的目的都是配合、完善、改进特定的应急管理工作。

在应急管理工作实践中，以上几类调查评估各有其意义和价值，但所有类别的调查评估最终的目的是一致的，即通过调查评估，查找、发现常态和非常态应急管理工作中的问题和薄弱环节，进而改进和推动应急管理整体工作的开展，完善应急管理体系建设。

（3）调查评估的流程

应急管理调查评估流程，分为应急管理能力（工作）调查评估流程和突发事件调查评估流程两类。

① 应急管理能力（工作）调查评估流程。应急管理能力（工作）调查评估应作为一种常规性的应急管理工作，周期性举行。

内部调查评估可每1～2年实施一次或从便于同类别部门进行横向比较考虑出发，按地方政府、专项突发事件应急指挥部以及应急管理相关委办局三类轮流进行评估；也可每年抽取一定部门组织内部调查评估。外部调查评估因为人员、经费及时间等方面约束更多一些，可每3～5年实施一次，可对不同部门轮流进行调查评估或者每年随机抽取数个部门进行调查评估；还可以根据内部调查评估的结果，选择数个部门进行外部调查评估。

a. 内部调查评估流程。按照既定计划，通常为行政年度即将结束时，已经确定开展内部调查评估的地方政府、专项突发事件应急指挥部以及相关委办局，应根据计划要求和实际需求，确定内部调查评估负责领导，拨付调查评估工作经费和提供其他必要条件，开展内部调查评估工作。内部调查评估工作周期一般为1～3周。调查评估完成后，向应急管理领导机构提交内部调查评估报告，内容主要是应急管理能力（工作）调查评估过程及评估结果，并给出总的结论，包括改进措施和工作建议。应急管理能力（工作）内部调查评估报告可用于部门内部工作完善和改进的依据，也可作为应急管理办事机构对不同部门横向比较、评优考核以及政策制定的依据。

b. 外部调查评估流程。根据外部调查评估实施计划，应急管理领导机构确定负责外部调查评估的领导和需要进行外部调查评估的部门，并根据外部调查评估的规模和实际需要，拨付调查评估工作经费和提供其他必要工作条件，开展外部调查评估。外部调查评估的工作周期由具体评估部门数量和评估开展方式确定，通常每个部门外部调查评估工作周期为2～3周。外部调查评估的一种方式是在评估组之下设数个小组，分别负责不同的被评估部门，如需要评估的部门不多，也可由评估组轮流对其进行评估。评估组最终应向应急管理领导机构提交一份评估报告，内容主要是外部调查评估过程和评估结果，并应给出总的结论，包括改进措施和工作建议。应急管理领导机构应对应急管理能力（工作）外部调查评估报告给予适当回应，特别是报告所提出的改进措施和工作建议。应急管理办事机构应把外部调查评估报告作为自身工作和政策制定的重要依据。

② 突发事件调查评估流程。突发事件调查评估工作，应在不影响事件应

急处置的前提下尽快开展。理想状态下，调查评估工作组应在突发事件发生后即全过程参与事件应急处置过程，以保证第一手资料的获得。但在通常情况下，突发事件调查评估工作在突发事件处置结束后才组织开展。

突发事件调查评估工作的组织者应根据突发事件的性质、规模等因素，确定合适人选担任评估工作组组长，并确定工作组的成员。同时，应根据评估工作组组长制定的评估工作方案、计划和经费预算，提供相关工作经费和其他工作条件。

对于特别重大突发事件（Ⅰ级），评估工作周期4～6个月；对于重大突发事件（Ⅱ级），评估工作周期2～4个月；对于较大突发事件（Ⅲ级），评估工作周期1～2个月；对于一般突发事件（Ⅳ级），评估工作周期1个月以内。

调查评估报告完成后，应提交给突发事件评估的组织者，以作为相关决策和问责的重要依据。同级应急管理领导机构和办事机构应当把评估报告纳入奖惩考评等绩效考核体系中，同时应采取适当措施对评估报告提出的各项改进措施和工作建议给予回应，并对其中有参考价值的部分适时开展后续的可行性研究和政策制定（修订）工作。

突发事件评估组织者应当将评估报告提交给上级人民政府，并应当以适当形式向同级人民代表大会或其常委会进行报告。

如果突发事件具有较高级别或受到社会公众广泛关注，可适时以适当方式将调查评估报告向公众公布。

7.3.5　事后奖励与责任追究

（1）事后奖励与责任追究的定义

应急管理事后奖励是指在突发事件发生过程中或者突发事件处理过程中，对在参加抢险救护等方面作出显著成绩和重要贡献的个人或集体按照有关规定给予的表彰奖励。

《中华人民共和国突发事件应对法》规定：公民参加应急救援工作或者协助维护社会秩序期间，其在本单位的工资待遇和福利不变，并可以按照规定给予相应补助；县级以上人民政府对在应急救援工作中伤亡的人员依法落实工伤待遇、抚恤或者其他保障政策，并组织做好应急救援工作中致伤人员的医疗救治工作。中共中央办公厅、国务院办公厅印发的《地方党政领导干部安全生产责任制规定》第十六条规定：对在加强安全生产工作、承担安全生产专项重要工作、参加抢险救护等方面作出显著成绩和重要贡献的地方党政领导干部，上级党委和政府应当按照有关规定给予表彰奖励。

应急管理责任追究是指对在突发事件发生过程中或者突发事件应急处置过程中，由于工作失误或错误，未履行应有职责或未正确履行职责，而造成不良影响或后果的，依据党纪、政纪、法律或者道义追究相应责任的工作。

有权就有责，责任追究不仅是应急管理的工作内容，也是非常普遍的社会现象。《中华人民共和国行政监察法》和《中华人民共和国公务员法》等国家法律对责任追究都有着明确的相关规定。中共中央办公厅、国务院办公厅也发布了《关于实行党政领导干部问责的暂行规定》和《党政领导干部选拔任用工作责任追究办法（试行）》等法规。针对应急管理，《中华人民共和国突发事件应对法》对责任追究也有着明确规定，此外，《国家突发公共事件总体应急预案》《生产安全事故报告和调查处理条例》《国务院关于特大安全事故行政责任追究的规定》等法规对责任追究也都有相应的表述。

责任追究机制就是指在突发事件发生后，围绕追究相关人员责任的工作，制定一套决定、公布及执行责任追究措施的工作流程。这是应急管理的核心机制之一。

（2）事后奖励与责任追究的目标和原则

责任追究的目标，不仅仅是追究责任，更是为了通过责任追究形成对领导干部和工作人员的负向激励，预防他们出现不应有的失误和错误，以真正提高应急管理的能力和水平。责任追究总是与特定的权力使用或职责履行相对应的，是为了规范和制约这种权力的使用或职责的履行。与这一目标相对应，责任追究也是包含确责、履责和问责的系统性过程。

事后奖励的目标是通过奖励形成对领导干部和工作人员的正向激励，鼓励个人或集体积极参与突发事件的应急管理和处置以及参加抢险救护等。

① 事后奖励应当遵循如下原则。

一是公平性原则。奖励只有建立在公平的基础之上，才能体现奖励工作的真正价值。人的公平意识不是孤立的，人人都在进行社会比较，而且很关心自己的工作表现被组织认可的程度。这种比较要么被认为是公平的，要么被认为必须做出一些调整。如果比较的结果造成心理上的不公平感，就会影响积极性的发挥。只有量功施奖，才能使人们体会到奖励的社会功能，从而促成一种积极向上的竞争局面。

二是准确性原则。准确性是指被奖励的人与事必须是有根据的，并与所受奖励的等级相当。准确性原则，既是实施奖励的基础，又是实施奖励的条件，是实现更高标准的公平的必然要求。奖励人，该人就必须比一般人在某些方面更突出；奖励某些人所做的事，该事就必须在同类事中更具有代表性。否则，必然降低奖励应有的价值。奖励失准，不但对受奖者缺少激励作用，更失去了对多数人的说服力。树立的典型要真实，让人看得见、学得会，能够以点带面。要按照标准和条件进行衡量分析，准确施奖，从而调动人的主观能动性，激发人的内在动力。

三是先进性原则。凡是被奖励的行为都应是正确的，但是并非所有正确的行为都应受到奖励，恪守奖励先进性原则，是做好奖励工作的基本要求之一。

四是及时性原则。即在施奖过程中把握最佳时机，以提高奖励效益。人们社会活动的成功，离不开各种各样的时机，敏锐地觉察和巧妙地运用时机，果断从事，往往可以收到事半功倍的效果。

五是民主公开原则。即按照民主集中制原则，使奖励具有透明度。充分发扬民主，广泛征求群众意见，走群众路线，全面、公正、准确地实施奖励。

② 责任追究应当遵循如下基本原则。

一是严格要求、实事求是。责任追究主要是针对领导干部。领导干部所拥有的权力与其个人能力具有不对称性，即掌握权力者做出决策和行使权力所造成的社会后果要远远超过其个人的能力范围，并且权力越大，这种不对称性越突出。因此，对领导干部的责任追究必须严格要求，并且越是级别高的领导干部，要求应当越严格。同时，这种责任追究必须建立在事实的基础上，必须坚持实事求是的原则，不能因为严格要求而把责任追究建立在猜测、想象、莫须有或自由心证等之上。

二是权责一致、惩教结合。责任追究的前提是领导干部要拥有处置事件的权力。一个领导干部有多大的权力，就必须承担与其权力的行使及其造成后果对应的责任。责任追究总是针对一定的权力而言的。同时，又由于领导干部权力与其个人能力的不对称性，所以责任追究的目的不是简单地罚，而更多是为了预防领导干部出现不应有的失误和错误，而从负向激励的角度提高应急管理的能力和水平。因此，责任追究不仅包括事后的惩罚，也必须包括事前的教育工作。要让领导干部首先明确认识到责任追究的范围和内容、严肃性和有序性，再辅以严密、完整的责任追究过程，才能够真正达到责任追究的最终目的。

三是依靠群众、依法有序。为了确保责任追究目的的达成，以及以上两个原则的实现，仅仅依靠责任追究的专职部门是不够的。有效的责任追究机制，必须依靠群众，否则责任追究就会流于形式，丧失应有的价值。然而，责任追究不能变成群众运动。责任追究必须建立在明确、清晰及合理的规范之上，建立在完善的制度体系之上。目前，我国已经初步建立起一套责任追究的法律法规体系，初步形成了有序统一的责任追究制度框架。责任追究必须在这一框架依法有序进行。

③ 除了以上基本原则外，在工作实践中，为了更好推进责任追究工作的进行，还要遵循下面的工作原则。

第一，分级追究原则。根据失误或错误的程度、未履行或未正确履行职责的程度、责任人所需要承担责任的不同，进行分级追究。最严重的是承担违法犯罪的责任，其次是承担党纪政纪的责任，再次是承担政治和道义层面的责任。不同层级的责任不能相互替代，也不能混在一起追究。

第二，公开透明原则。实施民主监督的一个最起码的必要条件，就是要让民众知情，让民众知情的前提是事情的全部经过必须公开透明。同时追究责任的目的并非单纯地惩罚犯错误者，而更多的是警示后来者，追究责任的过程不公开透明就无法实现这一目的。因此，坚持公开透明，是确保问责制发挥实质性作用的关键所在。

第三，适用性原则。责任追究的过程需要有理、有据、合法、合理且合情，因此每一项责任追究的确定，都必须以是否适用作为基本标准。

突发事件处置的总结是重新审视应急管理的一个过程，有助于提高应急处置能力和应急管理水平。一般来讲，应站在应急管理整体的高度，从事前、事中、事后三个环节对应急管理工作进行反思总结，找出薄弱环节，并将经验及教训纳入未来的规划中。《中华人民共和国突发事件应对法》规定：履行统一领导职责的人民政府在突发事件应对工作结束后，应当及时查明突发事件的发生经过和原因，总结突发事件应急处置工作的经验教训，制定改进措施，并向上一级人民政府提出报告。

本章思考题

① 简述灾后恢复与重建在应急管理中的重要性及其目标。

② 分析恢复与重建过程中的关键问题及其解决策略。

③ 简述调查评估在灾后恢复重建中的作用及其实施步骤。

④ 简述救助补偿在减轻受灾群众负担中的重要性。

⑤ 简述心理危机干预在灾后恢复中的作用及其实施方法。

⑥ 简述设施修复在恢复社会秩序中的关键性及其挑战。

⑦ 讨论事后调查评估对提高未来应急管理能力的贡献。

⑧ 讨论事后奖励与责任追究在提升应急管理责任制中的作用。

⑨ 讨论如何通过社区参与和社会组织合作促进灾后恢复与重建。

⑩ 讨论在不同灾害类型下，恢复与重建策略的调整与优化。

附录

典型突发事件案例分析

附录1　自然灾害类——美国“卡特里娜”飓风

（1）案例简介

美国“卡特里娜”飓风发生于2005年8月中旬，最早在巴哈马群岛附近生成，逐渐增强，并在24日登陆于佛罗里达州，强度为小型风。在接下来的较短时间内侵袭墨西哥湾，并于28日在快速移动的过程中形成了强度为5级的风。它于29日以强度为3级风形式登陆密西西比河口，使得阿拉巴马州、密西西比州和路易斯安那州遭受重创。为隔断庞恰特雷恩湖而建的防洪堤因风暴潮决堤，使得位于路易斯安那州的新奥尔良市的80%地段淹没于洪水之中。由于内陆地区也深受其影响，导致救援工作进展十分缓慢。

“卡特里娜”飓风造成了1836人死亡，成为自1928年“奥奇丘比”飓风以来造成死亡人数最多的风。同时，它也是美国历史上造成灾难性后果最严重的一次风，经济损失达1000亿美元。

（2）案例回放

美国国家气象局于2005年8月23日发出报告，在巴哈马群岛附近产生了第12号热带低气压，它是由第10号热带低气压残留云系演变形成的。为了详细报告其移动路径，在随后的7天美国国家飓风中心陆续发出了61期警报。

8月24日，第12号热带低气压加强为热带风暴，并命名为卡特里娜。美国联邦应急管理局为了更好地协助联邦、州和地方三级应急管理机构之间的预警工作，在美国国家飓风中心成立了飓风联络小组，同时随时提供最新报告。

8 月 25 日，飓风首次登陆，墨西哥湾沿海各州开始成立紧急响应小组，宣布进入紧急状态，开始全面应对准备工作。应急管理局组织了第一次电视电话会议；与此同时，肩负应急响应任务的应急管理局先遣队处于待命状态，它是派往救援现场的首支队伍，由快速需求评估与应急响应小组构成。

美国国家飓风中心于 26 日预报了“卡特里娜”飓风最新路径，将于 8 月 29 日经过新奥尔良市东部，这一预报极为关键，它将风在新奥尔良市附近登陆这一消息提前了约 56 小时通知给联邦、州和地方政府，使其有时间组织应急响应。

“卡特里娜”飓风于 27 日加强为 3 级风，在较短时间内继续加强为 4 级，随着时间的推移，巨型风暴潮在其移动路径前方产生，并且其强度于 28 日 6 个小时内从 4 级增大到 5 级。

时任联邦应急管理局局长布朗于 8 月 30 日被时任国土安全部部长切尔托夫任命为联邦主管，主要承担卡特里娜飓风的响应工作，为部长提供最新的实时事发地现场报告，并做好相应的管理工作，主要是协助处理联邦突发事件以及推动对统一指挥体系的联邦支持。与此同时，切尔托夫还宣布“卡特里娜”飓风是全国影响性的突发事件，为了支持应急管理局的工作，北方司令部和参谋长联席会议得到了时任国防部部长助理戈登·英格兰的授权，针对救灾行动可以采取任何适当的措施来做出计划并实施。为协调愈来愈多的军队参与救灾工作，北方司令部建立了“卡特里娜”飓风联合行动组，地点位于谢尔比军营。

8 月 31 日，为修复灾区被破坏的通信网络，全国跨机构消防中心共提供了 3200 部电台、38 套卫星通信系统和其他若干通信设备，此外，国防部开始全力向灾区运送尽可能多的通信物资。同一天，为了给卫生和福利部提供便利，时任美国卫生与公众服务部部长莱维特宣布墨西哥湾沿岸地区处于联邦公共卫生紧急状态，这样可以减去一些对医疗保险、医疗补助和州儿童健康保险计划的苛刻要求，并且可以更加快捷地批准补助金和参加医疗计划。

9 月 1 日，约三千名现役军人形成联合行动组，驻扎在飓风影响地区并由陆军霍诺拉中将指挥。军队人员在参与救援行动的同时，还帮助联邦、州和地方机构完成了诸如下水道抢修、海上救助、航空交通管制、救援人员住宿安排以及燃料分配等工作。军用直升机也参加了 963 架次搜救、撤离和物资运输任务，国防部还进行了多次航空灭蚊喷洒作业，范围超过 200 万英亩，以防止蚊虫传播疫病及与水有关的疾病发生。

为了协助新奥尔良市和周边地区的相关执法人员行动，两位高级联邦执法官员分别代表司法部和国土安全部于 6 日建立了执法协调中心，地点位于新奥尔良市。10 日，应急管理局的城市搜救工作完成，宣告整个密西西比州的任务结束。

新奥尔良市于 12 日完成了主要的地面搜救，将工作重点转移到进入建筑物搜寻幸存者和遇难人员，进行了为期两周的地毯式搜救；路易斯安那州的搜救工作也基本宣告结束。

（3）经验与启示

① 加强应急准备工作。美国的应急准备工作所存在的问题在对“卡特里娜”飓风的响应期间表现得尤为突出。第一，缺乏对应急准备计划的了解，这就要求联邦政府要修改完善现行的应急计划，同时需要国土安全部参与进来；第二，缺乏对全国应急响应的统一管理，这就要求政府应建立有效的运作体制，明确工作流程，使应急准备工作明晰而具有操作性；第三，缺乏区域性的计划与协调，这就要求各地方不仅要负责自己所管辖的区域，而且也要保证相互照应；第四，缺乏完善的政府内部指挥架构，这就要求各部门应具备有序的组织、有素的训练、良好的装备，使应急准备工作可以顺利进行。

② 综合使用军事能力。美国在突发事件中综合使用军队能力所存在的问题在对“卡特里娜”飓风的响应期间暴露得尤为突出。第一，总统直接指挥现役部队，各州州长则领导国民警卫队，这就使部队和警卫队之间的行动缺乏一致协调性，因此应该加强国民警卫队与现役部队的整合，并且使完善国土安全计划成为警卫队工作改革的重点。第二，现役部队受限于联邦法律和国防部的某些政策，导致应急初期国防部的资源部署进展缓慢，因为部队必须依据提出的救援请求得到上级批示才能参与行动，因此国防部必须对联邦政府应急响应行动予以支持，并且在特殊情况下的行动计划须由国防部领导政府来实施，这就要求国安部和国防部要携手合作。

③ 有效完备通信设施。联邦、州和地方政府的通信计划和通信设施不充足，在全国、州和地方的应急计划内既没有有效整合通信计划，也没有充分利用通信设施，造成资源浪费。因此白宫科学与技术办公室应该支持国土安全委员会制定全国紧急通信战略，保证通信具有可操作性和协同性。同时国土安全部应该重新研究现行计划、战略、法律和政策中有关通信的内容，使其更符合应急响应的需求。

④ 推进整合搜救资源。在对“卡特里娜”飓风响应期间，后期的搜救过程中暴露出来的问题也亟待解决。由于训练和行动方式以及承担的救援任务不尽相同，军队、海岸警卫队以及应急管理局城市搜救队之间缺乏较好的协调一致性，使得缺乏在类似突发事件中的搜救统一指挥的问题更加突出，其他部门

各自为政，救援力量无法有效部署，导致工作效率较低。为了有效整合政府的搜救资源，国安部应该率先在各部门间评估现行政策和程序，使其更加行之有效。

⑤ 加快基础设施恢复。主要有以下几个方面的问题影响国家重要基础设施的恢复能力：第一，三级部门各自为政，导致工作效率较低，这就要求联邦政府应充分协调与州和地方的相应工作；第二，重要基础设施的保护与恢复工作缺乏统一管理，这就要求政府部门要让跨部门应急支持工作小组来协调有关工作的调度；第三，各级部门展开应急行动过于仓促，导致设施的保护与恢复工作效率不高，这就要求联邦、州和地方政府事先必须对各地理区域的重要基础设施部门之间的关系有详细认知，并且要知晓他们的决策对全国可能造成的影响；第四，联邦政府缺少及时准确的现场信息及对基础设施状况进行的评估，因此，为了实现某次灾害对基础设施影响程度的快速评估，国土安全部应该在制订全国响应计划时允许私人部门参与其中，并生成临时全国基础设施保护计划，与此同时，为了达到支持基础设施恢复工作和减轻灾害对全国的影响的目的，联邦政府需要在全国响应行动的优先次序中体现出评估结果的重要性。

附录 2 事故灾难类——天津港“8·12”特别重大火灾爆炸事故

（1）案例简介

2015 年 8 月 12 日 23 时 30 分许，位于天津市滨海新区的瑞海公司的危险品仓库运抵区（“待申报装船出口货物运抵区”的简称，属于海关监管场所，用金属栅栏与外界隔离）发生重大火灾爆炸事故。爆炸波及了天津塘沽、滨海等地，而且河北河间、肃宁、晋州等地均有明显震感，爆炸事故造成了轻轨东海路站及周边居民区建筑物出现不同程度损坏。

此次事故造成 165 人死亡（其中参与救援的公安消防人员 24 人、天津港消防人员 75 人、公安干警 11 人，瑞海公司以及周边其他企业员工和居民合计 55 人）、有 8 人失踪（其中天津公安消防人员 5 人，周边其他企业员工、天津港消防人员家属 3 人），798 人受伤（重伤员 58 人、轻伤员 740 人），304 栋建筑、12428 辆汽车、7533 个货物集装箱损坏。截至 2015 年 12 月 10 日，依据《企业职工伤亡事故经济损失统计标准》等相关统计标准和规定，已初步核定的直接经济损失达 68.66 亿元，是中国近年来损失最大的灾难事件。

（2）案例回放

2015 年 8 月 12 日 23 时 30 分许，位于天津市滨海新区第五大街与跃进路交叉口的一处码头上堆放的集装箱接连发生爆炸，爆炸事故的起因是现场集装箱内存放的硝化棉突发自燃，引发临近集装箱内的易燃易爆品发生爆炸。现场不仅燃起大火，而且在爆炸的集装箱处升起了数十米的巨形蘑菇云，火光染红了爆炸点的上空，现场到处可见火焰四溅的场景（附图 2-1）。第一次爆炸发生在当日 23 时 34 分 6 秒，爆炸引发的地震震级约为 2.3 级，相当于引爆了 3 吨 TNT；第二次爆炸在 30 秒钟后发生，近震震级约为 2.9 级，相当于引爆了 21 吨 TNT（事故爆炸现场见附图 2-2）。

附图 2-1　天津滨海新区爆炸事故发生时

8 月 12 日 23 时 50 分，事故发生 20 分钟后，天津港公安局消防支队率先抵达事故现场。

事故发生 20 分钟后，现场消防支队报告瑞海公司物流危化品堆垛出现火灾险情。收到现场报告后，天津消防总队迅速从消防中队调遣了 93 辆消防车和 600 余名消防救援人员赶赴现场。

8 月 13 日凌晨 1 时左右，成立了该次事故应急总指挥部，地点设在区政府指挥中心，指挥部包括五个工作组，分别是维稳群众工作组、伤员救治组、事故现场处置组、事故原因调查组和信息发布组，各个组迅速开始协同工作，全方位开展救援以及善后处理等其他各项工作。交通运输部部长率工作组赶到天津滨海新区危险品仓库爆炸事故现场。

8 月 13 日早上 8 时，距离爆炸已经有 8 个多小时，由于沙土掩埋灭火需要很长时间，使得大火仍未完全扑灭。同时，相关企业负责人已被控制。

8 月 13 日 10 时，应急指挥部召开会议决定，暂停现场救援工作，等待对

附图 2-2　天津滨海新区爆炸事故发生后现场

现场的进一步勘查后再采取下一步措施。

8 月 14 日 16 时 40 分，现场明火被扑灭。

8 月 15 日上午 11 时许，现场指挥部下达指令，要求距离爆炸核心区范围 3 公里内人员全部撤离。

8 月 15 日上午 11 时 20 分左右，北京卫戍区防化团首次进入瑞海公司危险品仓库爆炸核心区建筑搜救生命。

8 月 15 日 19 时，公安部消防局从河北消防总队调集了 3 个支队的 3 个化工编队，共计 43 部车 232 名消防救援人员到场增援，从北京总队调集 2 部核生化多动能侦检车到场处置。从辽宁、江苏消防总队征调核生化侦检编队共 6 辆消防车 30 名消防救援人员到达天津滨海新区爆炸事故现场，配合处置。

8 月 16 日上午，氰化物的位置已确认分布在两个点，初步判断有几百吨。对已炸开外露的氰化物及时清理，用化学品中和；对大面积分散的氰化物采取分围方法，砌墙围起来；将成桶未损坏的氰化物及时清运，撤离现场。

截至 2015 年 8 月 16 日上午，共抽调国家级核生化应急救援人员、工程抢险人员和医疗专业救治人员共计 1909 名，调用了专业装备和指挥保障装备 201 台，投入搜救。

截至事故发生后 24 天，开始对现场进行清理工作，已经清理完核心区大部分集装箱，施工队伍拆除了附近受损的派出所大楼，并清空爆炸点南侧区域。

2016 年 2 月 6 日，国务院批复了此起天津港火灾爆炸事故的调查报告。

事故调查报告指出，事故发生的直接原因是：涉事企业的仓库存放的集装箱内硝化棉出现局部干燥，由此引发自燃，进一步引起相邻集装箱内其他危险化学品的燃烧，燃烧的热量导致运抵区的硝酸铵等危险化学品发生爆炸。

同时，事故调查报告也确定了各个环节中的主要责任人员以及责任单位，并对相关人员进行了刑事强制措施和其他处罚，对相关责任单位给予了行政处罚。

（3）经验与启示

在事故发生以后，救援过程取得了很大的成绩，最大限度减少了事故灾害的损失和人员的伤亡，此起事故的救援处置过程的经验可以总结如下：

一是认真贯彻落实党中央、国务院决策部署，及时传达中央领导同志重要指示批示精神，先后召开10余次会议，研究部署应对处置工作，协调解决困难和问题。

二是协调调集防化部队、医疗卫生、环境监测等专业救援力量，及时组织制定工作方案，明确各方职责，建立紧密高效的合作机制，完善协同高效的指挥系统。

三是深入现场了解实际情况，及时调整优化救援处置方案，全力搜救、核查现场遇险失联人员，千方百计救治受伤人员，科学有序地进行现场清理，严密监测现场及周边环境，有效防范次生事故发生。

四是统筹做好善后安抚和舆论引导工作，及时协调有关方面配合地方政府做好3万余名受影响群众的安抚工作，开展社会舆论引导工作。

五是科学严谨地组织开展事故调查，本着实事求是的原则，深入细致地开展现场勘验、调查取证、科学试验等工作，很快查明事故原因，给了党和人民一个负责任的交代。

虽然此起事故得到了比较完善的处置，事故调查报告已经公布，但是，除了在事故调查报告中指出的问题之外，在整个事故发生的过程中也存在很多问题和教训，这些经验教训可以为以后的事故应急处理提供宝贵的经验。

① 危机意识淡薄，应对危机能力薄弱。此起事故的爆发和应急处置过程暴露出缺乏危机意识和应急能力不足的问题。此起事故中，涉事企业瑞海化工原本就存在严重的安全问题，相关主管部门很早就知道这个企业存在管理运行等诸不规范等问题，却没有及时采取有效措施整改，最终酿成了这起的重大事故。令人叹息的是，即便在事故发生之后，这些部门处理事务的方法仍然没有改善。2015年10月12日，天津北辰区仓库起火爆炸，起火原因为酒精原料外溢引燃。不久后，大火在整个仓库蔓延开来，并引发了爆炸，第二天凌晨，最终大火被赶来的消防救援队伍扑灭，没有出现人员受伤。事故调查表明，事发起因是涉事企业非法将易燃易爆品存放在私人仓库中。仅仅时隔两个月，同

类型事故连续发生，这就表明相关主管部门处理事故态度不严谨，危机意识淡薄。诚然，在发生爆炸事故后，政府也开展了集中清理整治活动。但安全生产管理和危机管理不能是“运动式”的，危机防范意识应该存在于日常管理的方方面面。如果没有将危机管理纳入到日常生产管理之中，就会导致相关监管部门出现懒散状态和侥幸心理，缺乏正常的该有的危机防范意识，平时管理失责，一旦事故暴发，就只能手足无措，甚至会由于惊慌而胡乱指挥，使危机进一步恶化。

② 危机信息公开不足，处理失控。一旦危机出现，管理社会舆论和安抚群众心理就是一个巨大的难题，恐慌等心理状态会让民众失去理智分析，偏信社会谣言。在此起事故发生之后，各种谣言在社会上和社交媒体上迅速蔓延开，如“北京地区监测到有毒气体成分”“事故现场死伤无数”“天津民众哄抢超市，准备逃离天津”等等。这些谣言的出现以及快速传播，在社会上造成了严重的不良影响，引起了大范围的恐慌。在 8 月 14 日凌晨，还有一名网友自称是天津港爆炸事故的罹难者家属，发布微博打赏文章，并获得了超过 3500 名网友的募捐，诈骗金额高达 9 万元。

诚然，很多因素造成了这种现象的发生，但归根结底还是由于相关主管部门自身对于舆论管理的忽视和不足。从近几年网络技术的高速发展来看，我国的信息环境已经发生了翻天覆地的变化，信息技术的快速发展，使得互联网成为信息传播的主要方式。权威媒体没有公布或者没有及时公布事故信息，一些小道消息就会通过非主流媒体渠道快速传播开来。上述的大部分谣言就是通过微信朋友圈、微博等方式在社会中传播的。危机主管部门不及时公布官方权威数据，公众对于危机事故实际情况不了解，加上对事故影响的恐惧，这些都会在普通民众中造成大面积恐慌。政府部门不及时公布实际事故信息，就无法建立政府的公信力，就不能取得民众的信任，民众没有从官方渠道获得自己关心的信息，小道消息就会乘虚而入，而民众就会带偏见地去相信这些信息。这种方式，往往使政府自身在危机信息管理中处于被动。

我国部分地方政府在突发事件应对中，仍存在信息传导机制与舆情响应效率的优化空间。具体表现为：跨层级信息共享迟滞，基层部门风险研判与信息上报环节的专业能力有待强化，致使危机初期的权威信息供给与公众知情需求间存在时差。在此起事故处置过程中，虽然政府部门最终采取持续发布环境监测数据、组织专家释疑解惑等方式稳定了社会情绪，但舆情发酵初期的政府信息真空客观上加大了公众焦虑，反向增加了后期风险沟通成本。这提示我们，健全“平急结合”的信息管理机制、提升全周期舆情响应速度，既是现代应急管理体系建设的必然要求，更是增强政府公信力、压缩谣言传播空间的关键路径。

附录 3　公共卫生类——西非埃博拉病毒疫情

（1）案例简介

西非埃博拉病毒疫情是自 2014 年 2 月开始暴发于西非的大规模病毒疫情（埃博拉病毒疫情分布图见附图 3-1），数个援助机构及国际组织，包括美国疾病控制与预防中心、欧洲联盟委员会和西非国家经济共同体等单位参与疫情防控，另有无国界医生、红十字与红新月会、善普施等人道机构也参与其中。

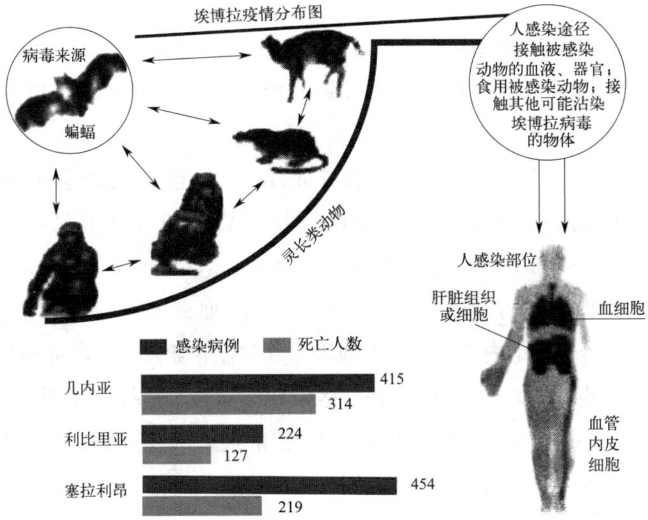

附图 3-1　埃博拉病毒疫情分布图

（2）案例回放

2014 年 2 月，埃博拉疫情在几内亚境内首次出现。

3 月 22 日，几内亚相关部门发布公告，埃博拉疫情已导致 80 人感染，死亡 59 人。

3 月 26 日，法国巴斯德研究所证实此病毒为扎伊尔型埃博拉病毒，最初报告确认为埃博拉病毒的新菌株，随后的研究者改称扎伊尔毒株的宗族。

4 月 4 日，几内亚卫生部发布最新报告，全国境内发现埃博拉病毒 143 例，死亡 86 人。邻国利比里亚也有 7 人死亡，其中 2 人确诊是埃博拉病毒感染者。

4 月 23 日，世界卫生组织报告疑似与确诊病例已达 242 例，其中死亡 142

人，这一数据表明埃博拉疫情致死率高达58.7%。

6月27日，世界卫生组织公开发布报告宣称，截至6月26日，几内亚、塞拉利昂和利比里亚三国累计埃博拉感染患者数达625人，其中399人死亡。

7月26日，埃博拉病毒蔓延至尼日利亚，尼日利亚北部出现首例埃博拉病毒感染死亡病例。西非埃博拉病毒疫情呈加速蔓延之势，据各国公布的数据计算，各国累计已有1323例确诊或疑似病例，其中丧生人数已达729人。

8月15日，世界卫生组织发布最新数据显示，截至8月13日，几内亚、尼日利亚、利比里亚、塞拉利昂四国一共有2127人确诊或疑似病例，1145人不治身亡，并宣称此次疫情规模被“严重低估”，呼吁有关机构采取更多有效措施来控制疫情。

9月26日，世界卫生组织更新相关数据，截至9月23日，仅几内亚、塞拉利昂、利比里亚三国累计发现6574例埃博拉病毒确诊、疑似病例，已有3091人死亡。

9月30日，美国疾病控制和预防中心发布消息，美国得克萨斯州达拉斯市一位成年男性病患被确诊带有致命埃博拉病毒，这是美国本土发现的首例埃博拉感染病例，也是非洲以外确诊的第一例。

10月1日，世界卫生组织发布的埃博拉出血热应对路线图情况报告中显示，截至9月28日，几内亚、尼日利亚、利比里亚和塞拉利昂四国累计发现7177例埃博拉病毒确诊、疑似和可能感染病例，死亡人数攀升至3338人。

10月10日，世界卫生组织在日内瓦发布最新疫情报告，埃博拉病毒病造成的死亡人数已达4033人，确诊、可能和疑似病例达8399人。其中几内亚、利比里亚、塞拉利昂三国为重灾区，死亡病例为4024人；尼日利亚、塞内加尔表现为局部传播，西班牙和美国出现了散发病例。

10月13日，世界卫生组织公开发表声明，呼吁世界各国引起高度关注，埃博拉病毒的蔓延已经严重威胁到许多国家的健康发展，并可能导致出现“垮掉的国家”。

10月17日，世界卫生组织公布的统计结果显示，截至10月14日，几内亚、尼日利亚、塞内加尔、塞拉利昂、利比里亚、西班牙、美国七国共有确诊、可能感染和疑似病例9216例，其中4555人死亡。

10月31日，世界卫生组织发布最新数据，自从埃博拉疫情暴发以来，总计共有13567人感染，死者总数达到4992人。

11月3日，“非洲治理促进会”（AGI）警告说，在塞拉利昂，埃博拉病例仍在“以惊人速度”迅速增加。在塞拉利昂农村，埃博拉病毒的蔓延速度比两个月以前快9倍。

11 月 7 日，世界卫生组织公开发布报告宣称，在几内亚、塞拉利昂和利比里亚这三个疫情肆虐最严重的国家，确认、疑似或可能病例共有 13241 例。在这三个国家总共有 4950 人因感染埃博拉病毒死亡。

12 月 17 日，世界卫生组织更新相关数据，截至 12 月 16 日，疫情最为严重的几内亚、塞拉利昂、利比里亚三国累计发现 19031 例埃博拉病毒确诊、疑似病例，累计死亡人数已达 7373 人。

（3）经验与启示

西非埃博拉疫情是进入 21 世纪以来，世界范围内影响最为恶劣的传染疾病，其影响范围以及死亡人数都是世界罕见的。在面对如此严重的国际性公共卫生事件时，各国采取了积极应对的合作方式是这次疫情得到控制的重要保障。各国在以世界卫生组织为领导的应急力量下，积极拨款救援，组织专家研究，合力采取有效封锁措施，使得疫情并没有在全世界范围内大面积暴发，发达国家及发展中国家在阻止疫情扩散的过程中都不遗余力，严格执行疑似病例预警机制有效阻止了疫情的扩散，为最终取得对埃博拉疫情控制奠定了坚实的基础。

① 各国各组织积极响应，联动协作。在疫情发生的第一时间，西非各国高度重视，世界卫生组织积极响应，并采取有效措施介入各个疫情源发国的疫情控制工作中。与此同时，世界各国也采取响应应对措施，在世界卫生组织的领导下，投入相应的人力物力，共同对抗埃博拉疫情，尤其是以中国为首的发展中国家更是大力支持西非各国的抗埃工作，投入的人员之多、资金之大在世界范围内都是有目共睹的。世界范围内各大医疗机构更是加快疫苗的研发工作，及时对病患进行有效的治疗，同时采取有效的措施阻止疫情的进一步扩大，最终形成了世界范围内一道坚不可摧的抗埃统一战线。

② 各司其职，保证执行力。各个职能部门能够在突发事件发生时，严格按照预案及规章制度执行自身任务，听从组织调配。基层管理人员认真落实每一项工作任务，亲自走访调查，认真统计汇报，及时反馈伤亡（病例）人数，在国际范围内面对如此一场突如其来的疫情感染，世界卫生组织能将数据统计到如此精确，这无疑离不开各国各组织之间高效的工作执行力。与此同时以中国政府为例，在疫情的防控过程中开展了三项重大应对措施，分别是资金援助、专家科研、全国预防宣讲。这三项举措由不同的职能部门实施，在党中央、国务院的指挥下，各项措施有序开展，收益明显。这些都使得中国人民在这场抗埃疫情中没有出现大规模的人员伤亡，而且中国政府在这场国际性疫情抗击中发挥了巨大作用，得到了世界的一致认可。

附录4 社会安全类——美国“9·11”恐怖袭击事件

（1）案例简介

美国“9·11”恐怖袭击事件，发生在2001年9月11日，两架民航客机在被恐怖分子劫持之后，分别撞向位于美国纽约的世界贸易中心一号楼和二号楼，两座大楼在遭到强烈撞击后坍塌，世界贸易中心的另外5座建筑物也因受到冲击而受损；当日上午9时许，坐落于美国华盛顿的国防部五角大楼被另外一架由恐怖分子劫持的客机撞击，导致五角大楼部分结构损坏。

“9·11”恐怖袭击事件是美国本土受到最严重的一次恐怖袭击事件，遇难者人数高达2996名。根据联合国发表的报告，这次的恐怖袭击对美国造成的经济损失有2000亿美元，约占美国当年国内生产总值的2%，间接导致全球经济损失约1万亿美元。

（2）案例回放

2001年9月11日，美国遭受了截至目前最严重恐怖袭击。位于纽约的世贸中心以及华盛顿的国防部五角大楼都遭到由恐怖分子劫持的波音767、757飞机的强烈冲撞，直接导致世贸双塔的倒塌和五角大楼的部分损毁。美国“9·11”恐怖袭击事件被美国称为第二次“珍珠港事件”。

在此次实施恐怖袭击的19名劫机者中，7人具备飞行员资质，其余人员均接受过飞行训练。他们通过高价获取身份证件、现金交易等手段刻意规避追踪，为后续行动进行了隐蔽性极强的准备工作。

恐怖分子劫持的第一架飞机是美国航空公司的第11次航班，于上午8时46分40秒以490英里左右的时速撞向世界贸易中心一号楼（也称“北塔”），受撞击的位置为大楼北侧94至98层之间，直接导致飞机上的全部人员和楼内部分人员死亡。9时3分11秒，美国联合航空公司第175次航班撞向世界贸易中心二号楼（也称“南塔”），致使机上全部人员和塔内若干人员死亡。9时37分46秒，美国联合航空公司第77次航班以每小时530英里的速度坠毁在美国国防部五角大楼，直接致使飞机上全部人员及楼内大量工作人员死亡（如附图4-1所示）。

（3）经验与启示

美国“9·11”恐怖袭击事件不仅暴露了传统应急管理体系在极端风险应对中的系统性漏洞，更以惨痛代价警示我们，现代应急能力的提升需突破条块

附图 4-1　美国联合航空公司第 77 次航班坠毁在美国国防部五角大楼

分割的体制壁垒，构建全要素联动的韧性治理框架。

① 加强城市应急管理领导机构建设。建立健全由政府领导、相关部门参与、各级政府负责、社会组织和人民群众积极参与的应急管理体制。然而市级应急办作为应急办事机构其运行过程中存在一些不足：行政级别较低，不利于应急工作的指挥调度，办公室人员编制较少，应急管理任务的承载力量薄弱，应急办实际承担了应急值守、信息报送和综合协调职能，但是，相关法律法规中并没有明确其指挥协调职责和权限。因此，在处理突发事件的过程中频繁出现沟通不畅、协调不力、调动难、指挥受阻等问题。一旦发生特大或重大事故，极易丧失最佳处置时机，致使国家和人民的生命财产损失惨重。因此，以法规形式明确应急办协调指挥职能的权限，提升应急办的行政级别，适当增加应急机构人员编制，降低主管领导的流动性，使应急办协调指挥能力得到全面提升成为当前最为迫切的任务。

② 强化完善城市应急管理联动指挥机制。为了解决应急主管部门在处理突发事件时遇到的沟通不畅、协调不顺、调动难、指挥不力、应急联动效率低下等问题，应打破“条块分割、各自为战”的应急管理格局，实现信息资源的高度共享和深度应用，提高政府统一指挥、整体应对、协同作战的处理效率，形成政府统一指挥、社会积极参与、各部门协调运转的应急联动管理机制。首先，应在市级应急管理委员会统一领导下建立城市应急联动指挥中心。其次，应适当提高指挥中心的行政级别，下设指挥调度、应急处置、信息综合、联动管理、技术保障等职能部门，工作人员由公安、应急、城管、人防、民政、交通、卫生、教育、环保、气象、水务、供电、供排水、燃气等单位派员进驻组成，各级政府均参与联动。该机构应设在公安机关办公楼，办公楼设置联动指挥大厅，厅内设置突发事件实时监测大型电子显示屏和其他监控指挥设备，设置政府各部门，各区、县（市）应急信息联络办公窗口。此外，公安机关的网

络基础设施的软硬件设备应齐全，减少资源的重复利用，从而极大地降低组建中心的物质成本。

③ 强化完善应急日常管理机制。各地应急管理中的突出问题主要有应对突发事件反应迟钝、预案陈旧、演练缺乏真实性、信息传递受阻、管理方式和制度有待加强等。针对这些问题，应急主管部门应该集中时间和精力进行整改，力争用最短的时间形成最健全的日常应急管理机制，从而实现统一指挥、反应灵敏、功能齐全、协调有序、运转高效的目的。

④ 积极开展定期应急演练。应急演练是指在事前假设的条件下，在应急指挥体系中不同作用的组成部门、单位的人员针对虚拟的事故，实施真实突发事件发生时各自职务的演练活动，也就是一种针对虚拟突发事件的应对演练。大量实践经验证明，应急演练在突发事件暴发时能有效减少财产损失和人员伤亡。因此，积极开展定期应急演练是十分必要的，其意义有以下几个方面。

a. 加强面对突发事件的风险意识。通过开展应急演练，模拟突发事件及其应急处置过程可以给参与者以更加深刻的印象，对突发事件在直观上有清楚的认识，增强对突发事件风险源的敏感性，有助于大众在突发事件发生之前就可以增强应急意识，积极了解应急知识，掌握突发事件处置技能，提高自救、互救水平，保障自身的生命财产安全。

b. 检验应急预案的可操作性。应急演练可以检验应急预案中的可操作性并找出预案需要健全和修改的地方，验证应急预案的整体以及关键性局部的实施有效性；检验应急工作机制是否完善，各部门之间的协调配合性等。

c. 提高突发事件的应急反应水平。应急演练是检验、提高和评价应急能力的重要手段，通过亲身体验的应急演练，可以提高应急管理体系中各级领导在应对突发事件的判断分析、决策指挥和组织协调能力；有助于救援人员了解突发事件发生情景，提高应急水平和实战技能，有助于增强各个应急机构的合作与沟通，可以让公众学会在突发事件中保持良好的心理状态，减少恐惧感，配合政府和部门共同应对突发事件，从而使得整个社会的应急反应能力得到提高。

本章思考题：

① 简述事故灾难类突发事件的预防和应对策略。

② 简述案例分析在提升应急管理能力中的应用和重要性。

③ 国际突发事件案例对中国应急管理工作的借鉴意义是什么？

④ 不同类型突发事件对应急管理体系的考验和启示有哪些?

⑤ 简述如何通过案例学习改进应急预案和提高应急响应效率。

⑥ 分析天津港“8·12”特别重大火灾爆炸事故应急管理过程中的关键决策点，并评估这些决策对最终结果的影响。

⑦ 探索如何将最新科技（如大数据、人工智能等）应用于突发事件的监测、预警和应急处置中，提出创新的解决方案。

参考文献

[1] 应急管理部编写组．深入学习贯彻习近平关于应急管理的重要论述［M］．北京：人民出版社，2023.

[2] 蒋军成．危险化学品安全技术与管理．3版［M］．北京：化学工业出版社，2015.

[3] 宋浩，游志斌主编．应急管理概论［M］．北京：应急管理出版社，2022.

[4] 兰泽全．应急管理法律法规［M］．北京：应急管理出版社，2023.

[5] 李雪峰，佟瑞鹏．应急管理概论［M］．北京：应急管理出版社，2021.

[6] 陈安，夏保成．应急管理知识体系指南［M］．北京：中国科学技术出版社，2017.

[7] 成连华，刘黎．应急管理概论［M］．北京：应急管理出版社，2022.

[8] 蒋军成．事故调查与分析技术．2版［M］．北京：化学工业出版社，2019.

[9] 易俊，黄文祥．事故应急救援［M］．北京：中国劳动社会保障出版社，2016.

[10] 方丹辉．公共安全与应急管理：案例与启示［M］．北京：人民出版社，2016.

[11] 范维澄．公共安全与应急管理［M］．北京：科学出版社，2017.

[12] 闪淳昌，薛澜．应急管理概论：理论与实践［M］．北京：高等教育出版社，2020.

[13] 周文光，李尧运．应急管理案例分析［M］．北京：北京大学出版社，2013.

[14] 苗金明．事故应急救援与处置［M］．北京：清华大学出版社，2012.

[15] 王雷．应急管理技术与方法［M］．北京：北京航空航天大学出版社，2016.

[16] 赵正宏．应急救援法律法规［M］．北京：中国石化出版社，2019.

[17] 法律出版社法规中心．应急管理法规汇编［M］．北京：法律出版社，2022.

[18] 唐钧．新媒体时代的应急管理与危机公关［M］．北京：中国人民大学出版社，2018.

[19] 吴大明．美国应急管理体系研究与思考［M］．北京：应急管理出版社，2020.

[20] 蒋军成．新时代大学生安全素质教程［M］．北京：中国石化出版社，2021.

[21] 中国法制出版社．应急管理法律知识学习读本［M］．北京：中国法制出版社，2019.

[22] 国家行政学院应急管理案例研究中心主编．应急管理典型案例研究报告［M］．北京：社会科学文献出版社，2017.

[23] 李明．公共安全与应急管理［M］．北京：化学工业出版社，2024.

[24] 王喆．公共安全与应急管理：规划与调度［M］．北京：人民出版社，2024.

[25] 于汐，唐彦东．灾害风险管理［M］．北京：清华大学出版社，2017.

[26] 张晓蕾，杨文涛，陈刚，等．城市应急准备能力评估理论与实践［M］．北京：应急管理出版社，2023.

[27] 刘南，葛洪磊．应急资源配置决策的理论、方法及应用［M］．北京：科学出版社，2015.

[28] 陈红等．应急资源准备及分类分级标准［M］．北京：地震出版社，2021.

[29] 陈兰杰等．应急信息管理与应急信息行为［M］．北京：知识产权出版社，2021.

[30] 卞进发，王一男，潘勇．化工责任关怀导论．2版［M］．北京：化学工业出版社，2025.

[31] 李雪峰．应急演练准备指南［M］．北京：中国人民大学出版社，2018.

[32] 申霞．应急预案编制与演练［M］．北京：应急管理出版社，2023.

[33] 徐淑华，陈建新．应急管理体制机制比较研究［M］．北京：应急管理出版社，2023.

[34] 王格芳，张国亭．应急管理基本知识［M］．济南：山东大学出版社，2020.

[35] 李雪峰等．应急管理通论［M］．北京：人民出版社，2018.

[36] 王飞，郑晓翠，李鑫，等．应急演练设计与推演［M］．北京：清华大学出版社，2020.

[37] Wang J H，Liu Y Q，Li Q Z，et al. "Optimization of emergency shelter layout with consideration of toxic gas leakage based on a cell transmission model"；Safety Science；185；2025；（DOI：10. 1016/j. ssci. 2025. 106810；WOS：001425604100001）

[38] Ye R，Xu S Y，Liu J，et al. "Investigation and simulation of non-adaptive psychology of crowd evacuation under toxic gas leakage accident in chemical park"；Journal of Loss Prevention in the Process Industries；85；105160；2023；（DOI：10. 1016/j. jlp. 2023. 105160；WOS：001083093600001）

[39] Xu S Y，Wang J H，Li J，et al. "System dynamics research of non-adaptive evacuation psychology in toxic gas leakage emergencies of chemical park"；Journal of Loss Prevention in the Process Industries；72；104556；2021；（DOI：10. 1016/j. jlp. 2021. 104556；WOS：000681108500008）